产学研用协同培养经管类人才模式研究

王　钊　王首一　郗增幅　李　萧　　著
施海涛　张　春　田江兰

中国原子能出版社

图书在版编目（CIP）数据

产学研用协同培养经管类人才模式研究 / 王钊等著.
北京 ：中国原子能出版社, 2025. 1. -- ISBN 978-7
-5221-4026-1

Ⅰ. F2-4

中国国家版本馆 CIP 数据核字第 2025R7Y103 号

产学研用协同培养经管类人才模式研究

出版发行	中国原子能出版社（北京市海淀区阜成路 43 号　100048）
责任编辑	张　磊
责任印制	赵　明
印　　刷	北京厚诚则铭印刷科技有限公司
经　　销	全国新华书店
开　　本	787 mm×1092 mm　1/16
印　　张	20.25
字　　数	310 千字
版　　次	2025 年 6 月第 1 版　2025 年 6 月第 1 次印刷
书　　号	ISBN 978-7-5221-4026-1　　　定　价　**78.00 元**

前　言

在经济全球化和技术快速变革的时代背景下，企业管理与经济发展对高素质经管类人才的需求不断攀升。然而，传统高校的人才培养模式常因理论与实践脱节、课程设置与行业需求不匹配而面临困境。如何在高校、企业、科研机构与社会应用的多方协同中培养出兼具创新精神与实践能力的复合型经管类人才，成为当前教育领域亟待解决的核心问题。

本书以"产学研用协同培养经管类人才模式"为主题，试图在理论研究和实践探索中寻找答案。书中系统梳理了产学研用协同培养的理论框架与关键概念，深入分析了经管类人才培养的现状、需求与挑战，探讨了校企合作、课程设置、教学方法以及师资队伍建设的核心机制。同时，通过研究成功经验与案例剖析存在的问题，本书提出了一系列关于校企合作深度融合与发展模式的创新路径，为多方主体在协同培养中的角色定位与协作机制提供了指导。

全书共分为七章，从理论基础到具体实践，再到评估与优化，构成了一个完整的研究框架。第一章构建了产学研用协同培养模式的理论基础，并为后续章节奠定了学术支撑；第二章剖析了经管类人才培养的行业需求与现状，明确了当前教育领域的痛点与改进方向；第三章至第五章聚焦于核心机制，包括校企合作、课程设置、教学方法与师资队伍建设，为构建科学、灵活的协同培养体系提供了可操作性建议；第六章深化了校企合作的实践模式，并从资源共享与利益分配的视角探索了合作的长效保障机制；第七章则通过构建评估与优化体系，提出了在动态调整中实现高效协同的具体路径。

希望本书能为教育改革与行业实践提供理论支持和实践参考，为高校、企业、科研机构和教育管理部门搭建更加紧密的协作桥梁。在全球竞争日益加剧的今天，通过创新培养模式提升经管类人才的核心竞争力，是我们应对未来挑战的关键所在。本书旨在通过深入的研究与探索，为实现这一目标贡献力量。

我们深知，任何研究都不可能面面俱到。在此，期待各位读者批评指正，共同推动产学研用协同培养模式的发展与完善。

目　录

第一章　产学研用协同培养经管类人才的理论基础

第一节　产学研用协同培养模式的理论框架

产学研用协同培养模式作为一种创新的教育与产业合作模式，旨在通过高校、企业、研究机构与社会的紧密合作，培养符合现代经济与社会需求的高素质人才。这一模式不仅为高等教育提供了新的发展方向，也为产业发展注入了新鲜的创新动力。为了全面理解这一模式的内涵与实践意义，下面将从产学研用协同培养模式的理论起源与发展、相关理论模型的支撑、核心价值与目的、国内外模式的对比与启示四个方面进行深入探讨。

一、产学研用协同培养模式的理论起源与发展

产学研用协同培养模式是产业、学术界、科研机构和社会各方通过紧密合作，形成的一种创新人才培养机制。这一模式旨在通过加强教育与产业的结合，培养能够满足经济社会需求的高素质创新型人才。产学研用协同模式的理论起源及其发展历程可以追溯到 20 世纪初，尤其是在西方国家，产业与学术界的合作逐步形成并取得了显著成果。在中国，虽然这一模式的探索起步较晚，但随着改革开放的深入，特别是 21 世纪初期高等教育改革的推进，产学研用模式逐渐成为国家人才培养和创新发展的重要战略方向。

（一）理论起源：西方国家的先行探索

产学研用协同培养模式的理论根源可以追溯到 20 世纪初期，在西方国家，特别是美国，随着工业化的推进，大学与企业的合作逐渐成为产业创新和人才培养的重要途径。最早的产学研合作模式可以追溯到 20 世纪初的斯坦福大学与硅谷企业的合作。斯坦福大学自 20 世纪初期便开始推动校企合作，特别是在技术创新和科技成果转化方面，积极推动产业与学术界的互动。斯坦福大学的合作模式对硅谷的迅速崛起起到了重要作用，成为全球范围内公认的产学研一体化的成功案例。

进入 20 世纪中期，随着第二次工业革命的深入，科技进步和经济发展日益紧密，产学研合作开始成为一个全球性的趋势。美国的麻省理工学院（MIT）、哈佛大学等高校也积极推动与企业和政府的合作，逐步形成了以技术转移为核心的产学研协同模式。此时，科研活动不再局限于基础理论的探讨，而是直接与产业需求挂钩，推动技术的实际应用和市场化。美国政府也通过出台一系列政策支持大学和企业的合作，如资金支持、政策保障等，使产学研合作在多个领域取得了显著成果。

20 世纪末，随着全球化和信息技术的迅猛发展，产学研用协同模式进一步得到深化。在全球范围内，特别是欧美国家，产学研合作逐步转向多领域、多学科的跨界合作。在这一过程中，教育创新和技术转移的框架得到了理论上的系统化，学术界提出了教育与产业协同发展的理念，强调科技创新与教育深度融合。产学研协同培养模式不仅推动了技术的快速转化，也促进了教育模式的创新和人才培养的国际化。

（二）知识经济与全球化背景下的深度发展

进入 20 世纪下半叶，随着知识经济的兴起，全球化和信息化进程加快，产学研用协同模式逐渐从单一的学术研究和技术转移，转向更为深层次的跨学科合作与多方协作。这一时期，产学研合作不仅仅局限于技术和科研的转化，而是涉及产业发展的整体战略、人才的培养与社会的创新能力建设。

在全球范围内，特别是在美国和欧洲，产学研协同模式逐渐融入了国家创新体系中。以美国为例，随着"科技创新与教育深度融合"理念的提出，产学研协同模式进入了更加成熟的发展阶段。政府、企业和学术机构之间的合作关系不断深化，产学研用协同培养模式不仅推动了信息技术、生命科学和工程技术等领域的发展，也为经济社会的持续创新提供了动力。

在这一时期，教育学、管理学和产业经济学等多个学科理论为产学研用协同模式提供了支撑。教育学强调教育的社会责任，认为高等教育应该为社会经济发展提供必要的人才支撑。管理学则强调跨界合作的必要性，认为产业界与学术界的协同能够促进知识的转化和技术创新。而产业经济学则注重如何将科研成果转化为具有市场竞争力的产品和技术，推动产业的升级和创新。

（三）中国的起步与逐步发展

与西方国家相比，中国的产学研用协同培养模式起步较晚。中国的高等教育改革始于 20 世纪 80 年代，最初的改革集中在教育体制和教学内容上。然而，随着国家科技创新战略的提出，产学研合作成为提升国家创新能力和推动经济社会发展的关键举措。中国的产学研用协同模式在 20 世纪 90 年代逐步形成，并随着改革开放的深化和教育体系的完善，进入了更加系统化和政策化的发展阶段。

中国的产学研协同模式的探索始于国家对科技创新的重视。20 世纪 90 年代末期，国家提出了"科技兴国"战略，鼓励高校与企业建立合作关系，共同进行技术研发和科技成果转化。尤其是在"创新驱动发展战略"提出之后，产学研协同培养模式逐渐成为国家创新体系的重要组成部分。特别是 2006 年出台的《关于进一步促进产学研结合的若干政策》，明确提出了加强科技成果转化和校企合作的目标，为中国的产学研协同模式奠定了政策基础。

随着"创新驱动发展战略"的深入实施，产学研用协同模式在中国得到了进一步推广。高校通过建立产业研究院、技术转移中心等平台，加强与企业和科研机构的合作，推动科技创新和成果转化。这一过程中，政府为高校与企业的合作提供了政策支持和资金保障，同时通过政策引导加强产学研一体化的机制建设。

中国的产学研协同培养模式与西方国家相比，仍然面临一些挑战。例如，高校与企业的合作机制尚不完善，科研成果转化的效率较低，企业参与度较低等问题依然存在。然而，随着教育和产业界的共同努力，中国的产学研用协同模式正在不断深入，逐步为国家经济发展和创新提供强大的支撑。

二、相关理论模型

（一）教育学理论的支撑

产学研用协同培养模式的理论基础深受教育学理论的启发，尤其是在教育创新和人才培养模式改革方面，教育学的相关理论提供了关键的理论支撑。首先，建构主义学习理论对产学研用协同培养模式的影响尤为深远。建构主义强调学习是一个积极的过程，学习者在与环境的互动中，通过实践、反思和协作来构建和重构知识体系，而非简单地接受现成的知识。在这一理论框架下，学生不仅是知识的接收者，更是知识的创造者和再创造者。在产学研用协同培养模式中，学生通过参与企业的实际项目、案例分析、技术研发和市场调研等活动，将理论知识与实践相结合，从而在真实情境中构建新知识，并提升解决实际问题的能力。

具体来说，学生在参与企业项目时，能够接触到前沿的技术、复杂的行业问题以及真实的商业决策，这不仅使他们深化对学术理论的理解，还能将这些理论灵活应用于实践中。例如，学生在参与某知名软件公司开发新产品时，需要在跨学科团队中协作，应用计算机科学、市场营销、用户体验等多方面的知识，进行市场调研和需求分析，从而实现学术知识的转化和创新能力的培养。通过这样的协同，学生不再是单纯的学术学习者，而是能在多种社会角色中充当实践者、创新者与解决方案提供者的多重身份。

此外，成人学习理论也为产学研用协同培养模式提供了理论支持。成人学习理论强调成年人学习的目的性和实践性，认为成人学习者更倾向于通过实际问题解决来促进学习和知识掌握。成人学习理论强调，学习过程应当具备针对性和实用性，且与学习者的实际工作和生活密切相关。产学研用协同模式通过结合企业实际需求、岗位技能要求和学生的专业知识，让学习者的学习目标更加明确且富有意义。在这一模式中，不仅是学生，企业员工的学习也得到了促进。通过参与创新项目和职场导师制，企业员工能够将理论知识应用到实际工作中，提升个人及团队的创新能力和解决问题的能力。该模式强调终身学习和职场技能的不断提升，从而形成一个多维度、互动式的学习生态系统。

（二）管理学理论的支撑

产学研用协同模式的核心在于促进不同主体间的合作与资源共享，而这一过程的有效运作离不开管理学理论的有力支撑。首先，资源依赖理论为我们提供了理解各合作方之间资源互补的视角。根据资源依赖理论，高校、企业和科研机构在协同培养模式中常常相互依赖对方的资源，包括知识、技术、资金和人力资源等。高校和科研机构提供知识和技术，企业则提供实践环境和市场需求，二者的合作能够实现资源的优势互补。在这一过程中，三方通过合作实现互利共赢，不仅能优化资源配置，降低研发成本，还能促进技术和创新成果的快速转化与应用，最终提高整个社会的创新能力和产业竞争力。

例如，在中国的智能制造领域，高校的科研成果能够为企业提供前沿技术支持，企业则为高校提供实际的生产环境和市场反馈。通过这一合作，企业能够借助高校的技术创新提升产品竞争力，而高校也能通过企业的应用场景验证和改进其科研成果。这种资源互补使得各方都能从合作中获得实际的利益，从而推动技术进步与产业发展。

知识管理理论在产学研用协同模式中的应用同样具有重要意义。知识管理理论关注如何有效管理和分享组织内部的知识资源，以促进知识的流动、转化和创新。在产学研用协同模式下，高校与企业通过共建研发平台、共享技术成果和研究资源，促进了知识的共享与流动。高校不仅可以将其研究成果应用到企业的实际项目中，推动技术创新，同时也能获得企业的实践经验和行业需求的反馈，进一步优化科研方向和成果。企业能够借助高校的科研力量推动技术创新，而高校则通过参与企业的实际项目来验证和改进其研究成果，实现从实验室到市场的有效转化。

（三）产业经济学理论的支撑

产业经济学理论为产学研用协同培养模式提供了宏观经济和行业发展的视角，尤其是在推动技术创新与产业发展的过程中，产业经济学的相关理论为模式的形成与运作提供了坚实的理论基础。首先，创新扩散理论在产学研用协同模式中的应用表明，通过产学研合作，技术和创新成果能够更快速地在产业界扩散，从而推动整个行业的进步与发展。根据创新扩散理论，技术和创新往往会通过不同的渠道传播，从技术领先者扩散到更广泛的行业和市场，从而形成跨行业、跨领域的技术突破与产业升级。通过产学研用合作，产学研各方可以加速技术从实验室到市场的转化，提高创新的应用效率，推动社会经济的持续发展。

以中国的新能源汽车产业为例，政府政策、科研院所和企业之间的合作使得电动汽车技术能够在较短的时间内从科研阶段进入市场，并迅速推广。科研机构在电池技术、充电技术等方面的突破为行业发展提供了技术支持，企业通过生产和市场化推动技术的应用，并反馈给科研机构有关技术改进的需求。政府的政策支持和资金投入则为技术的产业化和市场扩展提供了保障。这一合作模式通过创新扩散推动了整个行业的技术进步，也促进了相关产业链的发展。

此外，人力资本理论对产学研用模式也具有深刻的影响。人力资本理论认为，教育和培训是提升国家竞争力的关键因素，人才的培养和技能的提升直接影响到经济发展的质量和效率。通过产学研用协同培养模式，能够帮助学生获得实际应用的技能和知识，增强其就业竞争力；同时为企业培养出更多符合需求的专业人才，进一步推动产业升级和社会经济的全面发展。人力资本的投资不仅能提升个体的就业能力，还能促进社会的整体进步和国家经济的长期可持续发展。

三、产学研用协同培养模式的核心价值与目的

产学研用协同培养模式的核心价值在于教育、科研与产业的深度融合。通过这种模式，高校、企业和科研机构打破了传统的隔阂，实现了资源共享、优势互补，从而培养出了既具备扎实理论知识又具备丰富实践经验的复合型人才。这种人才的培养，既符合现代社会对高素质技能型人才的需求，也促进了学术研究向实际应用的转化。

首先，这种模式突破了学科之间的壁垒，使学术研究与产业需求更加紧密地对接。传统的教育模式往往注重理论的传授，而在实际工作中，学生却缺乏足够的实战经验。产学研用协同培养模式通过产学合作、校企合作等方式，为学生提供了进入企业的机会，使他们能在真实的工作环境中解决实际问题，从而弥补了传统教育中的不足。这不仅帮助学生提升了实践能力，还促进了其创新思维的培养。

从企业的角度来看，产学研用模式为其提供了宝贵的技术支持和高素质的人才储备。在快速发展的市场环境中，企业亟需快速引进并应用新技术，以提升竞争力。通过与高校的合作，企业能够借助高校的科研优势，将前沿技术转化为实际应用，从而推动产业技术升级。此外，企业还能够通过与高校合作的方式，获得一批理论基础扎实、具备创新能力的高素质毕业生，满足企业日益增长的人才需求。

在国家层面，产学研用协同培养模式对于推动科技创新和经济发展起到

了至关重要的作用。尤其是在全球经济竞争日益激烈的背景下，这种模式通过整合各方资源，提升国家的创新能力，并推动高科技产业的发展，为国家经济的高质量发展提供了强有力的人才和技术支撑。因此，产学研用模式在创新型国家和地区的建设中，发挥了巨大的作用，是推动经济转型升级的关键所在。

产学研用协同培养模式的首要目的在于通过多方合作，实现社会经济发展的良性循环。一方面，企业通过与高校的合作，能够更快速地获取最新的科研成果、技术支持和高质量的人才，从而提升自身的创新能力。高校通过参与企业的实际项目，不仅能够增强教学的实践性，还能够将学术研究与社会需求紧密结合，提升教学质量和科研水平。

此外，产学研用协同培养模式的另一个重要目的是促进区域经济和产业的升级。随着全球化的发展，地区之间的竞争日益激烈，尤其是一些高科技产业对人才的需求越来越迫切。通过这种模式的实施，可以更加精准地培养符合产业需求的人才，提升地方创新能力，并推动产业的竞争力。例如，某些地方政府通过与高校的合作，推动产业园区的建设，并依托产学研用合作，形成了产业链上下游的协同效应，不仅促进了当地经济的快速发展，还帮助企业加速了产品研发与市场推广。

最后，产学研用协同培养模式还为国家和地区的可持续发展提供了支持。通过这种协同培养模式的推进，不仅推动了科技创新，还促进了社会的可持续发展。高校与企业的合作推动了绿色科技、智能制造等新兴产业的发展，带动了区域经济的绿色转型，为社会创造了更多就业机会，并有效减少了环境污染，推动了社会经济的全面发展。

四、国内外产学研用协同培养模式的对比与启示

（一）国内模式现状

我国产学研用协同培养模式已逐步成为高等教育改革的核心方向之一。

近年来，政府出台了一系列政策文件，推动高校与企业、科研机构之间的深度合作。这些政策不仅强调产学研用一体化的重要性，而且通过资金支持、人才引进和创新激励措施，促进了高校、企业和科研机构在科技创新和人才培养上的协作。特别是在"产学研用"一体化的框架下，许多高校尝试通过合作办学、联合研究、实践基地建设等多种形式，开展产学研用深度融合的实践活动。

尽管中国在推动产学研用协同培养模式方面取得了一定的进展，但仍面临若干挑战。首先，产学研用的协同机制尚不成熟。尽管各方合作频繁，但许多合作更多的是形式化，缺乏实际的深度融合，合作效果也未必达到预期。其次，政策支持力度不足是制约产学研用协同培养模式实施的一个关键因素。尽管政府出台了一些支持政策，但相关配套措施、法规和执行力度仍显不足，导致政策落实的效果不尽如人意。此外，企业参与度较低也是一个突出问题。在中国，许多企业在参与产学研用合作时缺乏足够的积极性，尤其是在长期战略规划方面，企业对高校和科研机构的合作投入远远不足（见表 1-1）。

表 1-1　国内高校与企业合作的参与度

合作类型	高校参与度（%）	企业参与度（%）	政府支持程度（%）
政府资助项目	80	45	70
校企联合研究	60	50	55
企业实习平台	75	60	50

公式 1：产学研用协同效应

产学研用协同效应＝（高校贡献＋企业贡献＋科研机构贡献）÷3

（该公式可以用于量化评估各方合作的协同效应，反映教育和产业融合的程度）

因此，未来中国的产学研用协同培养模式需要进一步加强政策保障，完善合作机制，推动校企深度融合。

（二）国际经验与启示

相比之下，国外一些先进国家在产学研用协同培养模式的实施上取得了显著成效，尤其是在美国和德国等发达国家，这些国家不仅在技术转化、科研创新方面取得了优异成绩，而且在高校与产业界的深度合作中也积累了丰富经验（见表 1-2）。

表 1-2　美国与德国产学研用协同培养模式的比较

国家	政府支持（%）	企业支持（%）	高校科研支持（%）	创新转化效果（%）
美国	85	80	75	90
德国	80	75	70	85

通过借鉴美国和德国的经验，中国可以在以下几个方面进行改进：一是加强政府在产学研用协同模式中的引导作用，尤其是在资金支持、税收优惠等方面的政策创新；二是加强高校与企业之间的长期合作，推动科研成果的产业化和市场化；三是提升企业的参与度，通过企业的深度介入，提升产学研用协同模式的实际效益。

公式 2：国际产学研用协同效应计算

国际协同效应 =（政府支持 + 企业支持 + 高校科研支持 + 创新转化效果）÷ 4

（三）启示

对于我国来说，借鉴国际经验，并结合国内实际情况，推动产学研用协同培养模式的进一步发展，具有重要的意义（见图 1-1）。首先，要推动政策创新，尤其是政府应进一步加大对高校与产业界合作的政策支持力度，包括资金资助、税收优惠、创新成果转化等方面。政策的创新不仅可以推动高校与企业的深度合作，还能够为产学研用协同培养模式的可持续发展奠定基础。

其次，要加强高等教育与产业的对接，建立更加高效的合作机制。高校与企业的合作不仅仅是短期的科研项目，更应该是在长期战略规划下的深度合作。高校应积极推动学科交叉和创新课程的开发，培养具备复合型技能的人才，以应对现代产业的发展需求。企业则应充分利用高校的科研成果，推动技术创新和产业升级，实现企业与高校共同发展。

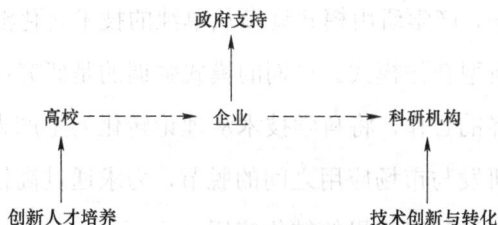

图 1-1　产学研用协同培养模式的实施框架

同时，必须注重产学研用协同模式的可持续性发展，确保各方利益平衡。高校、企业和政府之间应建立更加紧密的合作关系，并通过合理的利益分配机制，确保各方的积极性得到充分调动。在合作的过程中，高校应承担起更多的科研和人才培养的责任，企业则可以通过资金投入和项目合作获得技术支持，而政府则要提供政策保障和资金支持，确保协同培养模式能够持续发展并取得实效。

最后，要推动创新成果的广泛应用。科技创新的最终目的是服务社会，促进经济和社会的发展。通过产学研用的深度协作，产学研用协同培养模式不仅能够促进科技成果转化，还能推动社会和经济的全面发展，尤其是在新兴产业和高技术领域的应用。

第二节　产学研用协同的关键概念与理论支撑

一、关键概念分析

（一）产学研用：从协同到融合的演进

1. 产学研用的起源与演变

产学研用模式起源于 20 世纪 90 年代，最初的关注点主要集中在科研与

产业之间的对接，旨在通过将学术研究的成果转化为产业技术，以促进经济的增长和技术的进步。随着全球化、信息化及技术进步的推动，产业和学术界的界限日益模糊，产学研用模式逐渐从单纯的技术转化演变为一种更加多元化、综合性的新型合作模式。早期的模式强调的是研究成果的商业化，通过学术界与工业界的合作，将科学技术从理论转化为生产力。这一过程的核心在于解决技术研发与市场应用之间的脱节，力求通过高校、科研机构与企业的紧密联系，促进科研成果的转化应用。

然而，随着社会需求的日益复杂与产业环境的快速变化，传统的产学研用模式开始暴露出一系列局限性。单纯的科研技术转化无法满足市场对创新型人才和多领域交叉的高需求。因此，产学研用的内涵逐渐拓展，从简单的技术转化到跨学科的协同创新。产学研用模式的演进不仅仅限于学术研究与产业需求的对接，它还开始涵盖社会服务、政策支持和文化创新等多维度因素，形成了更加复杂的创新生态系统。

这一转变的核心是"协同"二字。在传统的模式中，学术界、产业界、政府和社会的合作往往是各自为政，彼此间的合作和信息流通相对较少。而在现代产学研用模式中，强调各主体之间的协同工作，不同的合作主体依托共享的资源和信息，围绕共同的创新目标展开合作。通过这种全方位的协同合作，产学研用模式从局部应用走向全面融合，逐步形成了一个有机、可持续发展的创新生态圈。

国际上，尤其是欧美等发达国家，早在20世纪末就已经初步建立了产学研用的协同机制，针对如何加强学术界与产业界的合作出台了一系列政策措施，强化政府、企业、科研机构之间的互动。国内虽然起步稍晚，但随着"创新驱动发展战略"的提出以及国家创新体系的建设，产学研用模式在中国得到了快速发展，尤其是近几年，随着"双创"政策的实施，产学研用协同创新的理念已经渗透到各级政府、企业和高校的战略布局中。中国通过建立创新型国家的政策框架，积极推动各类创新平台、产学研用合作联盟的发展，努力从技术转化的单一目标走向全方位的产业合作和跨学科的资源共享。

从政策推动到教育改革，产学研用协同的发展离不开多方面的支撑。政府在制定创新政策时，往往扮演着战略引导者的角色，通过出台激励措施、优化法律法规和完善公共服务平台等手段，引导企业、科研机构与高等院校之间的合作。而教育改革则在人才培养模式上进行了大胆的创新，从传统的学科教学到跨学科、跨领域的协作教育，为产学研用协同提供了坚实的基础。通过课程设计的调整、教学模式的转型以及实习实践基地的建设，越来越多的高校开始注重培养学生的跨学科协作能力与创新思维，为产学研用模式的发展提供了源源不断的人才支持。

2. 产学研用的内涵与功能

产学研用模式的内涵与功能复杂多样，远不止是单一领域的技术创新和转化。它是一个多维度、多层次的创新生态系统，涉及科研、产业、教育和社会等多个领域的互动。首先，产学研用模式强调产业与学术界之间的深度互动。在这一模式下，学术界不再局限于基础研究和理论探讨，而是积极参与到实际技术研发和产品创新中来。通过与企业的密切合作，学术界可以更加贴近市场需求，指导科技研发的方向。而企业则可以借助学术界的创新成果，提升自身的技术水平和市场竞争力。

其次，科研与应用的紧密联系是产学研用模式的另一个重要特点。在传统的科研模式中，科研和应用往往是两个相对独立的领域，学术研究和技术开发相对脱节。产学研用模式强调科技创新不仅要注重基础研究，还要实现从技术研发到产品生产的全过程创新。科研成果必须能够快速应用于市场，转化为实际生产力，才能最大程度地发挥其社会经济效益。

此外，产学研用模式也非常注重市场需求与教育资源的高效对接。在传统的教育体系中，高校的教育内容往往与行业需求脱节，人才培养的目标和社会需求之间存在一定的差距。而产学研用模式则通过校企合作、企业实习和科研合作等手段，使得教育资源可以更加直接地对接社会需求。通过这种对接，教育能够为企业培养出更加符合市场需求的人才，尤其是在创新能力、

实践能力和团队协作能力等方面，更能与产业发展需求相契合。

产学研用模式的功能不仅仅体现在技术创新的推进上，更在于人才培养和社会需求的对接方面发挥了重要作用。通过加强高校、企业和科研机构之间的协作，产学研用模式能够促进知识的传递与共享，推动技术、人才、信息等多种资源的高效流动，为社会创造更多的创新成果。在这一过程中，产业与学术的深度融合能够加速科技成果的转化，促进经济结构的优化和产业升级，同时还能够为社会提供更加高质量的人才，推动社会进步与经济发展。

（二）协同创新：从局部合作到系统协作的拓展

1. 协同创新的理论基础与发展

协同创新作为推动现代产业技术发展的关键驱动力，其理论基础早期主要由国内外学者提出，且随着全球科技竞争的加剧，协同创新的内涵逐渐得到了丰富和拓展。协同创新本质上是一种多方协作的创新模式，强调不同主体之间的资源共享、能力互补和信息流通。在这一理论框架下，创新不再是单一主体内部的孤立活动，而是多个主体之间相互合作、共同推动的过程。通过集结各方力量，协同创新能够有效克服单一主体创新的局限性，推动技术进步与产业升级。

协同创新理论的一个重要特点是其资源共享的特性。在传统的创新模式中，企业往往依赖自身的技术积累与研发能力进行创新，而在协同创新模式中，企业不仅仅依靠内部资源，还通过与高校、科研机构及其他企业的合作，获取外部资源，从而提升创新效率和成果的质量。此外，协同创新还强调信息的开放与流通，创新活动的各个环节都需要在透明的信息环境中进行，以确保各方能够共享创新成果并实现资源的最大化利用。

协同创新的理论框架由多个层面组成，包括创新网络、创新主体、资源共享与能力互补等。创新网络指的是在一个多主体的合作体系中，参与各方通过相互联系形成一个复杂的合作网络，这种网络可以跨越行业、跨越区域，甚至跨越国界，极大地推动技术和知识的传播与应用。创新主体包括政府、企业、高校、科研机构等，他们在协同创新中扮演着不同的角色，并通过合作来共同推动创新成果的产生。资源共享与能力互补是协同创新的核心，尤其是在全球化背景下，不同主体在资源、技术和知识等方面的互补性，能够有效提升创新的速度和质量。

2. 协同创新的实践运用

协同创新不仅仅是一个理论范畴，更是全球产业发展中的重要战略。在实际运用中，不同国家根据自身的产业结构、科技发展水平和创新需求，采取了不同形式的协同创新模式。美国的硅谷模式、德国的工业 4.0 模式、韩国的创新联盟等，都在产学研用协同创新方面取得了显著的成效。

美国的硅谷是全球最具代表性的协同创新案例之一。硅谷不仅仅是一个地理概念，它代表了一种创新模式——通过政府、企业、学术界以及风险投资等多方力量的共同作用，形成了一个全球领先的技术创新中心。在这个模式中，企业和高校之间有着密切的合作关系，科研成果可以快速转化为市场产品，而风险投资则提供了充足的资金支持。此外，硅谷的创新环境强调开放、共享和快速迭代，这种独特的创新文化也是其成功的关键因素。

德国的工业 4.0 模式则是另一种协同创新的实践，它强调将信息技术、自动化技术与传统制造业深度融合，以实现制造业的智能化和数字化。德国的企业、高校和科研机构通过合作，推动了产业升级，并在全球制造业领域占据了领先地位。德国的成功经验表明，协同创新不仅仅是技术研发的合作，更是在产业、学术和政府等多个层面的全面协作。

二、协同创新的理论基础与实际运用

协同创新作为当今创新驱动发展的核心理念之一，强调通过不同主体之间的紧密合作与资源共享，以促进技术突破和产业变革。这一模式不仅依赖于学术界、产业界和政府部门的互动，还涉及跨学科、跨领域的创新合作，带动了社会生产力和竞争力的快速提升。在此背景下，协同创新的理论基础与实践运用，成为了研究和实现高效创新体系的关键。通过理论的深入剖析和实际案例的分析，我们能够更好地理解协同创新如何推动现代经济和社会的发展。

（一）协同创新的理论基础：多方理论交织

协同创新理论体系是在多个创新理论的交织下逐步形成的，这些理论涵盖了从技术融合、合作创新到知识溢出的不同视角，为产学研用协同创新提供了深刻的理论支撑。

1. 集成创新与开放式创新

集成创新与开放式创新是两种紧密相关且互为补充的创新理论，它们为产学研用协同创新提供了重要的理论基础。

集成创新理论强调技术和知识的跨学科、跨领域的融合。随着科技的快速发展，单一学科或单一领域的知识已经无法满足复杂问题的解决需求，技术的进步往往依赖于不同学科和领域之间的交叉与融合。集成创新正是在这种背景下提出的，它主张通过将不同学科的技术和知识进行整合，以实现更高效、更具竞争力的创新成果。

集成创新不仅仅是在技术层面上的融合，它还强调了组织和系统层面的协作与协同。产学研用的协同创新模式，正是依托这一理论，通过集成不同领域、不同学科的资源，推动技术的创新与发展。例如，在生物医药领域，基因编辑技术的突破往往涉及生物学、化学、计算机科学等多个学科的集成创新。各学科之间的紧密协作与信息共享，推动了这一技术的快速发展并在多个领域实现了应用。

与集成创新相辅相成的是开放式创新理论，它强调企业和组织应该放开技术和知识的边界，通过与外部合作伙伴的交流与合作，寻求技术突破和创新。开放式创新的核心观点是，创新不仅仅来自企业或科研机构内部的研发活动，外部的技术和知识资源同样可以为创新提供重要支撑。这一理论突破了传统创新的封闭性，推动了创新活动的全球化与多元化。

在产学研用协同创新中，开放式创新尤为重要。企业可以通过与高校和科研机构的合作，借助外部的创新资源，解决技术上的瓶颈问题。高校和科研机构则通过与企业的合作，将理论研究与实际应用相结合，推动科技成果的转化和产业化。开放式创新不仅加速了技术的更新换代，还促进了不同领域之间的知识与技术共享，增强了各方的创新能力。

2. 合作创新与知识溢出

合作创新与知识溢出是协同创新理论中的另一对关键概念。合作创新强调通过不同主体之间的紧密合作，实现资源的共享与优势互补，推动创新的全面发展。通过产学研用的紧密协作，各方可以互相支持、共同研究，不仅提高了创新的成功率，还加快了创新的速度。

与合作创新密切相关的概念是知识溢出。知识溢出是指通过合作和信息共享，知识不仅在组织内部流动，还能够跨组织边界流动，进而实现更广泛的知识传播与应用。在产学研用协同创新中，知识溢出的作用尤为显著。高校和科研机构通过与企业的合作，将学术研究成果应用到实际生产中，企业则通过参与科研项目，获得了新的技术和知识，从而推动了技术的进步与产业的升级。

知识溢出不仅仅发生在产学研合作内部，更多的是通过社会化的渠道实现外部的扩散。例如，企业在研发过程中遇到的技术难题，有可能通过行业会议、学术交流、合作平台等渠道，获得学术界或其他企业的技术支持，进而推动知识和技术的外部流动。知识溢出机制是协同创新的核心动力之一，尤其在高科技产业、信息技术和新能源领域，知识溢出的作用不可小觑。

（二）协同创新的实际运用：案例分析与启示

理论为实践提供了指导，而实践则为理论提供了验证和完善的基础。通过分析国内外协同创新的实际运用，我们可以深入理解这一模式的实际效

果、成功经验及其挑战。

1. 国内协同创新模式的实践与成效

中国在推动产学研用协同创新方面取得了显著的成效，尤其在科技创新、产业升级和人才培养等方面，实施了多个成功的协同创新案例。中国政府对这一模式的推动力度也在不断加大，通过政策支持、资金投入、平台建设等措施，为企业、高校和科研机构提供了有效的协同创新环境。

中国的"创新驱动发展"战略，尤其是在人工智能、新能源、智能制造等领域的应用，充分展示了协同创新模式的巨大潜力。例如，人工智能技术的研发和应用，离不开学术界的基础研究、企业的技术应用以及政府的政策支持。在这一过程中，百度、腾讯、阿里巴巴等企业与国内多所高校和科研机构展开深度合作，共同推动了 AI 技术的研发和产业化。这些企业不仅将前沿的技术应用于实践，还通过与学术界的合作，推动了新技术的快速迭代和应用。

新能源领域的协同创新同样取得了显著进展。中国在太阳能、风能等新能源技术方面的创新，正是通过产学研用的深度合作实现的。以"光伏产业"为例，国内多个企业与科研院所携手，整合各方技术与资源，共同推动了光伏技术的产业化应用，并取得了全球领先的技术成果。政府在这一过程中通过税收优惠、资金支持等措施，推动了产学研用协同创新的良性循环。

这些成功的实践案例表明，产学研用协同创新能够有效促进科技成果转化和产业升级，推动经济高质量发展。然而，在实施过程中，也存在一些问题，如不同主体之间的利益协调、资源整合的困难等，这需要通过进一步的政策创新和机制优化来解决。

2. 国际视角下的协同创新实践

与中国的协同创新实践相比，国外一些发达国家在推动产学研用协同创新方面也积累了丰富的经验。例如，美国、德国、瑞士等国家，早在上世纪80 年代就开始推行产学研用的协同创新模式，并取得了显著的成果。

美国的科技创新体系注重企业、学术界与政府的三方协作，特别是在信息技术、生物医药、航空航天等领域，企业和科研机构的合作尤为紧密。美国政府通过设立创新基金、支持科技园区建设等手段，鼓励企业和高校进行合作研发，为科技创新提供了强有力的政策支持。美国的"硅谷"模式便是产学研用协同创新的典型代表，科技公司、学术机构和政府共同推动了信息技术产业的快速发展。

德国则通过企业与高校之间的"合作研究"模式，推动了制造业和高端制造技术的创新。在德国，"工业4.0"战略的实施，正是依托于企业、高校、科研机构的深度合作，通过技术研发、人才培养、标准制定等方面的协同创新，推动了智能制造技术的发展。

瑞士在推动协同创新方面的经验则更加注重跨国合作与国际化平台的建设。通过与全球知名科研机构、企业的合作，瑞士成功打造了多个国际化的创新平台，推动了技术的国际化传播和应用。

通过对这些国家的经验进行对比分析，我们可以得出一些启示：首先，协同创新需要依托政府的政策支持和资金投入，构建良好的创新生态；其次，企业和学术界的紧密合作是技术突破和产业化的关键；最后，国际化合作平台的建设，将为协同创新提供更加广阔的视野和更强的竞争力。

三、理论支撑

产学研用协同创新模式的实现不仅仅是实践操作的结合，背后深刻的理论支撑也是不可或缺的。合作教育理论、社会学习理论和系统理论不仅为这一模式提供了多维的视角，也帮助我们深入理解教育与产业如何通过知识流动、资源共享与跨界合作形成合力，推动社会技术创新和教育体系的升级。本章节将从这些理论的核心要义出发，分析其对产学研用协同创新的理论贡献，并揭示其在现实教育体系中的深度应用。

（一）合作教育理论：教育与产业的深度融合

1. 合作教育的理论基础与实践路径

合作教育（Cooperative Education, Co-op）是一种融合了学术学习与职业实践的教育模式。其理论起源可追溯至 20 世纪初期，最早由美国的技术院校提出，目的是通过将学生的学术知识与行业实践结合，为社会培养高素质的技术人才。随着社会的进步与科技的发展，合作教育从最初的单纯职业培训，逐渐演化成包括全方位知识学习和实践体验的复合型教育体系。

然而，合作教育的真正理论深度与广泛应用，始于 20 世纪 60 年代的高等教育改革时期。那时，美国高等教育体系内外的互动关系促使教育机构开始意识到，单一的学术教育已经无法完全满足社会对高技能人才的需求。合作教育的提出，恰恰是教育和产业之间双向互动的产物。它不仅是学术界与产业界相互沟通的桥梁，也推动了人才培养模式的根本性转型。

2. 合作教育模式的理论深化与实践反思

合作教育理论的深化，不仅仅是模式本身的多样化，更是理论对教育价值链各环节重新定位的结果。首先，合作教育的核心理念并非单纯的"学以致用"，而是更高层次的"学以致行"，即通过学术知识与实践活动的深度融合，培养学生的创新能力和系统性思维。这一理念的提出，突破了传统教育模式的局限，标志着学术界、产业界和社会三者之间互动的新模式的形成。

（1）跨学科融合与创新

在传统的合作教育模式中，学术内容往往被视为与行业实践的对立面，实际操作是对理论的"补充"。然而，当前的产学研用协同创新模式要求学术界不仅要传授专业知识，更要参与到行业的前沿研发和技术攻关中，推动学科间的有机融合。教育不再是单向的传递，而是跨学科的互动与创新，培养学生具备跨领域的思维能力和综合解决复杂问题的能力。

（2）教育成果的反馈机制

合作教育的深化还表现在学术界与企业间更加紧密的反馈机制上。企业为学校提供实时的市场需求与技术挑战，学术界则根据企业需求调整课程内容与教育方向。这种反馈机制不仅提升了教学内容的实用性，还加强了教育与产业界之间的共生关系。具体而言，教育机构与企业合作设计的课程，可以确保学生所学内容与行业需求精准对接，从而实现人才培养的高效性与精准性。

（3）高等教育的社会责任

合作教育的进一步理论扩展，推动了高等教育社会责任的思考。作为教育体系的重要组成部分，大学不仅要培养知识分子，更要培育出能够满足社会发展需求的创新型人才。因此，合作教育不仅服务于学生的职业发展，也服务于社会创新和产业升级。

（二）社会学习理论：创新过程中的集体认知与知识创造

1. 社会学习理论的核心主张

社会学习理论最早由心理学家阿尔伯特·班杜拉提出，其基本主张是：学习并非仅仅是个体的内在认知活动，而是一个社会性的互动过程。在班杜拉看来，个体不仅通过直接经验学习，还通过观察他人的行为及其后果来获得知识，尤其是在团队合作与集体创新的情境下，学习过程的社会性显得尤为重要。

在产学研用协同创新的框架下，社会学习理论为我们提供了一个重新审视创新过程的视角。在这一过程中，学术界、企业与科研机构之间的互动、知识共享与反馈机制，形成了一个具有高度复杂性的"学习系统"，其中个体的知识创造与集体的创新过程紧密相连。

2. 知识创造与集体创新：社会学习的应用

在协同创新的背景下，社会学习不仅仅意味着个体知识的吸收和模仿，更意味着跨组织、跨领域的集体知识构建和创新。产学研用的协同创新并非简单的资源整合，而是各方通过社会互动和知识流动，生成新的认知和解决方案。社会学习理论在这一过程中展现了其独特的价值：

（1）创新性知识的生成

在传统的学术教育中，知识的创造通常依赖于单一学科领域的内生机制。然而，在协同创新的框架下，创新知识的生成往往需要多个学科领域的交汇。社会学习理论强调，通过跨学科、跨组织的互动与合作，新的创新性知识能够迅速产生。科研人员与企业工程师的共同探讨、技术专家与市场人员的深度交流，均为创新过程提供了关键支持。

（2）群体智慧的激发与集体学习

社会学习理论的核心理念之一是，知识的传播和学习是通过群体的互动而实现的。在产学研用协同创新过程中，学术界与企业界的深度合作不仅让个体在实践中学习，也促进了集体智慧的激发。通过集体讨论、集体解决问题的过程，知识的积累不仅得以加速，创新的潜力也能最大化。

（3）创新体系中的双向反馈机制

社会学习不仅是单向的知识传递，它同样包含了双向的反馈机制。在产学研用协同创新中，企业不仅从高校获取前沿的技术和理论支持，还能够反馈实际市场中的技术需求与痛点，推动学术界更加精准地进行研究。而这种反馈机制的建立，实际上加速了技术从理论向应用的转化。

（三）系统理论：协同创新中的复杂系统思维

1. 系统理论与创新管理

系统理论强调从整体角度来看待问题，认为系统的行为并非单纯的各个组成部分的简单叠加，而是其内在的相互关系与互动的结果。在产学研用协同创新中，系统理论为我们提供了理解不同主体如何在复杂互动中发挥作用的框架。

在这一模式中，教育体系、科研机构、企业及政府等各个主体均为系统中的重要组成部分，它们相互依赖，共同推动创新。这些主体之间的协同合作，不仅促进了各自资源的最大化利用，也为整个创新系统的高效运作提供了保障。

2. 系统理论的应用：优化协同创新过程

系统理论在协同创新中的应用，意味着我们要从全局的角度来考虑资源的整合与配置，优化各方的协作模式。具体而言，系统理论强调以下几点：

（1）资源优化与整合

协同创新的关键在于资源的高效整合。在系统理论的指导下，不同主体可以根据自身的优势进行合理的资源分配与优化配置。企业可以为学术界提供市场需求与技术应用的方向，科研机构则为企业提供最新的技术成果，高校则为这一过程提供源源不断的创新人才。

（2）知识流动与信息共享

系统理论强调系统内部的信息流动与反馈机制。在协同创新中，信息的共享与知识的流动是加速创新的关键因素。学术界与产业界之间的知识互动，能够帮助创新项目保持灵活性，并在项目实施过程中快速调整方向，确保技术和产品的研发始终处于领先地位。

四、产学研用协同对人才培养的促进作用与挑战

在当前社会，人才培养面临着日益复杂的环境和需求，尤其是在科技创新日新月异的背景下，传统的教育模式已经无法完全满足社会对于高素质、跨学科、创新型人才的需求。在此情境下，产学研用协同模式应运而生，成为连接教育、产业、科研和社会应用的重要桥梁。通过这一模式，教育不仅限于课堂知识的传授，更与社会需求、产业实践和创新科研紧密对接，从而有效推动了人才的培养和社会发展。

（一）产学研用协同对人才培养的促进作用

1. 实践能力的提升与应用场景的丰富

产学研用协同模式的核心优势之一，就是通过提供真实的应用场景，大大增强了学生的实践能力。在这一模式中，学生不仅仅是在课堂上接受知识的灌输，还能直接参与到企业的实际项目、科研课题、技术研发以及社会应用等多方面的实践活动中。这种跨越课堂与社会的双向互动，不仅帮助学生更好地理解理论与实际的结合，也促使他们在解决实际问题时锤炼出更高的技能和创新能力。

通过产学研用协同，学生能与行业专家、科研人员、企业家等各类职能角色紧密合作，形成全面、综合的能力。这种跨领域的经验积累，促进了学生从"学"到"做"的转变，不仅提升了其应对复杂、动态变化的工作环境的能力，也培养了他们解决具体问题的创新思维。

比如，在许多创新驱动型行业，如信息技术、生物医药、新能源等领域，学生通过参与企业实际项目或技术研发，可以直接面对行业中的痛点问题，这种深度参与能让学生更快掌握前沿技术、工具和方法，提升其在复杂问题解决中的实践能力。同时，学生也能通过实时的反馈机制，理解行业需求的变化，从而及时调整个人的职业发展方向，确保所学的技能与行业发展同步。

2. 创新能力的培养与学科交叉的机会

产学研用协同模式的另一大优势是促进了学生创新能力的培养，尤其是在学科交叉方面。传统的学科分隔模式，往往限制了学生创新思维的发挥，而产学研用模式则通过打破学科之间的壁垒，为学生提供了更多的跨学科合作机会。在这一模式中，学生不仅有机会学习本专业的核心知识，还能通过参与跨学科项目、交流不同领域的知识和观点，拓宽视野，激发创新思维。

例如，在医疗领域，医学与人工智能（AI）的结合，促进了新技术、新产品的产生。学生不仅可以学到医学专业知识，还能通过与计算机科学、数据科学等领域的结合，了解并应用 AI 技术来提高医疗效率。通过跨学科的互动与合作，学生的创新能力得到了极大的激发，能够更好地适应未来的复杂工作环境。

这一过程中，学科交叉不仅是知识的融合，更是不同思维方式和工作方法的碰撞。科学的严谨性与商业的灵活性，技术的高效性与艺术的创造性，往往能够通过这种跨界合作产生意想不到的成果。学生通过多元的学术和实践平台，不仅锤炼了跨学科的综合能力，还培养了其解决实际问题的创新方法。

（二）产学研用协同的挑战与应对策略

虽然产学研用协同模式在促进人才培养方面具有显著优势，但在实际操作过程中，仍然面临着一系列挑战。资源整合的困难、各方利益的协调以及协同模式的可持续性等问题亟待解决。

1. 资源整合的困难与对策

产学研用协同模式中的资源整合问题，主要表现为教育资源、资金、技术以及各方合作的协同障碍。在现有的教育体系中，学校、企业和科研机构的资源往往存在分散和各自为政的情况，导致资源无法有效流动和共享，从而影响了协同创新的效能。

解决这一问题的关键在于建立一个高效的资源共享平台，并通过政策创新和平台建设来打破壁垒。例如，政府可以通过设立产学研合作专项资金，鼓励企业、科研机构与高校之间的资源共享与共同研发。在实践中，企业与学术界通过设立联合实验室、研发中心等形式，将双方的科研成果与资源进行深度对接，提升创新的效率和质量。

同时，学校应当加强与企业的战略合作，深化产学研用的合作机制，形成长期、稳定的协同合作关系。在此基础上，通过合理的资源调配、资金支持和技术研发，能够确保产学研用协同模式在实践中的有效实施。

2. 利益协调与可持续发展问题

在产学研用协同的过程中，不同主体之间的利益冲突是不可避免的。高校希望培养高质量的人才，并推动科研成果的转化；企业则希望通过合作获得高素质的技术人才和市场领先的技术；科研机构希望通过合作获取项目资金并进行技术突破；政府希望通过创新推动经济发展。如何协调各方利益，确保合作的长期性和可持续性，成为协同模式能否成功的关键。

为了解决这一问题，首先需要建立一个透明、公正的利益分配机制，确保各方在合作中的利益得以合理保障。同时，还应当加强协同合作机制的制度化建设，确保合作关系的稳定性。具体来说，可以通过建立产学研用合作委员会，制定长期的合作规划，推动跨行业、跨学科的深度融合。此外，政府应当为这种合作模式提供政策支持，如通过税收优惠、资金支持等措施激励各方合作，进一步促进产学研用协同的可持续发展。

第三节　产学研用协同培养的成功经验与不足分析

一、国内成功经验分析

在近年来，随着产学研用协同创新模式的推动，中国在科技创新、产业化转型和人才培养等多个领域取得了显著的成果。以下是具体分析国内成功经验的几个关键领域：

（一）技术创新与产业化

根据《中国科技创新报告（2023）》的数据，近年来我国的科技成果转化率显著提升。具体而言，2018 年到 2022 年间，中国的科技成果转化率从 10% 提升至近 15%。这一提升主要得益于产学研用协同创新模式的推广。尤其在新能源、人工智能等高新技术领域，产学研用深度合作推动了许多技术的快速产业化，成为我国科技进步的重要动力。

1. 新能源领域的协同创新

以新能源汽车为例，新能源汽车的快速发展离不开产学研用协同创新的推动。根据《中国新能源汽车产业发展报告（2023）》的数据，2018 年国内新能源汽车市场规模约为 77 万辆，而到 2023 年，这一数字已经增长至约 500 万辆，增幅超过 500%。在这一过程中，约 30% 的技术突破来自于高校和科研机构与企业的紧密合作。这些突破不仅在电池技术、驱动系统、自动驾驶等领域取得了突破，而且促进了产业链上下游的快速发展。

具体而言，电池技术的突破尤为关键。高校如清华大学、北京理工大学等，与国内领先的新能源汽车企业（如比亚迪、蔚来汽车）展开了深度合作，通过联合实验室、技术研发平台等形式，实现了多项核心技术的突破。例如，清华大学与比亚迪的合作，推动了动力电池的技术进步和产业化应用，助力我国在全球新能源汽车市场占据领先地位。

2. 人工智能的产学研合作

人工智能（AI）技术的迅猛发展，也是产学研用协同创新成果的典型代表。根据《中国人工智能产业发展报告（2023）》的统计，人工智能技术在中国的产业化步伐大幅加快，特别是在医疗、金融、制造等行业的应用取得了显著进展。以百度、阿里巴巴等科技公司为代表，与国内高校（如清华大学、北京大学）和科研机构（如中科院）联合成立了多个创新研究平台，通过联合攻关，实现了人工智能技术的迅速应用和产业化。

例如，百度与清华大学的 AI 实验室合作，研究深度学习、自动驾驶等技术，已在多个领域实现技术落地。通过产学研用的合作，百度在自动驾驶技术上的进展成为全球领先，且推动了国内汽车产业的智能化转型。

（二）人才培养质量的提升

在产学研用协同创新模式的推动下，人才培养质量也得到了显著提升。

数据显示，2018 年到 2022 年间，全国高校与企业联合培养的人才数量增长了 20%以上，培养了大量符合市场需求的创新型人才。这一模式在提高教育质量、培养实用型人才方面，发挥了关键作用。

1. 校企联合培养模式的实施

根据《中国高等教育与创新发展年度报告（2023）》的数据显示，许多高校通过校企联合实验室、创新创业比赛、企业实践等活动，提升了学生的创新能力和实践技能。例如，清华大学与华为公司联合开展的"互联网+"创新人才培养项目，至 2023 年已经培训了近 10 000 名技术人才。参与该项目的学生在毕业后，约 35%成功进入华为、阿里巴巴等大型科技公司，投身于创新型研发工作，成为国内科技创新的中坚力量。

这一模式不仅推动了学生的技术应用能力提升，还通过项目实践培养了学生的创新思维和解决实际问题的能力。根据项目反馈调查，参加该项目的学生表示，通过参与与企业的联合研发，他们更好地理解了产业需求，学到了如何将理论知识转化为实际生产力。

2. 技术实践与创新创业的结合

除了校企联合培养模式外，许多高校还加强了创新创业教育，促进学生与企业的深度互动。例如，在"互联网+"创新创业大赛中，众多高校与企业联合举办了系列创业孵化平台，帮助学生将创意转化为实际产品。数据显示，自 2018 年以来，全国已有超过 200 所高校参与了此类赛事，创立了约 3 000 家创新型企业。这一举措在推动学生创业和产业创新方面，发挥了积极作用。

（三）产学研用协同的政策支持与机制创新

产学研用协同创新的成功实施，离不开国家政策的支持和机制创新。近年来，国家在推动产学研深度融合方面不断加码，出台了一系列政策文件，为产学研用协同创新提供了有力保障。

1. 政策文件与资金支持

国家层面的政策支持，尤其是创新驱动发展战略，为产学研用协同创新模式的推广提供了重要契机。2017 年发布的《国家创新驱动发展战略纲要》明确提出，要加强产学研用的深度融合，推动科技成果转化，并将其作为国家经济高质量发展的重要驱动之一。

根据《创新驱动发展报告（2023）》的数据，政府在 2019 年至 2023 年间，通过创新基金、产学研合作项目等形式，累计投入超过 2 000 亿元人民币，用于推动产学研用协同创新和技术转化。这些政策和资金支持，不仅促进了高新技术产业的快速发展，也为人才培养和科技成果转化提供了坚实的保障。

2. 科技创新平台的建设

在机制创新方面，政府加大了创新平台的建设，特别是在推动产学研用协同合作方面。近年来，国内许多高校与企业联合建立了众多的创新研究中心和技术平台，例如清华大学与中科院共同建设的高端制造技术创新平台。通过这些平台，企业和高校能够紧密合作，共同攻克产业难题，并将科研成果迅速转化为产业技术。

例如，2020 年，由国务院发起的"国家重大科技创新项目"明确将"产学研用协同平台"作为重点任务之一，通过建立产学研用协同创新平台，推动技术研发与产业化的深度融合。这些平台不仅促进了高校科研成果的转化，也加强了企业在创新中的主导作用。

二、国际经验与实践分析

（一）美国：企业主导与政府推动的协同创新

1. 硅谷的协同创新模式

美国的协同创新模式，在全球范围内被广泛认为是成功的典范，特别是硅谷的经验，其模式中的"政府引导+企业主导+高校合作"已成为全球创新生态系统的标杆。硅谷集中了世界领先的科技企业、初创公司、投资机构以及科研院所，其产业集群的形成和蓬勃发展，离不开政府的大力支持。美国政府每年通过创新基金、专项补助、税收优惠等形式，投入超过 300 亿美元，用于推动科技创新、促进技术转化。

硅谷成功的关键不仅仅在于政府资金的支持，更在于政府与企业、高校之间形成的协同效应。硅谷的企业通过与斯坦福大学、加利福尼亚大学伯克利分校等顶尖高校的合作，形成了紧密的产学研合作关系。这些高校提供先进的科研成果、技术支持以及人才资源，而企业则为技术研发提供实践场景和资金支持，最终推动了新技术的商业化。具体来说，斯坦福大学与谷歌、苹果等企业在人工智能、深度学习等领域的合作，带来了多项技术突破。谷歌的"谷歌大脑"项目，正是依托斯坦福大学的科研成果，经过多年的研发后，成为全球最先进的人工智能技术之一。

根据《美国科技创新发展报告（2023）》的数据，硅谷的技术转化率已超过 25%，这一比例远高于其他地区。硅谷的成功不仅仅局限于技术创新，还在于创新成果的快速市场化。以人工智能和半导体产业为例，硅谷的技术不仅在学术领域产生了巨大影响，同时也迅速推动了产业的升级和跨行业应用。硅谷的协同创新模式形成了一个创新密集、资源高效配置的生态系统，不仅支撑了硅谷的科技领先地位，还推动了全球技术的迅速发展。

2. 产业集群的形成与技术突破

硅谷成功的另一个因素是其独特的产业集群效应。硅谷的企业、科研机构、投资机构之间的互动密切，形成了一个充满创新活力的产业集群。根据《全球创新指数报告（2023）》的统计，硅谷是全球创新活动最为集中的地区，几乎每一个创新领域都能看到硅谷企业的身影。其产业集群效应不仅仅体现在信息技术领域，还涵盖了生物医药、能源、金融科技等多个领域。这种集群效应促使了新技术的不断涌现，并加速了技术的商业化应用。

例如，在人工智能领域，斯坦福大学的科研人员与谷歌、英特尔等公司开展了长期合作，通过共同研发推动了深度学习和神经网络的突破。这些技术突破不仅在学术界产生了深远的影响，也改变了全球多个行业的运作方式。人工智能技术在语音识别、图像处理、自动驾驶等领域的应用，迅速实现了从实验室到市场的转化，极大提升了相关企业的竞争力。

（二）德国：政府引导与产业联盟的合作模式

1. "德国制造 2025" 战略与政府引导

德国的产学研用协同创新模式与美国的模式有所不同，更加注重政府的引导作用以及产业联盟的合作。德国政府通过出台一系列政策，鼓励高校、企业和科研机构在多个领域进行技术研发合作，形成了强大的产业集群效应。例如，德国政府推出的"德国制造 2025"战略，明确提出要推动制造业的智能化、数字化升级，这一战略得到了政府的大力支持，并成为德国制造业创新的核心驱动力。

根据《德国创新合作模式分析报告（2022）》的数据，政府在这一战略中投入了大量资金，特别是在智能制造、机器人技术和工业互联网等领域。政府不仅提供了政策支持，还通过建立产业联盟和平台促进企业与科研机构的合作。这些联盟和平台通过集中行业资源、整合创新力量，推动了制造业的数字化转型，提升了整体生产效率和国际竞争力。

2. "工业 4.0" 与制造业的数字化转型

"工业 4.0"是德国政府实施的另一个重要战略，该战略旨在推动制造业向智能制造、自动化和信息化方向转型。通过政府的引导和资金支持，德国的企业与高校开展了广泛的合作，推动了许多创新技术的突破。德国的汽车产业尤其突出，奔驰、宝马、大众等汽车巨头与德国多所高校和科研机构共同开展研发项目，在智能制造、自动驾驶、车联网等技术领域取得了显著进展。

数据显示，德国的"工业 4.0"战略实施后，制造业的生产效率提高了30%。在汽车行业，通过校企合作，德国的汽车产业在全球市场的竞争力提升了 20%。通过这种政府引导和产业联盟合作的模式，德国在全球智能制造领域占据了重要地位，并为其他国家提供了有力的借鉴经验。德国的成功表明，产学研用协同创新不仅依赖于政府的引导，也离不开企业的主动参与和高校的技术支撑。

（三）瑞士：国际合作平台与知识共享

1. 国际创新平台建设

瑞士是全球创新排名领先的国家之一，其产学研用协同创新模式的特色在于注重通过国际合作平台推动创新。瑞士政府高度重视全球创新合作，通过建立国际合作平台，促进与世界各地企业和科研机构的联合研发。瑞士的国际合作不仅限于欧盟，还积极开展与美国、亚洲等地区的合作。瑞士的这种全球化视野为其在全球创新中赢得了领先地位。

根据《瑞士创新调查报告（2023）》的数据，瑞士的国际合作项目占其所有创新项目的30%以上，远高于全球的平均水平。瑞士通过这些国际合作平台，推动了知识的共享和技术的传播。例如，瑞士联邦理工学院（ETH Zurich）与国际顶尖企业如 ABB、诺华制药等合作，共同开展研发项目。这些合作不仅加速了技术的进步，也为瑞士企业提供了进入全球市场的渠道。

2. 跨国合作推动技术突破与市场应用

瑞士的国际合作平台不仅促进了技术创新，还推动了技术的市场化。瑞士联邦理工学院与 ABB、诺华制药等国际企业的联合研发项目，涉及清洁能源、医疗健康、人工智能等多个前沿领域。这些跨国合作项目推动了技术的迅速应用，尤其是在医疗健康和清洁能源领域的技术突破，不仅推动了相关行业的发展，也提高了瑞士在全球创新领域的竞争力。

瑞士的成功经验表明，国际合作平台是推动技术创新和市场应用的重要手段。通过加强全球合作，瑞士不仅增强了自身的创新能力，还为全球创新生态系统提供了有力支持。对于我国而言，瑞士在国际合作平台建设方面的经验具有重要借鉴意义。通过加强国际合作，尤其是在高科技领域的跨国合作，我国能够更加高效地推动技术成果转化，并提升在全球创新中的话语权。

三、产学研用协同创新模式中存在的挑战与问题

在我国推动产学研用协同创新的过程中，尽管取得了一定的成绩，但仍面临一系列挑战和问题。具体而言，当前的协同创新机制、资源分配，以及利益协调等方面存在不足，这些问题影响了协同创新模式的顺利实施与效能的发挥。以下是几个主要问题的详细分析。

（一）协调机制的不完善

尽管我国在多个领域推动产学研用协同创新，且在某些领域取得了一定的成果，但在实际操作层面，协调机制仍显得不够成熟和完善。数据显示，部分企业和高校在开展协同创新项目时，存在信息不对称、沟通不畅、目标不一致等问题，这直接影响了项目的进展和成果的转化。尤其是在项目启动阶段，企业和高校之间常常由于目标的不同，导致协同创新过程中的各方利益冲突加剧。例如，企业通常更注重技术的市场化应用和生产力的提升，而高校则更注重基础研究和学术成果的积累，这样的目标差异会导致合作过程中出现分歧，从而影响最终的创新成果。

此外，部分政府部门在产学研用协同创新中的协调角色不够明确，部分政策缺乏前瞻性和适应性。政府作为桥梁和纽带，在产学研用协同创新中应起到引导和服务的作用，但由于制度上的滞后与行业需求的快速变化，政策的有效性和及时性未能得到充分体现，导致了创新资源的浪费和效率的低下。

为了解决这一问题，必须加强各方的沟通与协作，制定更加科学、灵活的协调机制，明确各方的责任和权益，减少信息的盲区和目标的不对称，提

升整体协同创新的效果。

（二）资源分配的不均

我国区域经济发展不平衡，造成了产学研用协同创新资源配置的显著差异。创新资源的集中在部分经济发达地区，尤其是东部地区，形成了较为强大的创新集群，而中西部地区则相对薄弱。根据相关数据显示，东部地区的创新资源集聚效应明显，科技创新能力较强，企业和科研院所的合作也更加密切。而中西部地区，尤其是一些欠发达省份，在创新资源的投入、技术研发能力以及创新主体的合作方面相对不足，这些地区的创新能力较弱，导致了产学研用协同创新的滞后性。

尽管国家已出台一系列政策来支持中西部地区的创新发展，如通过设立创新基金、提供税收优惠等方式，促进该地区的科技进步和产业升级，但资源的配置依然存在不均衡的问题。创新资源的配置不均不仅影响了区域创新能力的提升，也加剧了地区间的创新差距，制约了我国整体科技创新体系的均衡发展。

为了解决这一问题，政府应加大对中西部地区的创新支持力度，不仅要在资金上进行合理的倾斜，还应推动各地高水平大学和企业的资源共享，促进人才、技术和信息的流动，平衡各地区的创新资源分配。

（三）利益协调与知识产权问题

在产学研用协同创新过程中，不同主体之间的利益协调始终是一个棘手的问题。企业、高校和科研机构在合作过程中，不仅面临技术和知识的交流，还需要处理涉及商业利益、知识产权的敏感问题。由于高校和科研机构通常注重科研成果的学术价值，而企业更关注技术的市场价值，两者的利益诉求往往存在较大的差异。高校通常希望保持对技术成果的知识产权拥有绝对控制，而企业则更希望获得技术的快速商业化应用，这种差异可能导致技术转化的困难。

此外，部分企业在技术转化过程中因担心知识产权的归属问题而对合作持谨慎态度，这种情况也制约了技术成果的有效转化。由于缺乏完善的利益分配机制，技术转化过程中的各方利益无法得到有效保障，导致部分企业或高校因利益分配不公而退出合作。

目前，我国在知识产权的管理和保护方面的制度还不够健全，尤其是在产学研合作的过程中，如何合理划分技术成果的知识产权和相关利益，仍然是一个亟待解决的问题。为了促进技术的有效转化，相关部门应进一步完善知识产权保护法律法规，制定明确的知识产权归属和利益分配机制，确保各方的利益得到公正合理的分配，从而推动产学研用协同创新成果的顺利转化。

四、推动产学研用协同创新的改进与策略分析

在我国推动产学研用协同创新的过程中，尽管取得了一定的成绩，但仍面临许多深层次的挑战和问题。这些问题不仅与实际操作中的机制和制度缺陷密切相关，还涉及创新过程中不同主体之间的互动、利益协调以及资源配置等复杂因素。为了进一步提升协同创新的效能，必须从系统的视角出发，深入分析其内在规律，推动各方协同机制的优化，促进创新资源的合理配置和流动。以下将从多个方面详细探讨如何优化现有模式，提升协同创新的效果。

（一）改进校企合作机制

校企合作是推动产学研用协同创新的基础和核心，其目的是通过高效的协作，促进科研成果的快速转化和产业化。然而，现实中许多校企合作项目往往面临着目标不一致、沟通不畅、利益冲突等问题，这些问题严重影响了协同创新的效果和效率。

校企合作中的核心问题可以从两个方面来理解。一方面是企业和高校的需求差异，企业往往注重技术的商业化应用，希望通过合作将创新成果快速

转化为市场产品，而高校则偏重基础研究和学术成果，这种目标上的不一致往往导致合作中的摩擦；另一方面，校企合作中的资源配置和利益分配机制不健全，双方在合作过程中未能建立起清晰的责任分配和利益共享机制，导致合作过程中的资源投入和回报不对等，进而影响了合作的持续性和稳定性。

为了改进校企合作机制，首先，需要明确双方的合作目标和权益分配，确保每一方都能从合作中获得切实的利益。其次，可以借鉴一些国际上的成功经验，例如德国的"工业 4.0"模式，推动政府主导、企业主办的产业创新联盟，在此框架下推动高校的深度参与。具体来说，校企合作应从单纯的技术转化和资源交换向深层次的合作发展，形成以共同目标为导向的战略性合作伙伴关系，强调双方在创新过程中的互补性和共同成长。最后，政府可以通过出台政策，为校企合作提供更加稳定和长期的支持框架，确保合作的长期性和有效性。

（二）加强政府支持

政府在产学研用协同创新中的作用不可或缺。作为创新生态系统中的协调者和引导者，政府的政策支持对推动协同创新发挥着关键作用。然而，现阶段我国政府在协同创新中的支持仍然面临政策滞后、资金不足、产业链衔接不畅等问题。

政府的支持不仅仅局限于资金投入，更多的是在制度和政策设计上起到引领作用。目前，许多政策虽然鼓励产学研合作，但在实际执行过程中，往往缺乏足够的灵活性和前瞻性，未能有效应对技术快速发展的需求。此外，政策的执行力度和覆盖面也存在差异，尤其是对于中小企业和地方高校的支持力度不够，导致创新资源在不同地区和主体之间分配不均，进而影响了协同创新的整体效果。

政府应在加大资金支持的基础上，创新政策设计和实施方式。首先，政策支持的方向应更加注重系统性和针对性，重点推动技术研发、人才培养和产业转化等关键环节的资源配置。同时，政府应注重政策的灵活性和前瞻性，针对创新过程中出现的新问题及时调整政策。例如，可以设立专项基金，支持企业和高校在特定领域内开展合作，推动关键技术的攻关和产业化。更重要的是，政府应当充分调动地方政府的积极性，推动地方创新资源的集聚和共享，打破区域壁垒，促进创新资源的合理流动和配置。

（三）优化资源配置与共享平台建设

资源的合理配置和共享是推动产学研用协同创新的另一个关键因素。当前，资源配置的差异性和区域间的创新不平衡，严重制约了协同创新的效率和成效。为了打破这一困局，必须构建更加高效的资源配置机制和共享平台，加强各类创新资源的流动性和可获得性。

我国在创新资源配置上存在显著的区域差异。东部沿海地区由于经济和科技基础较好，创新资源的集聚效应较强，而中西部地区的创新能力相对薄弱，科技创新资源的投入和合作程度不高。此外，当前的资源配置机制过于依赖地方政府和单一企业的自主行为，缺乏跨区域、跨行业的资源共享和合作平台，这种碎片化的资源配置模式难以满足协同创新的需求。

要优化资源配置和共享平台建设，首先需要推动跨区域、跨行业的创新合作平台建设，打破区域和行业之间的壁垒，促进资源的流动与共享。可以通过建设公共服务平台，提供技术支持、资金支持、市场推广等综合性服务，帮助企业和高校共同开展创新活动。同时，政府应当通过制定相关政策，鼓励高端创新资源在不同地区间的流动，尤其要加大对中西部地区的创新扶持力度，帮助该地区提升科技创新能力，缩小区域创新差距。

（四）建立健全的知识产权保护机制

知识产权保护是产学研用协同创新中的一个核心问题。创新过程中涉及大量的技术成果和商业机密，如何合理保护和分配这些知识产权，确保各方的利益得到公平保障，是推动技术转化和合作共赢的关键。

目前，我国在知识产权保护方面还存在一定的制度缺陷，尤其是在产学研用协同创新的过程中，技术成果的知识产权归属和利益分配问题往往成为合作中的矛盾焦点。高校和企业在技术成果转化时，往往因为对知识产权的控制权问题发生争议，进而影响合作的深入推进。此外，现有的知识产权管理机制过于复杂，缺乏透明性，企业和科研机构在技术转化过程中容易出现利益纠纷，导致合作关系的破裂。

为了解决这一问题，首先要加强知识产权管理体系的建设，建立更加透明、公正的知识产权归属和分配机制。可以通过制定相关法律法规，明确技术成果的归属、使用权和分配方式，确保各方的利益得到公正对待。在知识产权保护方面，国家应提供更加明确的法律支持，防止技术成果在转化过程中受到侵犯。同时，要鼓励企业和高校建立更加健全的知识产权管理体系，通过完善的合同和协议，明确技术成果的转化流程和权利归属，避免因利益不均而导致的合作冲突。

第二章 经管类人才培养的需求与挑战

第一节 当前经管类人才培养的现状与发展趋势

一、经管类人才培养的现状

随着全球经济环境的复杂化和不确定性不断加剧，企业对管理人才的需求也发生了根本性变化。过去，管理人才的培养偏重基础的管理技能和知识传授，而今天，企业所需的管理者不仅需要扎实的管理理论基础，还必须具备创新思维、全球化视野及跨学科的知识体系。尤其是在信息技术、全球化和社会变革的驱动下，传统的经管教育模式显现出诸多不足，无法完全适应快速变化的市场需求。

在我国，尽管经管类教育取得了一定的发展成就，但整个体系仍存在显著的差异性和局限性，尤其体现在教育资源的分布、课程内容的创新性以及师资队伍的专业性等方面。这些问题的存在，既影响了学生的培养质量，也在一定程度上制约了我国经管类人才的国际竞争力。

（一）教育资源配置不均

中国的经济和教育资源在区域间的差异性，往往决定了经管类人才培养的质量和效果。东部沿海地区的高校，如北京、上海、广州等地的高等院校，具备较强的经济实力和优质的教学资源，能够吸引到更多高水平的师资力量，提供更先进的教学设备和科研支持。而中西部地区的高校，由于经济发展相对滞后，教育资源相对匮乏，尤其是在师资引进、科研投入和实习机会等方面存在明显短板。这种不均衡的资源配置，导致了区域间的教育差距，从而影响了我国整体经管类人才培养的质量。

这种差异可类比于一个国家内部资源分布的偏斜。就像在一个广阔的国家中，不同地区的生产力差异，导致了产品或服务的质量和数量的不均衡。在教育领域，这种差异加剧了人才培养的地区不均等，使得东部地区的高校能够提供高质量的经管类教育，而其他地区则面临较为严峻的挑战。因此，教育资源的分配和优化，成为了实现教育公平、提升整体培养水平的关键因素。

（二）课程设置的传统化

尽管我国的多数高校在近年来对经管类专业课程体系进行了相应的调整，但整体而言，课程设置仍旧停留在较为传统的管理学和经济学基础课程层面。课程内容更多集中于经典的理论传授和基本技能的培养，而忽视了对现代企业管理实践的深入探索。这种传统化的课程设置，虽然能够为学生提供扎实的理论基础，但却无法满足日益复杂和多变的实际工作需求。

与行业实践的脱节，直接导致了学生的职业适应能力不足。学生在校学习的内容，往往局限于课堂上的抽象理论，缺乏与企业实际运营、市场变化、技术创新等方面的结合。这就像一位学者，虽然对古典文献进行了深入研究，但对于当下社会的实际问题却没有任何触及。在全球化和数字化不断推进的背景下，企业面临的挑战和机遇远非传统管理理论所能应对。现实的变化要求学生不仅要具备管理能力，还要能够敏锐地把握时代的脉搏，理解企业在全球竞争中如何应对风险和创新。

此外，跨学科的融合在经管教育中的不足，进一步加剧了课程的传统化现象。管理学作为一门交叉性学科，本应借助其他学科的知识来解决更为复杂的问题,如大数据分析、人工智能与决策、跨文化管理等。然而,目前大部分经管类课程依然过于注重经济学、管理学的经典理论,缺乏跨学科的思维方式和解决问题的方法。这种局限使得学生的知识体系较为狭窄,无法在多变的全球化市场中找到创新的路径。

(三)师资队伍的短缺与质量参差不齐

尽管我国许多高校在加大经管类专业师资培养和引进力度,但仍然面临着师资短缺与质量参差不齐的严峻问题。虽然一些高水平的商学院和经管专业院系,能够吸引到国内外的知名教授和学者,但大多数地方高校的师资力量相对薄弱,许多教师的科研水平较低,且缺乏实际的行业经验。在这种情况下,教师的教学内容往往无法紧跟时代的步伐,无法准确把握企业对管理人才的需求。因此,学生在学习中往往接触不到最前沿的管理理论和实践经验,导致了创新思维的培养不足。

与此相关的问题是,虽然部分优秀教授已经被引入高校,但由于现有教育体系的限制,许多高水平教授未能直接参与教学,而是专注于科研或行政事务。这就像一位顶级厨师被邀请到厨房,却无法直接参与烹饪工作,只能在远离厨房的办公室里做一些理论上的规划。这种师资力量与教学需求的脱节,最终影响了学生的学习质量和创新能力。

与此同时,我国经管教育的实际操作能力也受到师资队伍建设滞后的影响。对于经管类专业的学生来说,掌握理论知识固然重要,但更为重要的是如何将这些理论转化为解决实际问题的能力。而这种能力的培养,往往依赖于教师丰富的行业经验和实践经验。缺乏这样的实践经验,学生的创新能力和实际操作能力就难以得到有效提升。像一名只能读书而不能走出教室的学生,即使拥有再多的理论知识,也无法在实际社会中立足。

二、当前全球经管教育的变化与趋势

在全球化不断深入、技术迅速发展的背景下,企业面临着前所未有的复

杂性和挑战。为了应对这一变革，全球经管教育体系正在经历一场深刻的转型。这种转型不仅表现在教育内容的更新上，更体现在教学理念、方法和人才培养模式的多维度革新。各国高等教育机构在这些变化中纷纷调整策略，以培养适应未来发展、具备创新和实践能力的管理人才。

随着全球经济一体化的进程不断加快，企业对管理者的要求也在发生变化。现代企业不再单纯依赖传统的管理技能，创新能力、跨学科的知识结构和全球视野成为了管理人才的重要素质。因此，全球经管教育也在朝着培养具有创新性和实战经验的复合型管理人才的方向发展。

（一）注重创新与实践能力的培养

进入知识经济时代，创新已经成为推动经济增长的核心动力，企业的竞争力不仅取决于传统的管理能力，更在于其应对快速变化的市场环境和技术变革的能力。在这一背景下，全球经管教育开始更加注重培养学生的创新能力和实践能力，尤其是在欧美等发达国家的商学院中，课程内容和教学方法正在发生根本性的变化。

例如，哈佛商学院作为世界顶尖商学院之一，其教学模式的核心就是"案例教学"。这种教学模式要求学生通过实际案例的分析，去探索解决问题的方法和创新的管理思维。哈佛商学院强调，学生不仅要掌握管理学的基础理论，更重要的是能够应用这些理论去解决实际的管理问题。通过与企业的深度合作，学生可以获得更接地气的实践机会，将理论知识转化为实际操作能力。

这一趋势表明，全球的经管教育体系已经从以往单纯的理论传授转向了更加注重实践能力的培养。这种变化，反映了教育理念的更新：管理学科不再是一个封闭的知识体系，而是一个与社会、企业、科技紧密相连的动态领域。各大商学院通过与企业、政府和非营利组织等多方面的合作，提供丰富的实践机会，帮助学生积累经验，培养其创新能力，进一步提高其解决复杂实际问题的能力。

此外，现代企业的管理问题越来越复杂，需要管理者不仅具备创新思维，还要拥有跨领域的知识储备。因此，课程设计中越来越多地融入了管理学以外的内容，如数据分析、科技创新和社会科学等。学生们在学习管理的同时，也在不断拓展其知识视野，培养跨学科解决问题的能力，这使得他们能够在复杂的社会和商业环境中做出更加科学和富有前瞻性的决策。

（二）全球化视野的拓展

全球化背景下，管理者不仅要关注本地市场，还必须具备全球视野和跨文化沟通的能力。这一要求源自企业在全球范围内的运营与管理日益复杂，以及跨国公司在多元化市场中的管理挑战。因此，全球范围内的商学院纷纷加强跨国课程和国际交流项目的建设，注重培养学生的全球化思维和跨文化适应能力。

例如，哥伦比亚大学商学院与中国的高校合作开设了"全球企业领导力"课程，这一课程的目标是让学生从全球化的角度来审视管理问题，了解不同国家和地区在文化、经济和政治背景下的管理差异。这种全球化课程的设置，使学生不仅能够接触到全球最前沿的管理思想和实践经验，还能够在全球化背景下获得更广阔的视野，为日后在国际化的职业生涯中打下坚实的基础。

与此相对应的，是商学院日益重视国际交流和跨文化理解。学生通过参与短期的海外交流项目，直接与不同国家的学生共同学习和探讨问题，从而增强了自身在多文化环境中的适应能力。这种课程设置不仅能帮助学生了解全球经济和文化的差异，还能使其具备跨国公司所需的全球管理能力。

此外，全球化趋势的不断深化要求学生具备多元化的管理知识结构，能够应对不同市场和文化背景下的挑战。在这方面，全球化课程不仅仅是针对海外市场的学习，更重要的是让学生认识到全球市场对管理理念和决策模式的多样性，从而培养出具有跨国经营能力的复合型人才。

（三）跨学科融合的趋势

当今社会面临的复杂问题越来越无法依赖单一学科的知识去解决。尤其是在企业管理领域，随着技术的飞速发展和市场环境的不断变化，单一的管理学理论已经难以应对各种复杂的经营问题。因此，越来越多的商学院开始注重跨学科的融合，推动不同学科之间的互动与合作。

例如，麻省理工学院的斯隆商学院（MIT Sloan）就开设了结合人工智能与商业管理的课程，旨在培养学生在数字化转型时代的管理能力。随着大数据、人工智能、区块链等技术的普及，商学院纷纷将这些新兴技术与管理学科进行融合，力求培养具备数字化思维和科技应用能力的未来管理者。

这种跨学科的融合趋势，反映了现代管理教育的深刻变革。管理者不再只是专注于传统的管理技巧和策略，而是需要具备处理复杂技术问题、解析大数据以及应对快速变化市场环境的能力。为了应对这种需求，商学院已开始引入数据科学、人工智能、社会学、心理学等学科的课程内容，为学生提供更加多元的知识体系和实践经验。

此外，跨学科融合不仅仅体现在课程内容上，还包括教学方法的创新。许多商学院已经采用项目导向的教学模式，将不同学科的知识融合到具体的项目实践中，通过解决实际问题的方式提升学生的综合能力。这种教学方法，帮助学生在解决问题的过程中，培养跨学科的思维模式，进一步增强其在复杂环境中分析和决策的能力。

三、我国经管教育面临的现实挑战

尽管我国经管类教育在过去几年取得了一定的进展，但随着经济发展方式的转型和全球竞争态势的变化，我国经管教育仍然面临一系列亟待解决的现实挑战。这些挑战不仅影响了教育质量，也影响了人才培养的实际效果，进而影响了社会经济的发展需求。解决这些问题，需要从课程设置、师资建设、教学模式等多方面进行深刻反思和改革。

（一）课程设置滞后

在全球数字化、信息化的背景下，现代企业的管理模式和技术应用发生了深刻变化。而我国的经管教育课程设置，特别是许多传统院校的课程体系，未能及时跟上这一变化，仍然依赖传统的管理学、经济学理论框架，这导致了课程内容的滞后性和与行业发展的脱节。

传统的课程设置侧重于基础管理学科的内容，如组织行为学、企业战略、财务管理等，这些课程虽然为学生提供了坚实的理论基础，但在当前信息化、数字化浪潮中，这些内容的局限性逐渐显现。特别是在新兴领域如大数据分析、人工智能、数字经济等方面，许多课程未能及时纳入这些现代管理实践的核心内容，导致学生毕业后缺乏应对当前商业环境的所需技能。

例如，在许多商学院中，大数据分析、人工智能和数字化转型等领域的课程仍显不足。虽然部分顶级高校开始尝试进行课程改革，将新兴领域的知识和技能纳入课程体系，但整体上，课程改革的步伐较慢，且缺乏持续的动态调整。部分高校的课程改革停留在表面，新的课程模块可能只是简单地将某些流行的技术词汇添加进课程目录中，而未深入探讨其在管理实践中的应用。这使得学生在学习阶段，无法从根本上理解和掌握技术进步如何影响商业决策、企业管理以及市场策略。

为应对这一挑战，迫切需要高校对课程体系进行深度的反思与更新。首先，要从课程内容的设计入手，将大数据、人工智能、数字化管理等新兴领域的课程融入传统的管理学科之中，确保学生不仅学到理论知识，还能够掌握前沿技术与实践。其次，高校还应加强与企业界的合作，及时了解市场和行业的最新发展，将行业趋势和需求纳入课程体系的设计，使课程内容更加贴合社会实际需求。最后，要推动课程体系的灵活性与多样性，支持学生根据自身兴趣选择定制化的课程，进一步提升个性化学习的机会。

（二）师资队伍短缺与质量参差

我国经管类教育的师资力量和水平仍存在不小的差距。尽管一些高校通过引进海外优秀人才、加强教师培训等方式改善了师资力量，但整体上，师资水平和数量仍然存在明显差距。尤其是在一些地方高校，师资力量较为薄弱，缺乏具有丰富行业经验的专家学者，也缺乏能够与国际先进教育理念对接的高水平人才。这使得这些高校的教学质量参差不齐，学生的实际能力提升和创新思维培养受到制约。

具体而言，许多经管类专业的教师往往拥有较强的理论背景和学术造诣，但缺乏企业实践经验和跨学科的视野。部分教师的研究工作集中在理论性较强的领域，缺乏与行业动态和实践应用的结合。这使得学生在课堂上学到的知识，往往脱离了实际管理实践的需求，无法适应瞬息万变的市场环境。

此外，部分高校虽然引进了一些高水平的国际化人才，但由于我国现行的学术体系和教学体系存在一定的束缚，许多外籍教师或国内引进的高水平教授未能有效参与教学。很多院校的教学体系过于注重理论教学，忽视了教授实践知识的机会，导致学术研究与教学实践之间存在明显脱节。这不仅影响了教学质量，也使得学生无法接触到国际化、实践化的教育内容，进一步限制了学生的视野和实践能力。

要解决师资问题，首先，需要加大对教师的培养与引进力度，尤其是对具有行业背景和实践经验的高水平教师的引进。其次，教育部门应鼓励高校与国内外企业、研究机构的合作，推动行业专家参与到教学过程中，增强课堂教学的实战性和前沿性。最后，高校要注重教师的跨学科能力和国际化视野，促进教师的终身学习和职业发展，使其能够应对快速变化的教育需求。

（三）教学与实践脱节

我国的经管教育尽管在课程设置和教学方法上逐步进行改革，但整体上仍然存在着"重理论、轻实践"的问题。许多经管类课程过于强调理论教学，忽视了学生实际操作能力的培养。虽然案例教学和企业实习在一些高校有所推进，但这些实践环节多停留在形式上，缺乏深度的校企合作和实际操作经验，导致学生的实际能力和职业素养无法得到充分提升。

具体来说，尽管许多商学院和高校在理论教学中增加了案例分析、模拟实验等元素，以此来增强学生的实践感知，但在这些活动中，学生更多的是参与简单的案例讨论和模拟练习，而并非直接参与到企业的实际项目中去。这些形式上的实践活动，虽然在一定程度上提升了学生对管理理论的理解，但缺乏面对真实市场环境的挑战，学生无法在实践中获得真正的操作经验和问题解决能力。

此外，虽然校企合作在近年来逐步增多，但整体上，企业与高校的合作仍较为表面，往往只是提供一些短期的实习机会，缺乏长效的合作机制和深度合作。许多企业在为学生提供实习岗位时，也往往将学生安排在简单的辅助性工作岗位上，缺乏参与真正管理决策和项目执行的机会，这使得学生的实践经验和学习成效大打折扣。

为了解决这一问题，学校需要加强与企业的深度合作，推动校企合作机制的创新。学校应从实际出发，建立长期稳定的合作关系，推动学生深度参与企业实际项目，特别是在战略决策、项目管理和创新实施等环节中，使学生能够真正与企业环境接轨，获得真实的工作经验。进一步来说，学校还应鼓励企业参与课程设计和教材编写，使课程内容更加贴近行业需求，提升学生的就业竞争力。

此外，教学内容也应注重实践导向，强化学生的实战能力培养。可以通过更多的项目式学习、企业案例分析等形式，推动学生在课堂上就能获得实战经验，为毕业后顺利进入职场做好充分准备。

第二节　行业需求与教育供给的对接问题

随着全球经济环境的变化和科技进步的推动，行业对经管类人才的需求

也在发生深刻的变化。如何使教育供给能够与行业需求有效对接，成为当今经管类教育面临的重要课题。本节将重点探讨行业对经管类人才的需求变化，分析教育供给与行业需求之间的差距，并提出提升对接效果的策略，尤其是如何通过教育课程的灵活性与实时更新机制来弥补这一差距。

一、行业对经管类人才的需求变化

随着社会、科技、经济环境的快速发展，行业对经管类人才的需求发生了深刻的变化。这些变化不仅体现在所需技能的更新换代，还体现在岗位需求的不断演进。尤其是在全球化与数字化转型的浪潮中，企业对管理型人才的要求已经超越了传统的管理能力，开始追求那些具备创新精神、跨学科知识、全球视野以及技术能力的复合型人才。我们可以从以下两个方面来探讨行业对经管类人才的需求变化：技能需求的变化与岗位需求的演变。

（一）技能需求的变化

从传统管理到现代管理能力的转型，是经管类人才需求变化的核心。过去的几十年里，企业更加依赖于传统管理技能，如领导力、决策能力、财务管理等。然而，随着时代的发展，尤其是在数字化、信息化日益加深的背景下，企业对人才的要求已不再局限于传统的管理技能，而是延伸到数据分析、数字化转型、跨文化沟通等更为复杂和多元化的领域。

1. 数据分析与决策支持能力

大数据技术的普及使得数据分析成为了现代企业决策的核心工具。今天的商业环境充满了大量的结构化和非结构化数据，而企业如何从这些海量数据中提炼出有价值的洞察，成为了提高竞争力的关键。这要求经管类人才必须具备强大的数据处理和分析能力，不仅能够解读数据，还要能够将数据背后的趋势与市场动向联系起来，支持高层决策。随着这一需求的增加，许多商学院已经开始将数据科学、数据分析、机器学习等技术课程纳入教学大纲。

能够运用大数据进行战略决策的人才，已经成为企业寻求的高价值人才。

2. 数字化与技术管理能力

数字化转型是当今商业环境中的核心战略，所有企业都在通过信息技术提升效率、创新商业模式和优化运营流程。因此，未来的经管类人才不仅需要具备管理能力，还需要有一定的技术背景。无论是人工智能、区块链，还是物联网等新兴技术，它们都在深刻改变企业的业务模式与运营架构。经管教育需要不仅限于管理理论的传授，还要教授学生如何理解和运用这些技术工具，如何将其有效地与传统管理结合，转化为企业的核心竞争力。那些能够在技术与管理之间架起桥梁的复合型人才，正是市场迫切需要的。

3. 跨文化沟通与全球视野

在全球化进程加速的今天，企业的经营不再局限于单一国家或地区市场，尤其是跨国公司，它们需要能够在多元文化和不同法域环境下运行。跨文化沟通与全球视野因此成为了经管类人才的重要素质之一。管理者不仅要懂得在不同文化背景下如何领导团队，还要有能力管理跨国经营中的复杂关系。因此，跨文化管理、国际战略等课程的设立，帮助学生培养全球视野和跨文化沟通的能力，已成为现代经管教育的重要组成部分。

（二）岗位需求的演变

行业对经管类人才的岗位需求变化，直接反映了企业经营模式的创新与发展。在过去的传统企业中，管理岗位大多聚焦于财务管理、人力资源管理、市场营销等领域，而今天随着科技与全球化的进步，企业开始涌现出一系列新兴岗位，这些岗位对人才的要求不仅体现在技能的多样化，还体现在人才素质的复合性与多元化。

1. 数字化转型岗位

数字化转型已经成为全球各行各业的战略重点。为了适应这一转型，许多企业开始设立"首席数字官"（CDO）、"数字化转型经理"等新兴岗位。这些岗位不仅要求人才具备扎实的技术背景，还需要能够将技术与管理深度融合，推动企业在数字化转型中实现战略目标。具体来说，数字化转型岗位的人才需具备对技术趋势的敏锐洞察力，能够评估并引领企业在复杂环境中如何利用技术获得竞争优势。

2. 大数据分析师与商业智能专家

随着大数据和人工智能的广泛应用，企业对数据的依赖日益增加，催生了大数据分析师、商业智能专家、数据科学家等岗位的出现。这些岗位要求人才不仅具备扎实的统计分析能力，还要有一定的编程技能和业务洞察力。人才需要从数据中挖掘有价值的商业信息，并能以此支持企业的战略决策与业务创新。随着企业越来越重视数据驱动决策，这些岗位成为了当今市场上最炙手可热的职位。

3. 战略创新与企业变革管理

面对日益加剧的市场竞争和复杂的经济环境，许多企业不仅注重运营的高效性，还需要在战略创新方面有所突破。企业要持续创新，必须具备能够识别趋势、捕捉创新机会的人才。这类人才通常需要具备强大的战略思维能力和创新管理能力，能够帮助企业在动荡的市场环境中寻找新的增长点。在企业进行战略规划、组织重构和文化转型时，这些人才无疑是推动变革的核心力量。

4. 供应链与运营管理

随着全球化进程的不断推进，供应链管理的复杂性大大增加。传统的供应链管理主要集中在成本控制和物流优化上，而今天，供应链管理更加关注数字化技术的应用，如何在全球范围内实现资源的最优配置，提升企业的灵活性与响应速度。因此，企业越来越需要能够驾驭全球供应链的管理人才，尤其是在跨境电商和全球制造业的背景下，供应链与运营管理人才的需求愈加迫切。

二、教育供给与行业需求之间的差距

尽管我国经管类教育在近年来取得了显著进展，教育体系不断改革，培养了大量人才，但教育供给与行业需求之间的差距依然是一个显著的问题。这种差距不仅体现在人才的数量上，更重要的是体现在人才的质量和适应度上。教育体系的滞后性、传统化以及与现代企业需求的脱节，限制了高素质、复合型人才的培养，导致其难以快速适应快速变化的市场环境。具体来说，这种差距主要体现在以下几个方面。

（一）课程设置与行业技能需求脱节

当前，许多高校的经管类课程体系仍然偏重传统管理理论的教学，例如组织行为学、战略管理、财务管理等课程。这些课程在过去几十年的教学中积累了丰富的知识和经验，为学生打下了扎实的理论基础。然而，随着时代的变迁，尤其是在科技进步和全球化不断推进的背景下，这些传统课程的教学内容显然无法满足现代企业对复合型人才的需求。

例如，在数据驱动决策、人工智能应用、数字营销等新兴领域的课程设置上，许多高等院校依然存在明显的不足。即使在一些知名商学院，数据分析、机器学习和人工智能等课程的开设，仍然远未达到行业所需的深度和广度。学生虽然能通过这些课程学习到理论知识，但缺乏应用的实际场景，无法将所学知识与企业的实际需求相结合。如今，现代企业对于管理人员的要求不仅仅是传统的管理技能，更包括数据分析、数字营销、技术管理等创新性技能。经济全球化和数字化转型要求管理者必须掌握更为复杂的工具与技能，而目前的课程体系尚未完全涵盖这一需求。

此外，当前的课程体系还缺乏对跨学科知识的综合培养。现代管理者不仅需要懂得传统的管理理论，还要了解一定的技术、市场和文化知识。很多高校的课程内容依旧较为狭隘，无法真正培养出具备跨领域知识、能够面对多变市场环境的复合型人才。

（二）校企合作不够紧密

虽然近年来部分高校与企业已经开展了校企合作，并通过企业实习、联合研发、导师带教等形式帮助学生接触到实际行业场景，但整体来看，校企合作的深度和广度仍然不足。很多高校的课程设置和教学内容与行业实际需求之间缺乏有效的对接，导致学生即使拥有扎实的理论基础，依然面临"空有理论、缺乏实践"的困境。

企业普遍认为，虽然学生在理论上具备一定的知识体系，但在实际工作中往往无法独立完成工作任务，缺乏应对复杂情境的能力和解决实际问题的思维。传统的学术教育模式过于强调理论知识的传授，而忽略了实际应用的培养。这样的教育模式下，学生往往难以快速适应企业需求。尤其在某些快速发展的行业，如互联网、数字营销、人工智能等领域，企业对人才的需求日益多样化，要求人才不仅要具备管理能力，还需要拥有强大的技术能力、创新思维和跨学科的合作能力。

校企合作的不足，导致了教育内容和行业需求之间的鸿沟。学生的实习机会往往只是停留在表面，不能真正深入到企业的核心业务中，缺乏足够的实践经验来应对未来的职场挑战。许多企业表示，招聘时宁愿选择有一定工作经验的人才，而非应届毕业生，因后者往往需要长时间的适应期才能融入企业并为其创造价值。

三、提升对接效果的策略

为了缩小教育供给与行业需求之间的差距，提升教育体系的适应性和创新能力，必须采取一系列策略，使教育课程更加灵活、动态，并与时俱进。这不仅是高等教育改革的必要路径，也是培养符合社会需求的经管类人才的关键所在。以下是几个关键策略：

（一）增强课程设置的灵活性与模块化设计

课程设置的灵活性和模块化设计能够有效提升教育的适应性，确保教育体系能够快速响应行业变化与发展的需求。高校应在课程设计中更多地融入灵活性，通过设立多样化的选修课程和模块化课程，使得学生可以根据自己的兴趣和职业发展方向，自主选择、定制化学习。

首先，高校应鼓励开设跨学科选修模块，尤其是在新兴领域如数据分析、人工智能、数字营销等方面。这些模块化的课程能够帮助学生在传统管理学科之外，拓宽他们的视野和知识体系，为未来的职业发展提供更多选择。这样一来，学生不仅能掌握传统管理技能，还能在现代技术应用、行业前沿等领域获得必要的知识和能力，从而具备跨学科的解决问题的能力。

例如，对于有志于从事数字化转型或科技管理岗位的学生，可以开设与数字化技术、数字战略相关的课程；对于希望进入数据分析或商业智能领域的学生，可以设立专门的课程模块，涵盖数据科学、机器学习、商业分析等知识，帮助学生在基础管理学科之外，获得更具市场竞争力的技能。

此外，模块化课程设计还可以根据学生的职业规划提供更精确的教育路径，例如设置为期一年的课程模块，帮助学生在短时间内集中学习某一领域的专业知识。通过这种灵活设计，高校可以实现教育资源的高效配置，更好地满足不同学生群体的个性化需求。

（二）建立实时更新的课程机制

行业需求瞬息万变，教育供给如果不能及时跟上行业发展步伐，就容易导致人才培养的滞后性。因此，建立一个实时更新的课程机制显得尤为重要。这个机制的核心在于持续的市场调研、与企业的紧密合作，以及及时获取行业最新动态，确保课程内容能够反映当前及未来的行业趋势。

具体来说，学校可以定期开展市场调研，特别是通过与行业协会、企业及政府机构的对接，了解行业发展的脉络，及时调整课程内容。例如，学校可以通过与大型企业、咨询公司等行业领军机构的合作，邀请行业专家参与课程设计和教材编写，不仅使课程内容更加贴合行业需求，也有助于培养学生的实践能力。此外，高校还应定期举办行业交流会、研讨会等活动，邀请企业代表、行业专家与教学团队共同探讨课程改革，提升课程内容的前瞻性和实用性。

为了进一步确保课程与行业需求的同步更新，高校还可以设立"未来工作岗位"的预测机制。这一机制通过对未来劳动市场的趋势进行前瞻性分析，识别新兴的岗位和技能需求。例如，随着人工智能和大数据技术的普及，未来市场对数据分析、自动化管理等岗位的需求可能大幅度增长，学校应根据这些趋势提前设置相关课程模块，为学生提供必要的培训资源和课程内容，确保他们能够在未来的职场中占得先机。

此外，高校还可以加强与行业机构的合作，定期开展课程内容的审查与优化，确保教学内容始终处于行业前沿。通过这种实时更新机制，学校能够有效降低教育与行业需求之间的滞后性，提高学生就业后的适应能力。

（三）加强校企深度合作，提供更多实践机会

校企合作是解决教育与行业需求之间差距的关键环节之一。尽管当前已有部分高校与企业合作，但整体合作深度和广度仍需加强。学校可以通过与企业共同设计课程、共享教学资源和企业案例，帮助学生更好地理解和解决实际工作中的问题。在课程内容的构建上，高校应根据企业实际需求，进行课程内容的调整与优化。

首先，高校应积极推动企业参与到教学活动中，邀请企业高管和行业专家作为兼职教授或讲座嘉宾，将企业的最新需求和实践经验带入课堂。这种校企合作的模式不仅能使学生获得更多的行业视野，还能帮助教师及时了解行业发展的最新动态，为课程设计提供更多参考依据。

其次，学校应鼓励企业参与到课程开发的全过程中，包括课程内容的编排、教材的撰写、案例的选择等方面。企业在行业中的实际经验与问题能为

教学内容提供真实案例和实际操作，使课程内容更加贴合市场需求。通过这种合作，学生不仅能够从课堂上获得知识，还能通过真实案例的分析和探讨，提高他们的实际问题解决能力和决策能力。

校企合作的深度加强还应体现在学生实践机会的增加上。高校应推动更多的学生参与企业的实际项目中，尤其是在数据分析、战略决策、创新管理等领域。这些项目能够帮助学生在实践中锻炼分析问题、解决问题的能力，也能够帮助学生更好地理解课堂上学到的理论知识。在这些项目中，学生将有机会与企业的专家共同工作，了解行业的实际需求和工作流程，从而培养他们的实际工作能力和职业素养。

最后，学校还可以通过企业提供的实习机会，帮助学生在实践中积累经验。通过与企业共同设立实习项目和实训基地，学生能够在学术理论与实际操作之间建立更为紧密的联系。实习过程中，学生不仅能够直接接触到企业的核心业务，还能够在企业的工作环境中培养解决实际问题的能力，提高自身的市场竞争力。

第三节　经管类人才培养中的主要挑战与突破口

随着经济和社会的发展，现代企业对经管类人才的需求不断变化和提高。高等教育作为人才培养的主阵地，在满足市场需求的过程中，面临着不少挑战。这些挑战不仅包括课程设置与行业需求之间的脱节，还包括实践教学的不足、在职人员持续教育的缺失等方面。在这一背景下，如何通过优化教育体系、加强校企合作、推动持续教育等手段，提升经管类人才培养质量，成为教育改革的关键所在。

一、持续教育的缺失与如何为在职人员提供更合适的进修途径

在当今社会，随着产业升级和技术的飞速发展，企业对经管类人才的要

求不断提高。然而，许多在职人员在完成基本学术教育后，却面临着知识更新滞后、技能提升不足的问题。传统的高等教育体系往往侧重于全日制学位教育，忽视了对在职人员的持续教育与职业发展支持，这在一定程度上造成了人才培养与行业需求之间的脱节。因此，如何为在职人员提供更加灵活、高效的进修途径，成为当前教育改革中亟待解决的重要课题。

（一）高等教育体系的滞后与在职人员的教育需求

传统的学术教育体系强调的是知识的基础性和系统性，它注重培养学生的学术素养和理论分析能力。然而，这种体系中的课程内容往往过于强调抽象的理论和基础知识，忽视了与实际工作场景的紧密结合。特别是在企业管理领域，许多已进入职场的人员在毕业后依然无法适应行业的快速变化，因为他们的知识体系尚未及时更新，且缺乏对现代管理方法和工具的深度理解。

在这方面，哲学家赫尔曼·黑格尔曾提出的"存在与本质"的辩证关系为我们提供了思考的视角。在教育的进程中，知识的传授并非单向度的简单输出，而是通过不断的实践与反思相互作用的过程。高等教育往往局限于传授学术知识，而忽视了实践应用的教育路径。实际上，教育的真正本质应当是引导学生通过知识的掌握，不断推动其实践能力的提升和自我反思的深化。而职场中的在职人员，正处于从理论学习到实践应用的过渡阶段，他们亟需一个将理论与实践有效结合的进修体系。

因此，为了弥补传统教育体系与实际工作的脱节，高校应当开设更多针对在职人员的继续教育课程，尤其是在管理领域。这些课程应当聚焦于现代企业管理的实际问题，能够帮助在职人员迅速提升他们在工作中所需的技能，如数据分析、决策制定、战略规划等。而这些课程的设计，必须注重理论与实践的结合，通过案例教学、情景模拟等方式，使学员在理论的框架下，真正学会如何应对复杂的实际问题。

（二）在线教育与混合式学习的灵活性

随着信息技术的发展，在线教育与混合式学习已经成为一种重要的教育模式。这种模式为在职人员提供了灵活的学习方式，使他们能够根据个人的工作安排和生活节奏进行学习，打破了传统课堂学习的时空限制。在线教育平台不仅可以为学员提供课程内容，还能通过互动式学习、线上讨论、视频讲解等多种形式，提升学习效果。尤其是对于时间紧张、工作繁忙的在职人员来说，在线教育无疑是一种高效、便捷的学习方式。

哲学家杜威曾提出教育不仅仅是知识的传授，更是对个体的"经验化"过程。在线教育的出现，为这种"经验化"的教育提供了技术支持，使学习变得更加个性化和符合时代需求。在这一过程中，学员不仅能够根据自己的节奏学习，还可以通过互联网随时获取最新的行业资讯和管理实践，帮助他们不断更新自己的知识体系。特别是在经管类专业中，现代企业管理涉及的领域非常广泛，如数字化转型、人工智能、大数据分析等，这些新兴领域对从业人员的知识和技能提出了更高的要求。通过在线教育平台，高校能够及时根据行业发展动态，更新课程内容，提供与时俱进的学习资源。

然而，仅仅依靠在线学习平台可能无法完全满足在职人员的学习需求。因为线上教育的独立性和非面对面的互动，可能会使部分学员在学习过程中感到孤立无援。因此，混合式学习（Blended Learning）成为了另一种有效的解决方案。混合式学习结合了线上学习与线下交流的优势，既能保证学习的灵活性，又能增强学员与教师、同学之间的互动与合作。在这种模式下，学员不仅可以利用在线平台进行自主学习，还能够定期参加面对面的课堂讨论和项目实践，从而实现理论与实践的有机结合。

混合式学习的哲学根源可以追溯到教育家科尔伯格的"建构主义"教育理论。科尔伯格认为，学习是一个由学生主动建构知识的过程。在线学习为学生提供了知识的资源，而混合式学习则通过课堂互动和实地实践，帮助学员更好地消化和吸收这些知识。通过这种方式，学员可以将所学的理论知识

与实际工作结合起来，提升其解决实际问题的能力。这种教育模式不仅能为在职人员提供灵活的学习路径，也能增强他们的实际应用能力，从而为他们的职业生涯带来实质性的推动。

（三）校企合作与"企业定制化"课程

教育的目的不仅是传授知识，更是培养能够适应社会和行业需求的人才。对于经管类专业的学生来说，现代企业管理的实际需求不断变化，因此，高校的课程设计应当更加贴近企业的实际需求，尤其是在面对已经进入职场的在职人员时。校企合作成为了一个重要的突破口，通过这种合作模式，企业和高校可以共同设计符合行业需求的教育内容，帮助在职人员提升其职业技能，并将这些技能有效地应用于工作中。

校企合作不仅仅体现在提供实习机会和就业支持上，更应当体现在课程内容的开发和教学资源的共享上。高校可以根据企业的实际需求，开设定制化的培训课程，这些课程可以聚焦于某一行业或企业的特定需求，帮助学员掌握行业所需的专业技能。例如，针对某一企业的数字化转型需求，高校可以与该企业合作，设计一系列涵盖数字化管理、数据分析、人工智能应用等内容的课程，从而帮助企业的员工在职场上获得更强的竞争力。

此外，企业还可以参与到高校课程的设计和教学中，提供行业专家和实践导师，带领学生解决真实的企业问题。通过这种形式，学员能够在课程中直接接触到行业的前沿动态，提升他们的实践能力和创新能力。高校还可以与企业建立学分转换机制，允许在职人员将其在企业内部的培训、项目管理经验等转化为学分，减少他们参与继续教育的时间成本，进一步促进在职人员的持续教育。

正如哲学家费尔巴哈所言，人的存在不仅是一个个体的过程，它更是社会的过程。在教育体系中，学术教育与实践教育的有机结合，正是推动个体和社会共同发展的关键。校企合作为这一过程提供了有力的支持，使教育内容更加贴合社会需求，培养出更多符合社会期望的高素质人才。

二、实践环节的缺乏

当前，尽管大多数经管类专业的课程涉及一定的理论知识，但在实际教学中，许多课程的内容与企业的实际需求仍存在较大差距。尤其是在管理实践和项目管理等核心能力的培养方面，许多高校的教学内容与企业实际需求之间缺乏紧密结合。这种脱节使得学生在毕业后进入职场时，往往面临"空有理论、缺乏实践"的困境，无法迅速适应工作环境和企业需求。

（一）教学与企业需求的脱节

在传统的高等教育体系中，尤其是经管类专业的课程设置，更多地侧重于基础理论和学术知识的传授，往往忽视了与现实商业操作的紧密结合。尽管这些理论知识对于建立学生的管理思维和分析框架至关重要，但它们往往无法直接应用于实际的工作场景中。以项目管理为例，许多大学的课程虽然讲解了项目管理的基本概念和方法，但却未能将这些理论融入实际的项目操作中，导致学生在面临真实的工作任务时，无法有效地将所学知识转化为实际能力。

此外，企业对经管类专业人才的需求越来越多样化，不仅要求学生具备扎实的理论基础，还需要他们具备解决实际问题的能力，能够灵活应对复杂的工作环境。企业在招聘时往往看重应聘者的实践经验，而不仅仅是学术成绩或理论知识。这也导致了一个困境：虽然学校培养了大量理论扎实的毕业生，但他们往往缺乏将理论应用到实际工作中的能力，进入职场时需要经过长时间的适应期。

（二）加强课程与企业实践的结合

解决这一问题的关键在于加强课程与企业实践的结合，使得学生能够在校期间就参与到实际的项目中，从而积累实践经验，培养解决实际问题的能力。首先，学校可以通过与企业的合作，设立更多实践教学项目，帮助学生

积累实践经验。例如，学校可以与企业合作，提供真实的商业案例供学生分析和解决，或者组织学生到企业进行实地调研，让学生深入了解行业的发展动态和实际操作流程。

这些实践教学项目不仅能够帮助学生将理论知识应用到实际问题中，还能加深他们对企业运营、行业背景以及市场需求的理解。在这些项目中，学生能够在解决问题的过程中锻炼批判性思维、创新能力和团队合作精神，同时提高他们的沟通能力和解决冲突的技巧。这种教育模式打破了传统课堂教学的局限性，使学生能够更加直观地认识到知识与实践的关系，提前进入职场状态。

（三）共建实训基地，深化实践环节

除了开展实践教学项目外，校企合作还可以通过共建实训基地来进一步深化实践环节。通过为学生提供更加真实的工作环境，学校可以帮助学生培养实际操作能力，让他们在实践中学习如何应用所学的管理知识解决实际问题。这些实训基地可以模拟企业的管理模式和运营流程，为学生提供类似职场的工作场景，帮助他们提前适应企业的管理体系和工作节奏。

企业的管理者和专家可以作为实践导师，带领学生一起参与项目，指导学生如何在实际环境中应用管理工具和方法。这不仅有助于学生技能的提升，也有助于学校课程内容的优化，使教学更加贴合市场需求。通过这种合作，企业能够直接参与到人才培养的过程中，确保学生在毕业时具备企业所需的实际能力和综合素质。

此外，企业的参与还能促进学校在课程设计上的创新，使教学内容更加灵活多变，及时适应行业的发展趋势。特别是在现代企业管理中，快速变化的市场环境和日益复杂的管理挑战要求管理者具备灵活的应变能力和跨领域的知识储备。因此，学校应鼓励与企业共同开发定制化的课程内容，帮助学生更好地理解行业前沿动态，提升其解决复杂问题的能力。

（四）提供更多实习机会，增强就业竞争力

实习是连接学术教育和职业生涯的关键桥梁，也是学生了解职业方向、积累人脉、提升技能的有效途径。通过校企合作，高校可以为学生提供更多的实习机会，使他们在真实的工作环境中接触到企业的管理实践和项目执行。这种实践经历不仅能提升学生的工作能力，还能帮助他们建立职业网络，为就业打下坚实的基础。

在实习过程中，学生不仅可以应用课堂上学到的理论知识，还能够通过与企业员工的交流，获得行业的最新资讯和发展趋势，进一步加深对所在行业的理解。企业也能够通过实习项目发现潜在的人才，为自己的招聘计划提供支持。这种双向选择的过程，不仅促进了学生的成长，也加强了学校与企业之间的合作关系。

此外，企业可以通过制定有针对性的实习计划，帮助学生在实习期间获得更多的实践经验。例如，企业可以根据实际需求为学生安排项目管理、市场调研、财务分析等具体工作任务，帮助学生锻炼专业技能并积累工作经验。这些经历不仅能够提升学生的专业素养，还能增强他们的自信心和职业能力，提高他们的就业竞争力。

三、提高与突破

为了有效解决经管类人才培养中的这些挑战，教育体系必须做出相应的调整和优化，尤其是在课程设置和实践教学方面进行更深层次的创新，确保学生在毕业时能够具备更强的适应能力和市场竞争力。

（一）优化课程设置，适应行业需求

优化课程设置是提高经管类人才培养质量的重要突破口。高校应根据行业需求和社会发展趋势，及时更新课程内容，引入更多新兴领域和技术模块。例如，数字化管理、人工智能、大数据等领域已成为现代企业管理的核心组

成部分，课程中应加入这些新兴内容，帮助学生适应现代管理的需求。通过这种课程内容的创新，学生能够掌握前沿技术，提升自己在技术驱动型企业中的竞争力。

此外，课程设置应更加灵活和模块化，使学生能够根据自身兴趣和职业发展需求进行定制化学习。比如，可以设立选修课程和专题研究，让学生根据个人兴趣选择相关领域的深度学习。这种灵活的课程设计不仅能够拓宽学生的知识面，还能够让学生更加主动地规划自己的职业发展路径。

跨学科和跨领域的课程设置也是提升人才培养质量的关键。通过开设与其他学科相关的课程，如信息技术、金融、法律、社会学等，学生可以在传统的管理学科基础上，拓宽其职业发展的视野，提升多领域跨界工作的能力。这种跨学科的培养模式，有助于培养具备综合素质的复合型人才，增强他们在多变市场环境中的适应能力。

（二）增加实践机会，提升实际操作能力

增加实践机会是培养学生实际能力和解决问题能力的重要手段。实践教学是连接理论与实际、提高学生操作能力的关键环节。高校应积极推动与企业的合作，为学生提供更多的实践机会，尤其是将真实的企业项目引入课堂，让学生在实践中积累经验，增强他们的市场竞争力。

学校可以通过企业项目合作、模拟企业管理等方式，帮助学生在实际工作情境中学习如何将所学的管理理论应用于问题解决。例如，学校可以设立案例分析课程，让学生在解决企业实际问题的过程中，提升分析、决策和执行能力。通过这种方式，学生不仅能够更好地理解课程内容，还能够培养出在面对复杂管理问题时，迅速找到解决方案的能力。

此外，高校还可以通过建立校外实践基地，进一步扩大实践平台。与企业合作建立的校外实践基地，不仅能够为学生提供真实的工作环境，还能帮助他们了解不同类型企业的运作模式，从而提高学生的就业适应力和综合素质。学校可以通过这些基地，组织学生参与企业的日常管理、市场分析、战

略规划等各个环节，帮助学生全面提升自己的实际操作能力。

（三）培养创新能力和领导力，适应复杂职场需求

除了专业知识和管理技能外，创新能力和领导力也是经管类人才不可或缺的重要素质。随着科技和经济环境的迅速变化，企业对创新型人才的需求不断增加。因此，高校应加强学生创新能力和领导力的培养，帮助学生提升其在复杂环境中的应变能力。

高校可以通过开设项目管理、团队合作等课程，培养学生解决问题的能力。这些课程不仅可以帮助学生掌握项目管理的基本工具和方法，还能让学生在实际操作中学会如何协作与沟通，从而提升其团队合作和领导能力。此外，学生在课外活动和项目实践中的领导机会，也能够提高其组织协调能力和决策能力。

在这些课程和活动中，学生不仅能够培养自己的管理和领导技能，还能在面对挑战时锻炼应变能力。例如，通过组织策划学术活动、管理课外项目等，学生能够积累一定的团队管理经验，为其未来进入职场奠定基础。通过这些实战训练，学生可以在真实的管理情境中磨砺自己的领导风格，掌握如何带领团队达成目标，进而提升自身的职业素养和领导潜力。

（四）增强校企合作，共同推动人才培养

校企合作是深化实践教学、提升学生就业能力的有效途径。通过加强与企业的合作，高校可以为学生提供更多的实习岗位和就业机会，让学生能够在更广阔的职场环境中积累实践经验。此外，企业还可以为学生提供参与企业实际项目的机会，帮助学生提升自己的专业能力和综合素质。

通过与企业的深度合作，高校不仅能够为学生提供更多的就业资源，还能实时掌握行业的发展动向，调整和优化课程内容，确保教育与行业需求的对接。这种合作模式不仅有助于学生的成长，也能推动高校教育模式的不断创新。

第三章　产学研用协同培养模式的核心机制

第一节　校企合作的理论基础与实践路径

一、校企合作的历史背景与现状

（一）校企合作的历史背景

校企合作，作为高等教育与企业界之间的一种合作模式，起源于 20 世纪初，随着全球化和信息化的进程，逐渐发展成为高等教育体系中的重要组成部分。回顾全球和国内校企合作的发展历程，可以发现这一模式不仅受教育需求的变化影响，也与产业发展的需求紧密相连。

1. 校企合作的起步阶段

校企合作的萌芽期可以追溯到 19 世纪末至 20 世纪初，最初的校企合作模式主要集中在技能培训和职业教育领域。在这一时期，尤其是在欧美等工业化较为成熟的国家，企业急需大量具有实际操作能力的技术工人，而高等教育机构则在培养劳动者方面相对滞后。为了弥补这一教育与产业之间的鸿沟，企业开始直接参与教育内容的设计与人才的培养过程，以满足快速发展的工业化进程所需的技术力量。

例如，在德国，早期的职业教育体系便包括了大量的企业实习与校外培训，通过这种合作方式，学生不仅能学到理论知识，还能在企业中积累实用经验，提升其职业技能。此时的校企合作更多的是针对技术型和职业型人才的培养，重点是通过企业的参与来弥补教育体系中与产业需求之间的差距。

2. 校企合作的逐步成熟阶段

进入 20 世纪中后期，尤其是在 20 世纪 60 年代至 80 年代，全球范围内的校企合作逐渐走向成熟。这一时期，校企合作不再局限于技术工人的培养，逐渐向高技能、高素质的复合型人才培养拓展。随着知识经济和全球化的兴起，产业对于创新、研发以及技术变革的需求急剧增加，而传统的教育体系未能及时跟进，出现了"教育—产业脱节"的问题。

为了应对这一挑战，欧美等国家的高等教育机构与企业开始探索更加多元化、深层次的合作模式。例如，美国的大学与科技企业的合作逐渐从单纯的人才培养延伸到技术研发和创新合作。在硅谷等地，许多大学通过建立企业合作实验室、研究中心，积极参与到产业技术的开发和成果转化中。此时，校企合作的内涵进一步丰富，从简单的实习和技能培训发展到联合研发、技术孵化、创新平台建设等领域。

在此阶段，国内高校也开始意识到校企合作的重要性，特别是随着改革开放的推进，中国的高等教育体系逐渐吸收和借鉴了国际上校企合作的先进经验。中国的一些高校与企业的合作初期，主要集中在工程技术类专业领域，企业通过与高校的合作，参与人才的培养和技术研发，推动了国内高等教育的创新发展。

3. 全球化与信息化背景下的校企合作新发展

进入 21 世纪，随着全球化、信息化浪潮的席卷，校企合作面临着新的机遇和挑战。信息技术和互联网的飞速发展，使得企业在人才培养、科技创新和全球合作方面的需求发生了深刻变化。这一变化使得校企合作的内容和

形式更加多样化，也使得这种合作逐渐成为推动教育创新和产业升级的重要手段。

在全球化的背景下，跨国企业与高校之间的合作逐渐增多，校企合作不仅局限于本国或本地区，而是迈向全球视野。以跨国公司的全球研发网络为例，许多国际大公司在不同国家的高校设立了联合研究中心，合作进行技术创新和产品开发。全球化带来的跨文化合作、知识共享和人才流动，推动了校企合作的国际化发展。

同时，信息技术的飞速发展也使得线上教育与数字化学习成为可能，传统的校企合作模式逐渐向线上平台延伸。随着大数据、人工智能等技术的引入，企业和高校不仅可以在传统的研发合作基础上进行信息化管理，还能通过智能化的学习平台实现定制化的教育服务。例如，一些技术公司与高校合作开发在线课程和虚拟实验室，让全球各地的学生可以不受地理限制地参与到高质量的教育与技术创新中。

此外，国家和地区政府对校企合作的支持力度不断加大，许多国家通过政策推动高等教育与产业界的紧密结合，尤其是对高新技术产业和创新型企业的扶持政策，为校企合作的可持续发展提供了制度保障。政府通过税收优惠、资金支持、创新基金等措施鼓励企业与高校共同参与人才培养、技术研发和成果转化，从而形成了良性互动的合作模式。

4. 校企合作模式的多元化与深化

当下，校企合作已经从传统的单一合作模式发展为多元化、全方位的合作形式。现代校企合作不仅仅局限于传统的培训和研发合作，还包括知识产权共享、技术转化、人才培养模式创新、企业文化建设等方面。高校与企业之间的合作，已经从最初的"供需关系"转变为更加平等、深入的战略伙伴关系。

全球化和信息化的快速发展为校企合作注入了新的活力，尤其是在高科技产业、金融行业、智能制造、电子商务等领域，校企合作逐渐形成了以市场为导向、以创新为核心的合作模式。这些合作模式不仅推动了企业的科技创新，也提升了高校的科研能力和教学水平，促进了教育体系和产业体系的协同发展。

（二）校企合作的现状

随着全球化的深入与信息化时代的到来，校企合作模式经历了从初步探索到成熟发展的过程，逐渐从简单的职业技能培训扩展到深层次的多方位合作。现代社会和教育环境中，校企合作不仅局限于技术型人才的培养，更多地涉及人才的多元化培养、科技创新、资源共享以及产业升级等多个方面。在当前日益复杂的教育需求和产业变化背景下，校企合作已经成为促进高等教育质量提升、促进产业创新和推动社会经济发展的重要力量。

1. 校企合作的多元化形式

校企合作的形式随着社会需求和产业发展不断多样化。从最初的企业为主体的职业培训型合作，到如今的共同研发、联合培养、技术转移、创业合作等多种形式，校企合作逐渐呈现出多维化、深层化和长期化的趋势。以下是当前校企合作的几种主要形式：

（1）共同研究与技术开发

共同研究与技术开发是校企合作的核心之一，尤其在高科技、创新型行业，学术研究与企业需求的融合显得尤为重要。高校在科研创新方面具有独特的优势，而企业则在技术应用和市场需求方面具备优势。两者的合作，能够有效促进技术的突破与产品的创新，增强企业的市场竞争力，同时也能够推动高校的学术水平和科研能力的提升。通过校企共同研发，科技成果能够更快速地从实验室走向市场，解决产业发展中的实际问题。

例如，在信息技术、人工智能、生物医药等领域，许多高校与企业之间建立了长期的战略合作关系，企业不仅提供研究经费、设备支持，还共同参与科研项目的设计与实施，保证研究成果符合市场需求。高校则通过

与企业的合作，提升了科研成果的转化率，解决了技术研发与产业需求之间的壁垒。

（2）联合培养与定制化人才培养

联合培养是当前校企合作的一个重要发展方向。通过建立企业与高校之间的合作机制，学校和企业可以共同设计培养方案、联合开设课程，培养符合企业需求的复合型人才。这种人才培养模式不仅关注学生的理论知识，还注重实践能力的提升。企业参与课程设计和教学过程，提供真实的项目和实习机会，确保学生能够在毕业时即具备一定的实际工作经验。

在这一过程中，高校和企业根据各自的资源优势，设计定制化的人才培养方案。企业可以根据行业需求提出人才标准，而高校则根据行业特点调整课程内容、实训安排、项目设计等，最终实现教学与产业需求的无缝对接。这种联合培养模式，不仅能够提升学生的就业竞争力，也有助于企业从教育体系中获得符合其发展需求的人才。

（3）技术转移与知识产权合作

技术转移与知识产权合作是近年来校企合作中新兴的一种形式。随着高校科研水平的提升，越来越多的科研成果进入了市场转化阶段，尤其是在一些高科技领域，技术转移已经成为校企合作的重要内容。企业与高校合作进行技术转移，不仅能够加快科研成果的应用与产业化进程，也能帮助企业通过创新技术提高产品附加值，增强市场竞争力。

这种合作通常通过专利合作、技术授权、联合创办孵化器等多种方式展开。高校在这一过程中发挥着科研和创新的主导作用，企业则通过资金、市场资源等支持，加速技术从实验室走向市场的过程。同时，这种合作还能促进创新型企业的孵化和发展，帮助高校实现科研成果的价值最大化。

（4）产学研联合创新平台

随着全球创新经济的兴起，产学研联合创新平台成为校企合作的一种重要形式。高校、企业和研究机构共同组成创新联盟，合作开展跨学科的研究和创新活动。通过共享研发成果、技术平台和知识资源，推动技术的突破和创新应用。这种合作模式不仅能够提升高校的科研能力，也有助于企业利用创新资源提升自身的技术水平和市场竞争力。

例如，在新能源、新材料、人工智能等领域，产学研联合创新平台发挥着至关重要的作用。企业通过与高校的合作，能够接触到最新的研究成果和先进的技术，而高校则通过这种合作获得了更多的实际问题反馈，进一步促进科研方向的优化和成果的落地。

2. 校企合作的推动作用与挑战

随着校企合作模式的不断深化，合作的质量与效益也逐渐显现。然而，这种模式在实际运作中仍然面临许多挑战，需要在多方协调和持续优化中逐步完善。

（1）人才培养质量的提升

校企合作的重要目标之一是提升人才培养质量。在传统的教育模式下，高校的培养更多依赖于学术理论，忽视了实际应用和行业需求的对接。而通过校企合作，特别是联合培养和实习实践环节的设计，能够弥补这一不足。企业参与教育过程，提供真实的行业需求，能够帮助学生更好地理解理论与实践的结合，提高其专业技能、解决问题的能力以及团队合作能力。

此外，校企合作通过定制化的课程设计与实践基地的建设，使得学生可以在校期间接触到前沿技术和真实项目，提升其在行业中的适应能力与创新能力，从而实现更高质量的人才培养。

（2）应对产业需求快速变化的压力

然而，产业需求的快速变化也给校企合作带来了较大的挑战。尤其在技术创新日新月异、市场需求迅速变化的今天，企业的用人需求常常发生剧烈波动，这对高校和企业之间的合作模式提出了更高的要求。如何确保培养出来的人才能够适应快速变化的行业需求，成为校企合作中的一大难题。

对此，校企双方需要建立更加灵活和动态的合作机制。企业可以通过提前参与课程设计和培养方案的制定，在人才培养的初期就明确行业需求。同时，高校应加大课程内容的更新与优化力度，关注新兴产业与技术的发展，及时调整培养方案，以确保人才培养的前瞻性和适应性。

（3）合作机制与利益分配的矛盾

尽管校企合作在多方面取得了成效，但在具体操作过程中，合作双方常常会面临利益分配、资源协调等问题。企业希望通过合作获得更多的技术创新和市场资源，而高校则希望通过合作提升教育质量和学术影响力。如何在合作中合理分配利益，确保合作的公平性和长效性，是校企合作必须解决的关键问题。

为了化解这一矛盾，校企双方需要建立更加明确的合作协议和利益分配机制，确保合作中的各方都能够获得切实的收益。同时，政府和相关部门也应出台相关政策，为校企合作提供更加完善的法律保障和政策支持。

3. 校企合作的创新与未来发展

随着产业结构的调整和科技创新的加速，校企合作的模式正在向更加创新和多元的方向发展。未来，校企合作将更加注重跨行业、跨领域的协同创新，特别是在智能制造、人工智能、新能源等新兴领域的合作中，校企合作将发挥更加重要的作用。同时，随着全球教育资源和产业力量的进一步互通，国际化校企合作也将成为未来发展的趋势之一。

在这一过程中，高校和企业应不断创新合作方式和模式，加强相互之间的沟通与协调，推动共同发展的目标。通过深化校企合作，培养更多符合社会需求、具备创新能力和实践经验的高素质人才，推动产业升级和社会进步。

二、理论基础

（一）社会资本理论

社会资本理论源自社会学领域，其核心观念强调社会关系网和人际信任在资源获取、信息流动以及集体行动中的重要性。该理论认为，个体或群体通过建立和维护人际网络、信任关系以及互惠互利的合作机制，可以积累起"社会资本"，这些资本为他们提供了获取资源、提升竞争力和解决问题的能力。随着社会和经济环境的变化，社会资本不仅仅限于人际之间的关系，还包括组织、社区乃至国家层面的合作网络。

在校企合作中，社会资本理论为我们提供了一个全新的视角，帮助我们理解为何信任与合作是高校与企业之间长期稳定合作的基础。通过构建和利用社会资本，校企合作不仅能优化资源配置，还能加速信息流动，促进技术创新和知识转化，从而提高合作效益。

1. 社会资本的基本概念

社会资本理论的基本概念由法国社会学家皮埃尔·布尔迪厄（Pierre Bourdieu）、美国社会学家詹姆斯·科尔曼（James Coleman）和罗伯特·普特南（Robert Putnam）等学者提出，并在不同的学科领域得到广泛应用。社会资本本质上是由社会关系、信任、网络和合作构成的一种无形的资源。尽管其内容和定义有所不同，但大体上可以归结为以下几个核心要素：

（1）信任

信任被视为社会资本的核心。在合作关系中，只有当各方信任彼此时，资源和信息的共享才会变得顺畅，合作的效率和成果也才能最大化。信任不仅促进了信息流通，还增强了合作伙伴之间的责任感和义务感，帮助减少了交易成本，降低了合作过程中的风险。

（2）社会网络

社会网络指的是个人或组织之间通过各种形式的联系所形成的关系网。在这一网络中，个体或组织通过与他人建立联系，可以获取信息、技术、资金等多种资源。网络中的人际关系越广泛、越密切，所能获得的资源和支持也越多。网络不仅限于物理或直接的联系，还包括虚拟和间接的联系，如社交媒体平台上的互动和学术界的跨领域合作。

（3）社会规范与合作

社会资本的第三个核心要素是合作和互惠。社会规范是指在一个特定社会或组织中被广泛认可的行为规则，合作则是这些规则的体现。互惠合作是指合作各方在长期互动中建立起的合作习惯和信任关系，通过互助、支持和共同解决问题，参与方不仅能够获取所需资源，也能够贡献自己的优势资源，实现共赢。

2. 社会资本如何应用于校企合作

在校企合作的具体实践中，社会资本理论提供了诸多重要的理论支持，尤其是在如何通过信任和人际网络促进高校与企业之间的合作方面。具体而言，社会资本能够帮助高校与企业建立更加紧密的合作关系，进而推动资源共享、信息流通和技术创新。

（1）信任与合作关系的构建

在校企合作中，信任是维系长期稳定合作关系的关键。高校和企业虽然分别具有不同的文化背景、组织结构和发展目标，但通过建立相互信任的合作基础，可以减少因不确定性所带来的风险和摩擦。例如，企业对高校的科研成果产生信任，从而愿意投入资源支持高校的研发工作；高校则相信企业能够提供真实的市场需求和技术转化机会，促使其科研成果落地并应用于实际生产中。

信任的建立通常是一个长期的过程，需要高校与企业共同面对合作中的各种问题，及时沟通并解决争议，增强彼此的了解和合作默契。通过这种信任关系的建立，校企双方不仅能在日常合作中更加高效地互动，还能在面对重大决策时做出更加一致和协调的行动。

（2）人际网络与资源共享

人际网络是社会资本的重要组成部分。在校企合作中，高校和企业通过建立广泛的人际关系网，可以有效地共享知识、技术、资金等资源。高校的科研人员通过与企业的合作，可以获取企业在市场和技术方面的需求信息，而企业则能够利用高校的科研力量，进行技术研发和产品创新。

例如，一些高校通过与企业联合设立科研平台、孵化器等，搭建了一个互联互通的"资源池"，企业可以通过这些平台获取高校的创新成果，而高校则可以从企业的项目实践中获得宝贵的行业经验和资金支持。通过这种资源共享的合作机制，校企双方的社会资本得以有效增强，并为双方提供了更多的成长和发展的机会。

（3）技术创新与知识转化

社会资本还在技术创新和知识转化中发挥着重要作用。高校是知识创新和技术研发的源头，而企业则是技术应用和市场化的主体。通过建立和完善校企合作中的社会资本网络，双方可以共同推动技术创新的不断发展，并加速科研成果的转化与应用。企业通过与高校的紧密合作，可以将高校的理论研究与技术成果迅速引入生产和市场，从而提高企业的技术竞争力和产品附加值。

高校通过参与企业的研发过程，也能更好地理解产业需求，从而将科研方向与行业发展趋势紧密结合，提升科研的现实意义和应用价值。同时，企业也能借此机会获得新的技术突破和创新成果，推动其生产力的提升和产品的升级。

3. 社会资本对校企合作效益的提升

校企合作的成功不仅仅依赖于资金和技术的投入，更重要的是依赖于双方之间深厚的社会资本。通过信任、网络和合作，校企双方可以在合作中实现更大的互利共赢，提升合作的长期效益。

首先，社会资本能有效降低校企合作的交易成本。通过建立信任关系，双方减少了信息不对称和信息获取的成本，合作中的沟通和协调变得更加顺畅。其次，社会资本通过加强双方的合作规范和默契，使得合作更加稳定和可持续。在这样的合作模式下，双方能够实现长期的共同发展，而不仅仅是单次项目的短期合作。

最终，社会资本的积累也能够促进技术创新和知识转化。通过加强资源共享和合作网络建设，校企合作能够创造更多的创新机会，推动双方在科技和产业领域的共同进步。

（二）合作学习理论

合作学习（Cooperative Learning）是一种教育理论和教学方法，强调在小组或团队中，学生通过相互协作，共同解决问题和完成任务，从而实现更深层次的学习和技能提升。合作学习的核心理念是"共同学习，共同进步"，其基础在于强调学生之间的互动与合作，而非单一的竞争或独立学习。学生在合作过程中不仅分享知识，还相互促进，帮助彼此克服学习中的障碍。合作学习强调积极互动、责任共担以及集体努力，在这种学习模式下，每个成员的成长都会对团队的整体学习效果产生积极的影响。

在校企合作的背景下，合作学习理论能够促进学生、教师与企业之间的互动与协作，打破传统的单向知识传授模式，将教育、产业和技术实践紧密联系起来。这种合作模式不仅增强了学生的综合能力，也帮助企业提升技术应用和创新能力。

1. 合作学习的核心理念

合作学习理论的核心理念可以归纳为以下几点：

（1）小组合作与互动

合作学习强调在小组或团队内进行学习，学生通过集体讨论、任务分配与合作解决问题。这种学习方式的核心是集体智慧的整合，通过个体的努力和团队的协作，激发出比单独学习更高效的学习成果。在合作学习中，每个学生都有明确的任务和责任，需要为整个团队的学习成果承担责任，且每个成员的贡献都会对团队的整体成功产生重要影响。

（2）积极互助与责任共担

合作学习提倡"互帮互学"，强调学生在团队中的合作不仅仅是为了完成任务，更重要的是通过彼此之间的互动，增进理解和掌握知识。在这种环境下，学生要学习如何与他人合作，如何发挥个人优势，同时也要通过帮助他人解决困难来提高自身的能力。这种互助的过程不仅加强了学生之间的合作意识，还提高了他们的社交能力、沟通能力和团队协作能力。

（3）目标共享与集体效能

在合作学习中，团队成员共同承担一个团队目标，而非单一的个人目标。每个成员的学习进程和成果都会直接影响团队的表现，因此团队成员之间必须保持沟通与协调，确保每个人都朝着共同的目标努力。这种共享目标的模式激发了学生的集体责任感，增强了集体效能，并使得学生对团队的成功有更强的认同感。

2. 合作学习如何促进学生、教师与企业之间的互动与协作

合作学习不仅仅是学生之间的互动，它还促使教师与学生、企业与学生之间的有效沟通与协作。在校企合作的背景下，合作学习为多方参与者提供了一个互动平台，从而促进了教育与产业之间的无缝对接。

（1）促进学生与教师的互动

在传统的教育模式中，教师往往是知识的唯一传递者，学生是被动接受者。然而，在合作学习中，教师不仅仅是知识的传授者，更是学习过程的设计者和引导者。教师需要设计合理的学习任务和小组活动，引导学生在合作过程中自主发现问题、解决问题。通过小组讨论、互助学习等形式，教师能够与学生进行更深层次的互动，了解学生的理解状况和思维方式，并根据学生的反馈及时调整教学策略和内容。

通过合作学习，学生能够更多地表达自己的观点，并在小组中接受其他成员的建议与批评，从而加深对知识的理解与掌握。同时，教师在这一过程中也能获得更多关于学生学习状态的信息，更精准地调整教学内容与方法。

（2）促进学生与企业的协作

校企合作中，企业不仅仅是提供就业机会的主体，它还是学生学习和实

践的重要参与者。合作学习在这一过程中发挥着桥梁作用，帮助学生在团队合作中与企业专家、企业导师进行互动与协作。例如，在实际的企业项目中，学生通过合作学习的方式，解决企业面临的实际问题，帮助企业进行技术研发或市场调研。这种基于实际问题的合作学习，不仅提高了学生的实战能力，也为企业提供了创新思路和技术支持。

企业参与到合作学习的过程中，不仅可以传授行业知识、技术诀窍，还能在协作中更直观地评估学生的实际能力。通过这种互动，企业能够更清晰地了解学生的创新能力和解决实际问题的能力，为今后的用人选拔提供依据。

（3）教师与企业的合作

合作学习不仅促进学生与企业的互动，也促进了教师与企业之间的合作。教师通过与企业共同设计项目任务，将行业需求、技术应用与教育内容紧密结合，帮助学生在解决实际问题的过程中学习和应用理论知识。此外，教师还可以通过企业的反馈了解行业发展动态，从而及时更新课程内容，确保教学内容与产业需求对接。这种深度合作促进了教育和产业的良性互动，使得教育教学内容更加符合社会需求和行业标准。

3. 合作学习促进多方参与者共同解决实际问题

合作学习的本质是通过集体智慧解决问题，这一特点在校企合作中得到了充分体现。在实际应用中，合作学习能够促进多方参与者（学生、教师和企业）共同解决行业中的实际问题。这不仅能够提升学生的综合能力，也能够加速企业的技术应用和创新能力。

（1）学生的综合能力提升

合作学习为学生提供了一个综合的学习平台。在这一平台上，学生不仅能在小组中学习理论知识，还能通过讨论、交流、任务分配等形式提升其沟通能力、团队协作能力、问题解决能力等综合素质。通过参与企业的实际项目，学生不仅学到了书本知识，更能学会如何运用知识解决现实问题，进而提升了其在实际工作中的适应能力和竞争力。

（2）促进企业的技术应用与创新

企业在校企合作中作为技术和创新的需求方，通过与高校的合作，能够引入更多的新思路和技术方案，促进技术的创新与应用。而通过合作学习的方式，学生与企业共同合作，能够为企业提供更多的技术创新建议，同时通过学生的参与，推动企业内部技术应用的落地与实践。这种互动合作加速了技术研发和应用的进程，也为企业提供了更多的创新源泉。

三、校企合作的成功经验与借鉴

（一）成功经验的总结与提炼

校企合作作为一种推动高等教育与产业界协同发展的重要模式，其成功与否不仅关乎教育质量的提升，还直接影响到产业技术的进步和人才的培养质量。虽然不同的校企合作模式在细节上有所不同，但通过理论分析和经验总结，我们可以提炼出一些普遍适用的成功要素。这些要素主要集中在合作双方的信任建设、共同目标的明确化、灵活的合作机制以及有效的反馈与调整机制等方面。

1. 信任建设

信任是校企合作中最基础也是最重要的要素之一。只有在双方建立了强有力的信任关系后，合作才能顺利开展，并且具备长期持续发展的潜力。信任不仅仅是双方在人际关系层面的信赖，更是在工作方式、目标方向、资源共享等方面的默契。

在校企合作的过程中，高校与企业往往涉及信息共享、技术转移、资源整合等多个层面，这就要求双方在合作初期建立起高度的信任关系。一旦缺乏信任，信息就容易失真或滞后，甚至可能因为利益冲突或责任推诿导致合作破裂。因此，信任的建立不仅依赖于个人层面的交情，更需要通过制度化和流程化的保障来进一步加强。

例如，在合作协议的签订阶段，双方可以通过明确合作的目标、责任分配和风险分担机制来加深信任。同时，通过长期的交流与互动，不断强化合作双方对彼此能力的信任。企业对高校的科研能力、人才培养质量产生信任，高校则可以相信企业能够为学生提供丰富的实践机会和行业前景。

2. 共同目标的明确化

在校企合作中，合作双方必须明确共同的目标。没有明确的共同目标，合作就可能变得无序或过于分散，甚至会出现各自为政、利益冲突的情况。共同目标的明确化不仅有助于增强合作双方的凝聚力，也能够让各自明确合作的重点和方向。

首先，校企双方应该在合作初期达成一致，确保双方的期望和目标一致。例如，高校可能希望通过合作提升教学质量、增强科研能力或提高学生就业率，而企业则可能希望借助高校的科研成果来推动技术创新或为企业发展储备人才。因此，明确这些目标并达成共识，可以确保合作不至于脱轨，也能避免由于目标不清导致的资源浪费。

此外，共同目标的明确化有助于合作过程中的合理分配任务。每个参与方的具体职责、贡献和预期成果可以根据目标进行明确安排，从而确保合作成果的可衡量性和可持续性。

3. 灵活的合作机制

灵活的合作机制是校企合作成功的又一关键要素。在快速变化的经济和技术环境中，单一固定的合作模式往往难以应对外部的变化和挑战。因此，合作机制的灵活性尤为重要。灵活的机制能够根据行业趋势、技术发展或人才需求的变化做出及时调整，保障合作的长期性与可持续性。

在校企合作中，灵活性通常表现为以下几个方面：

（1）项目选择与调整

随着技术和市场的快速变化，原定的合作项目可能会面临不同的挑战或无法达到预期的效果。因此，合作双方需要能够根据外部环境的变化灵活调整合作项目的内容、方向或合作方式。定期评估合作项目的进展，及时调整合作重点，是保障合作成果的重要手段。

（2）合作模式的多样化

校企合作不必拘泥于单一的形式，可以根据实际需要采用不同的合作模式。例如，可以通过联合培养、共建实验室、共同开展技术研发等多种方式，灵活搭配以满足不同合作需求。这种多样化的合作形式能够在不同的背景下提供解决方案，使合作更加符合具体情况。

（3）知识共享与资源调配

在跨领域的校企合作中，知识和资源的共享机制至关重要。灵活的合作机制能够确保双方在共享技术、设备、科研成果等方面达成有效协议，避免因为资源争夺或管理不善而导致合作中断。

4. 有效的反馈与调整机制

成功的校企合作不仅仅依赖于初期的良好规划和沟通，更需要在合作过程中建立起有效的反馈与调整机制。通过不断地沟通、监控和评估，可以及时发现合作中的问题，并进行适当的调整，从而确保合作的长期稳定与高效运作。

反馈机制的建立首先要求合作双方在合作期间保持定期的沟通，及时交换信息与意见。这种沟通可以通过定期的会议、报告或在线交流平台来进行。通过这样的互动，不仅能够及时发现问题并解决，还能够加强双方的信任关系，减少误解和冲突。

同时，校企合作应建立科学的评估体系，以量化的标准来衡量合作效果。例如，学生的实习效果、毕业生的就业率、科研成果的产出等都可以作为评估指标。通过对这些指标的持续监测，可以评估合作的成效，并根据评估结果作出必要的调整和优化。

（二）失败经验的警示与改进策略

虽然校企合作在推动高等教育和产业发展的过程中取得了显著成效，但在实践中也不可避免地遇到一些挑战和问题。这些问题如果得不到有效解决，往往会导致合作的失败或效果不佳。常见的失败因素包括利益冲突、资源配置不当、沟通机制不畅等，这些问题不仅影响合作双方的关系，也可能阻碍合作的长期发展。通过理论分析和经验总结，我们可以识别出这些潜在的失败因素，并提出一系列改进策略，以确保校企合作的顺利进行。

1. 利益冲突与合作目标不一致

校企合作中的利益冲突是最常见的失败因素之一。企业和高校在合作中往往有不同的需求和期望，企业更加注重成果转化和人才培养的实用性，而高校则注重科研创新和学术探索。这些不同的关注点容易导致合作目标的不一致，从而引发利益冲突。例如，企业可能期望高校提供更多的技术成果或产品，而高校则倾向于通过合作获得学术上的认可或科研资助。

（1）避免利益冲突的策略

要有效避免利益冲突，首先需要在合作初期就进行充分的沟通与协商，确保双方的合作目标得到明确并达成共识。在协议签订阶段，应确保协议中明确列出各方的责任、权利和义务，特别是在知识产权、成果共享和商业化收益等方面做出详细规定。此外，在合作过程中，建立定期沟通机制，及时评估合作进展，保证双方能够在出现问题时迅速调整方向，避免因目标偏差而导致合作关系的破裂。

（2）共同目标的设定

一个有效的策略是通过共同目标的设定来消除潜在的利益冲突。例如，校企合作可以从共同的社会责任或行业发展需求出发，确定具有长远意义的合作目标，如推动某一领域的技术进步或培养具备创新能力的复合型人才。在这种基础上，双方的目标将不再仅仅是单纯的经济或学术利益，而是转向共同服务社会需求和未来发展。

2. 资源配置不当与合作效果受限

资源配置不当是校企合作中另一个常见的问题。高校和企业在资源投入上往往存在差异，尤其在资金、设备、技术和人力资源等方面，可能因为双方的需求不同而导致资源的低效使用。高校可能在初期未能充分理解企业对技术创新或项目孵化的实际需求，而企业则可能对高校的科研成果转化能力产生过高的期望。

（1）合理配置资源的策略

为了解决资源配置不当的问题，校企合作双方需要在合作开始时明确各自能够提供的资源和能力，并确保资源的合理配置。例如，在合作项目的初期，双方应对项目的资源需求进行详细的评估，确保资金、技术、设备等资源能够充分对接，并且能够根据合作进展灵活调整。高校应根据企业的实际需求，调动相应的科研力量和技术资源，而企业则需要为高校提供相应的实践平台、设备设施以及应用场景，确保资源配置的互补性。

（2）动态调整与资源共享

在合作过程中，双方应随时根据项目的进展进行动态调整。设立一个专门的项目管理团队来负责资源的调配，确保资源的实时分配和灵活运用。此外，企业和高校应共同建立资源共享机制，例如通过开放实验室、共享技术平台等方式，将双方的资源最大化利用，从而提升合作效率和成果。

3. 沟通机制不畅与信息流通障碍

沟通机制的不畅是许多校企合作失败的重要原因之一。由于企业与高校的工作环境和文化差异较大，双方在沟通中往往面临着信息流通不畅、决策延迟、误解产生等问题。这种情况在跨学科合作、国际合作等复杂项目中尤为突出，信息滞后或沟通不畅可能导致合作目标的偏离或项目进展的拖延。

（1）建立高效沟通机制的策略

要避免沟通机制不畅的问题，首先需要建立起规范化的沟通流程。在合作初期，校企双方应明确沟通的渠道、频率和内容，设定定期的会议或进度汇报制度，确保信息流通的及时性与透明度。例如，可以通过建立联合工作小组，定期召开进展会议，确保项目负责人、技术人员、管理人员等各方的参与和信息共享。通过这些定期的沟通机制，确保双方在合作过程中能够及时调整方向、解决问题。

（2）跨文化沟通与信息技术支持

在跨学科、跨文化或跨国的校企合作中，沟通障碍可能更加明显。这时，不仅需要双方增强对彼此文化的理解和尊重，还可以借助现代信息技术工具（如云平台、视频会议、在线项目管理工具等）来解决地理、时间和语言等方面的沟通障碍。此外，企业和高校还可以聘请专门的项目经理或协调员，负责项目的沟通与调度工作，确保信息的及时传递和双方需求的准确理解。

4. 合作管理不善与项目执行效率低

在校企合作中，管理不善可能导致项目执行效率低，最终影响合作成果的产出。合作过程中，双方对项目的管理可能存在不同的期望和标准，导致管理层面出现冲突或执行上的滞后。例如，企业期望项目能够迅速推进，早日转化为技术产品或市场应用，而高校则可能更多关注学术研究和科研论文的发表。这种管理上的差异，可能导致合作项目在执行中的效率低下。

为了提高项目执行效率，校企合作双方需要在项目管理上加强协调，确保双方的管理方式和目标一致。首先，双方应在合作开始时明确项目的阶段性目标、时间节点和绩效评估标准，设定具体的里程碑和考核机制。其次，可以通过成立联合项目管理委员会，定期评估项目进展并进行必要的调整。这种跨界的管理模式能够有效避免因管理不善导致的执行滞后，并保证项目按时按质完成。

四、校企合作的具体操作路径与模式设计

（一）协议签订与合作框架设计

在校企合作过程中，协议签订和合作框架的设计至关重要。协议不仅是双方合作关系的法律基础，也是确保合作顺利进行的关键工具。一个清晰、公平、透明的合作协议能够明确双方的责任、权利、义务和期望，防范潜在的法律和运营风险，确保合作的长期稳定性。尤其在涉及知识产权、资源共享、利益分配等重要环节时，协议的细节设计直接关系到合作模式的成功与否。

1. 协议签订的重要性

协议签订不仅是校企合作的法律形式，它实际承载着合作双方的意图和利益。良好的协议设计能够为校企合作奠定坚实的法律基础，使双方在合作过程中避免产生误解和纠纷。相反，协议模糊或缺乏条款保障的情况下，合作可能因不明确的责任划分或利益冲突而陷入困境，甚至终止合作。

校企合作协议作为双方法律承诺的载体，需在详细考虑双方需求和利益的基础上设计。协议应涵盖合作的各个方面，包括但不限于合作目标、资金投入、资源共享、知识产权、成果转化、风险分担、违约责任等。同时，还需根据合作模式的不同，灵活地设置具体条款，以确保合作的可行性和可持续性。

2. 合作框架设计的基本要素

在校企合作协议的设计中，以下几个要素尤为重要：

（1）合作目标的明确

在协议签订前，双方应共同确定合作目标，并在协议中清晰地表述。这不仅有助于避免合作过程中的目标偏差，还能为合作各方提供明确的努力方向。例如，合作的目标可能包括人才培养、技术研发、知识转化等，协议应

明确规定这些目标的具体内容、执行方式以及时间节点。通过对目标的明确化，不仅可以提升合作的效率，还能在合作过程中对目标完成情况进行定期评估和调整。

（2）资源分配与资金投入

校企合作中，资源的分配和资金的投入是合作能否顺利推进的核心问题之一。在协议中，应详细规定双方的资源和资金投入方式、比例、用途及相关的责任分配。例如，高校可以提供科研人员、实验设备及技术支持，而企业则可以提供资金支持、行业经验和技术转化渠道。资金的使用应确保透明和可追溯，防止资金挪用或管理不善影响合作进程。

（3）知识产权与成果转化

知识产权问题是校企合作中的敏感领域，涉及科研成果的所有权、使用权和收益分配等。在协议中，必须明确规定双方在合作中产生的知识产权归属，尤其是在联合研究和技术开发过程中。协议应细化知识产权的具体分配方案，包括但不限于技术成果的所有权、专利权的申请、技术的商业化路径等。对于知识产权的管理和保护，应设立专门的条款，避免因知识产权争议导致的法律纠纷。

（4）利益分配与风险分担

校企合作的成功与否在很大程度上取决于双方的利益分配是否公平合理。协议应明确各方在合作中的投入、付出与回报，确保各方的利益平衡，避免某一方过度承担风险或利益失衡。特别是在涉及技术开发和成果转化的过程中，合作双方应根据各自的贡献比例合理分配收益。此外，还应设计风险分担机制，明确在合作过程中可能遇到的风险，如项目失败、技术瓶颈、市场不接受等，并就如何分担风险达成共识。通过对利益和风险的合理分配，双方能够保持积极的合作态度，推动项目的顺利进行。

3. 防范潜在风险的策略

协议中的条款不仅要保障双方利益，还要能够有效防范潜在的合作风险。以下是几种常见的风险及相应的防范策略：

（1）违约责任与赔偿机制

在任何合作中，违约风险都无法完全避免。因此，协议中应对违约行为设定明确的赔偿机制。违约责任应具体细化，包括因违约所需支付的赔偿金额、违约方应承担的法律责任以及违约情形的具体界定。这样可以有效防止合作中一方不履行承诺或擅自改变合作条件，保障双方的合法权益。

（2）信息保密与数据保护

校企合作往往涉及敏感的企业数据、技术信息、科研成果等，协议应包括保密条款，确保双方在合作过程中对涉及的技术、数据和商业机密严格保密。保密条款应明确规定保密的范围、保密的期限及违反保密协议的法律责任。同时，随着数据隐私保护问题日益重要，协议还应包含数据保护条款，确保个人和组织数据的安全性和合规性。

（3）变更与终止机制

合作过程中可能会遇到一些不可预见的变化，如政策变化、市场环境变化或合作目标的调整。因此，协议应包含变更机制，明确规定在合作过程中如何处理变更情况。例如，若某方未能按原计划提供资源或支持，协议应设定相应的调整程序。此外，合作终止机制也应清晰规定，以便在遇到无法克服的问题时，双方能够平稳过渡、合法终止合作，避免因解约而产生不必要的冲突。

4. 合同条款设计对合作模式的影响

合同条款的设计直接影响合作模式的运行和效果。一个科学、合理的协议能够为合作的实施提供保障，确保各方按照既定目标和条款进行合作。例如，明确的资源投入条款有助于合作双方的资源整合，减少因资源不均而导致的合作冲突；而合理的利益分配条款能够保证各方的积极性，确保合作过程中没有一方感到被剥夺权益。

在实际操作中，协议中的条款不仅要关注具体合作环节，还要预见可能

出现的问题并进行防范。比如，在技术转化的过程中，企业与高校可能在知识产权、技术应用等方面存在较大分歧，通过协议事先设定争议解决机制、仲裁条款等，能够有效避免潜在的法律纠纷，确保合作的顺利进行。

（二）项目选择与资源共享机制

在校企合作中，项目选择和资源共享机制的设计是确保合作成功的关键。一个精心选择的项目能够促进高校与企业之间的协作，增强合作的深度和实际影响，而高效的资源共享机制则确保了合作资源的优化配置与有效利用。通过合理的项目选择标准和资源共享机制设计，校企合作不仅能够解决理论与实践结合的问题，还能促进创新与人才培养。

1. 项目选择的标准与策略框架

校企合作中的项目选择是决定合作成败的第一步。选择合适的项目能够为双方提供明确的合作目标，并确保资源的有效利用。然而，项目的选择并非一蹴而就，它需要通过科学的标准进行筛选，确保合作能够达到预期的效果。成功的项目选择不仅要满足高校的教学和科研需求，还要贴合企业的实际问题和技术需求，创造双赢的局面。

（1）符合双方需求的项目选择标准

在校企合作中，项目选择标准的核心是确保项目能够满足双方的需求，并在实践中发挥最大效益。从高校的角度来看，项目的选择应当能够提升教学质量、促进科研进展，并为学生提供实际的应用场景，从而促进学生的能力发展。对于企业而言，项目应当帮助解决实际技术问题或业务挑战，推动创新或产品开发。因此，项目选择时必须综合考虑以下几个标准：

学术与实践的结合：合作项目应兼顾理论研究和实际应用，确保学术成果能够转化为企业的技术创新。例如，高校可以选择那些具有实际应用前景的研究课题，而企业则能从中获得新技术或新产品的研发成果。通过这种结合，校企合作能够真正推动科研成果转化，提升双方的竞争力。

人才培养与企业需求的对接：选择的项目应关注人才培养与企业实际需求的匹配。企业可以通过参与项目，提供实际案例或技术指导，帮助学生将学术理论应用于实践。此外，企业的技术问题和管理需求可以通过学生的参与得到有效解决，最终形成对企业和学生双方都具有价值的结果。尤其是在新兴行业或技术领域，企业与高校合作开展项目能够培养出符合产业需求的创新型人才。

项目的可持续性与前瞻性：项目应具有较长的生命周期和广阔的应用前景，能够持续产生价值。高校与企业应选择那些具有发展潜力和前瞻性的项目，这些项目不仅能够帮助双方应对当前的需求，还能适应未来的挑战。例如，随着人工智能和大数据等技术的快速发展，校企合作项目应关注这些领域的前沿问题，以培养学生的创新能力并推动企业技术的升级。

（2）项目选择的灵活性与适应性

除了上述标准外，项目选择还应具备一定的灵活性和适应性。随着技术和市场需求的变化，原定的合作项目可能需要进行调整。因此，在项目选择过程中，双方应确保项目能够根据市场、行业和技术的变化灵活调整。高校和企业应有能力在合作的过程中，根据实际情况进行项目的适应性优化，确保合作始终保持高效运作。

例如，在快速发展的技术领域，某些技术或市场需求可能会发生突变，原有项目的技术方案或研究方向可能不再适用。因此，校企双方应在项目初期就设立灵活的调整机制，确保项目能够应对快速变化的市场环境或技术挑战。

2. 资源共享机制的设计

资源共享是校企合作的核心要素之一，它决定了合作能否顺利进行并取得预期成果。资源共享不仅包括物质资源，还涉及知识、技术、人才等无形资源。通过高效的资源共享机制，校企双方能够实现资源的最优配置和互利共赢。建立合理的资源共享机制是校企合作成功的关键。

（1）资源共享的基本要素

校企合作中的资源共享应涵盖多个方面，尤其是资金、技术和人才资源。这些资源的有效共享能够促进双方的共同发展，实现优势互补，提升合作的效率和质量。

资金资源的共享：资金是任何合作项目能够顺利推进的基础，尤其是在科研和技术开发领域。高校和企业应根据合作项目的实际需求共同承担资金责任，确保资金的合理分配和使用。在此过程中，资金的来源不仅可以依赖于政府支持，还可以通过双方共同投入、风险投资等方式进行融资。此外，高校和企业还应对资金的使用进行定期的审计和评估，以确保资金的透明使用。

技术资源的共享：技术是校企合作的重要资源之一。在合作项目中，双方应根据各自的技术优势进行资源互补。高校可以提供前沿的科研成果和技术支持，而企业则可以将其实际操作经验、技术研发能力和市场应用进行反馈。通过技术资源的共享，校企合作能够加速技术创新与转化，推动科研成果的商业化应用。

人才资源的共享：人才是推动校企合作成功的关键因素。高校可以通过提供优秀的学术人员和研究生，参与项目的研发与实施，而企业则可以提供技术专家、管理人员和产业实践经验。通过人才资源的共享，校企合作不仅能够提升项目的研发能力，还能为学生提供宝贵的实习和就业机会。

（2）高效资源整合与共享的策略

资源的高效整合是确保校企合作顺利进行的关键。为了实现资源的最优配置和最大化利用，校企双方应采取以下策略：

建立共享平台与协作网络：校企合作双方应共同搭建资源共享平台，促进资源的流动与整合。这个平台可以是在线协作系统，帮助双方实时共享项目进展、研究成果、技术资料等。此外，双方可以通过定期的技术交流会、人才招聘会等形式，加强双方的信息互通和资源交流。

共享机制的制度化和规范化：资源共享不仅仅是口头承诺，它还需要通过规范的制度和流程加以保障。在合作协议中，应明确资源共享的具体方式、责任划分以及管理机制。合作过程中，双方应定期审查和评估资源使用情况，确保共享机制的有效运作。

激励机制的设计：为了促进资源的高效共享，校企合作双方还应设计合理的激励机制。例如，企业可以为高校提供资金支持或设备捐赠，而高校则可以通过科研成果的转化、人才培养的质量提升等方式回馈企业。此外，双方还可以通过设立专项奖学金、技术成果奖励等方式激励员工和学生积极参与合作项目。

第二节　产学研用协同的多方参与机制

一、产学研用协同的多方主体

产学研用协同机制是推动科技创新和经济发展的关键路径，它通过整合教育、科研、产业和应用四个方面的资源，促进科技成果的转化与产业化，提升社会整体创新能力。在这一协同机制中，各个主体各司其职、密切合作，共同推动技术创新和产业升级。主要参与方包括高校、企业、科研机构和政府，每个主体在协同过程中扮演着至关重要的角色。以下将分别讨论高校与企业在这一机制中的作用和责任。

（一）高校的角色与责任

在产学研用协同机制中，高校的角色不可或缺，其主要责任体现在人才培养、科研成果转化、学科交叉融合等方面。高校不仅是科技创新的源泉，也是高端人才和科研成果的孵化基地。在这一协同机制中，高校的责任可以从以下几个方面进行详细探讨：

1. 创新人才的培养

高校在产学研用协同中承担着人才培养的核心责任。作为培养高素质创新人才的重要阵地，高校应根据社会和行业的需求，调整和优化教育体系，培养具有创新意识、实践能力和跨学科知识背景的人才。高校不仅提供基础理论教育，还需要结合实际产业需求，设计具有实践性和前瞻性的课程与实验项目，促进学生的科研实践与企业实际需求的对接。通过产学研用协同，高校能够为企业和科研机构提供源源不断的人才支持，推动技术创新与产业发展。

2. 科研成果转化

高校在科研领域具有先天的优势，尤其是在基础研究和应用研究方面。然而，高校的科研成果往往难以直接转化为市场可用的技术或产品。因此，如何有效地推动科研成果转化，是高校在协同机制中面临的重要责任。高校应通过加强与企业和科研机构的合作，共同建设技术转移平台，推动科技成果的商业化。在这一过程中，高校不仅要加强产学研合作，还要注重成果转化机制的完善，如设立成果转化基金、建设孵化器等，确保科研成果能够迅速、有效地转化为实际生产力。

3. 学科交叉与融合

在技术创新日益依赖多学科交叉的背景下，高校要充分发挥其学科交叉融合的优势，推动不同学科之间的协同合作，促进新的学科和技术的诞生。高校要加强跨学科的科研团队建设，推动基础学科与应用学科之间的互动与协同，打破学科壁垒，促进知识的融合与创新。通过学科交叉，能够突破传统学科限制，推动技术创新，满足现代社会对复杂技术系统和复合型人才的需求。

4. 推动技术创新与产业发展

高校不仅承担着基础研究的责任，还应参与到产业技术的创新与应用中。在产学研用协同过程中，高校要通过与企业、科研机构的合作，推动技术创新的实现。高校的科研力量能够为企业提供前沿技术的支持，而企业则能够为高校提供实际应用中的问题和需求，促进科技成果与市场需求的紧密对接。高校应加强与企业的合作，共同开展技术研发，推动技术的产业化。通过技术转移和技术合作，高校能够在促进产业升级、提升竞争力方面发挥重要作用。

5. 政策建议与社会服务

高校在产学研用协同中也应承担社会责任，为政府提供政策建议，并为社会提供科技服务。高校要密切关注国家科技创新政策和产业发展方向，结合自身的科研优势，为政府提供前瞻性的政策建议。此外，高校还应积极服务社会，推动科技成果的普及应用，推动科技惠民，增强社会创新能力。高校的科研力量、技术转移能力和社会服务能力，将为社会的可持续发展提供重要支撑。

（二）企业的角色与责任

企业在产学研用协同机制中占据着核心位置，其主要责任体现在技术创新、市场需求引导、资源共享与成果转化等方面。企业不仅是技术应用和市场化的主体，也是推动科技成果产业化的关键力量。企业在协同机制中的作用主要表现在以下几个方面：

1. 推动技术创新与研发

企业是科技创新的重要承载体，是技术成果的最终应用者和推动者。在产学研用协同中，企业的首要责任是推动技术创新和产品研发。企业要充分利用高校和科研机构的科研优势，借助其创新资源，推动技术的产业化应用。同时，企业在市场需求和技术应用中扮演着至关重要的角色，它们可以通过市场反馈推动研发方向的调整和优化，确保科技创新成果更好地满足市场需求。

企业在技术创新中不仅要依赖外部合作，还应加强内部研发团队建设，提升自身的创新能力和研发水平。通过加强与高校、科研机构的合作，企业可以获得先进技术、前沿科研成果，从而提升其在市场中的竞争力。

2. 引导市场需求与产业化应用

企业在产学研用协同机制中的重要作用之一是引导市场需求。在科技创新过程中，企业通过市场反馈可以为科研机构和高校提供关于技术可行性、市场需求和应用环境的宝贵信息。通过这些信息，科研人员能够更清晰地了解技术产品的市场应用前景，从而调整研发策略，确保研发方向与市场需求相吻合。

企业不仅在技术研发过程中提供市场导向，还负责将技术成果推向市场，推动产品的商业化。企业与高校、科研机构的合作，通过共同开发新产品、优化现有产品以及技术更新换代，实现了科技成果的高效产业化和市场应用。

3. 共享资源与风险共担

企业在产学研用协同中的一个重要责任是资源的共享与风险共担。在技术创新和产业化过程中，研发活动往往需要大量的资金、设备和人才支持。企业应与高校和科研机构建立紧密合作关系，共享资源，如实验设备、科研数据等。通过资源共享，可以降低技术研发成本，缩短研发周期，提高技术研发效率。

此外，技术创新和产业化伴随着较高的风险，企业在这一过程中要与高校和科研机构共同承担风险。企业通过与高校的合作，能够有效减少研发中的不确定性和失败风险，从而更好地实现技术成果的市场化。

4. 促进技术的市场应用与产业化

企业是科技成果产业化的主要推动力，它们不仅将高校和科研机构的创新成果转化为实际的生产力，还通过改进和升级技术，推动产业发展。企业能够在市场中进行技术验证，进一步优化技术产品，提升其市场竞争力。

企业通过与高校的合作，不仅能够获得创新技术，还能够通过市场反馈推动技术优化与升级。这种双向推动机制，既能够加速技术成果的转化，又能够提升企业的竞争力，推动行业技术进步。

（三）科研机构的角色与责任

科研机构在产学研用协同机制中扮演着至关重要的角色，尤其在基础研究、应用研究和技术开发等方面，具有独特的地位。科研机构的核心职能是进行科学研究和技术开发，它们往往在前沿科技和基础理论领域积累了深厚的技术积淀。通过与高校、企业的紧密合作，科研机构不仅能提升科研成果的转化效率，还能促进技术的产业化，为经济社会发展提供技术支持。

1. 基础研究与应用研究的推动者

科研机构通常负责基础研究和应用研究的推进。基础研究旨在探索未知的科学原理，打破现有技术瓶颈，为未来的技术创新提供理论基础。科研机构依托其强大的研究力量，专注于解决科技领域中的重大科学问题。而应用研究则聚焦于将这些基础研究成果转化为实际应用技术，填补产业发展的技术空白。科研机构不仅要通过独立研究推动技术进步，还需要与高校、企业合作，转化科研成果，推动技术的落地和产业化。

2. 技术开发与产业化的桥梁

科研机构与企业的合作主要体现在技术开发和产业化过程中。科研机构可以通过建立联合实验室、技术研发中心等形式，与企业共同开展技术攻关、产品研发。科研机构拥有强大的研发能力和前沿技术，而企业则具有市场化的运作模式和生产能力，二者的结合能够有效推动科技成果的产业化。科研机构与企业的合作还可以通过技术许可、专利共享等形式，促进科技成果的转化，帮助企业提高技术竞争力。

3. 合作开发与共同研发平台的构建

科研机构在推动产学研用协同过程中，积极与高校、企业共同搭建研发平台，形成产学研用一体化的创新体系。这些平台通常由政府、科研机构和企业共同投资建设，旨在促进跨界合作与资源共享，提升技术研发的效率与成果转化的速度。通过这些合作平台，科研机构能够与高校联合进行基础理论研究，与企业共同攻克技术难关，快速实现技术的转化与应用。

4. 推动创新成果转化与科技服务

科研机构的另一个重要责任是推动科技成果的转化。科研机构通过与高校、企业的合作，不仅能够加速创新成果的产业化，还能为社会提供科技服务。例如，科研机构可以通过设立技术转移办公室、科技孵化器等服务平台，帮助科技成果对接市场，推动高新技术企业的成立，促进科研成果的快速应用。此外，科研机构还可以通过技术咨询、培训等形式，为企业提供技术支持，帮助其解决生产中的技术难题。

（四）政府的角色与责任

政府在产学研用协同机制中扮演着引导者、支持者和监管者的角色。政府不仅负责制定和执行政策，还通过资金支持、平台搭建和创新环境的建设，推动高校、科研机构和企业之间的合作与互动，从而促进技术创新和经济社会的可持续发展。

1. 政策引导与战略规划

政府在产学研用协同机制中最关键的作用之一是政策引导。政府通过制定科技创新战略、产业政策以及相关法规，为产学研用协同机制提供政策框架和方向。在此过程中，政府需要根据国家的科技发展规划和产业需求，制定有针对性的支持政策。例如，政府可以通过制定技术创新奖补政策、知识产权保护政策以及创新人才引进政策，为高校、科研机构和企业之间的合作提供明确的政策支持。此外，政府还可以通过战略性规划引导重点领域的科研攻关和技术研发，推动国家经济的高质量发展。

2. 资金支持与项目资助

资金支持是政府推动产学研用协同的重要手段。政府可以通过设立专项资金、科技基金、创新奖励等方式，支持科研机构、高校和企业共同开展技术研发和产业化项目。例如，政府可以设立创新创业基金，鼓励高校和科研机构的科研人员参与技术创新和科技成果转化，同时扶持企业进行技术创新和新产品开发。此外，政府还可以通过创新型产业园区、科技园区的建设，为企业提供资金、技术和市场支持，推动科技成果的转化和产业化。

3. 平台搭建与资源整合

政府在推动产学研用协同过程中，还发挥着平台搭建者的作用。政府通过构建产学研合作平台，推动高校、科研机构和企业之间的协同创新。例如，政府可以支持建设高水平的技术转移中心、科技创新服务平台和产学研联盟，促进各方的资源共享和技术交流。通过这些平台，企业可以获得来自高校和科研机构的技术支持，高校和科研机构可以通过企业的反馈了解市场需求和技术应用的实际问题，从而提高科技研发的针对性和实用性。

4. 营造创新生态与激励机制

政府还负责营造良好的创新生态，激励各方主体参与产学研用协同。政府可以通过优化税收政策、提供创新奖励、简化行政审批流程等方式，为企业、科研机构和高校创造更加宽松的创新环境。此外，政府还应加强人才政策，吸引高层次科技人才进入科研和产业领域，推动科研成果的转化与应用。通过政策支持和激励，政府可以促进科研创新、技术研发和产业化的快速推进。

5. 监管与评估机制

政府在产学研用协同机制中的另一项重要职能是监管与评估。政府应建立有效的评估机制，对产学研用合作项目的进展和成果进行定期评估，确保项目目标的实现，并及时调整政策和资源配置。此外，政府还应加强对科技创新和成果转化过程的监管，确保合作各方的合法权益，并推动形成透明、高效的科研合作体系。

二、各方主体的协同机制

（一）资源共享机制

在产学研用协同机制中，资源共享是各方主体实现互利共赢、促进创新的重要基础。高校、企业、科研机构和政府等各方主体可以通过共享技术、设备、数据、资金等资源，优化资源配置，提升技术转化和产业化的效率。资源共享机制不仅能够增强各方的协同效应，还能够推动跨行业、跨学科的合作创新。

1. 资源共享的意义与必要性

资源共享是指通过合作，多个主体将各自拥有的资源开放、共享或互换，以促进创新和技术进步。在产学研用协同机制中，资源共享是提升创新效率、加速科技成果转化的核心手段。对于高校和科研机构而言，资源共享不仅能够推动其科研成果的转化和应用，还能有效降低研发成本，促进技术的快速迭代和创新；对于企业而言，资源共享则是获取最新技术、优化生产流程和提升市场竞争力的重要途径；政府则通过引导和搭建平台，促进资源的高效流动，以支持经济和社会的全面发展。

资源共享能够有效解决"信息孤岛"问题，促进跨学科、跨领域的合作，推动知识流动，打破传统产业壁垒。此外，资源共享还能够通过提高研发效率，降低重复投资，为参与方创造更多的经济和社会价值。

2. 共享资源的类型与形式

在产学研用协同机制中，资源共享的形式多样，主要包括以下几种：

（1）技术共享

技术共享是资源共享中的核心形式之一。在产学研用协同中，技术共享的主要内容包括研发成果、技术方案、技术专利、软件工具等。高校和科研机构通常拥有丰富的技术积累和先进的研发成果，企业则拥有技术市场化的能力。通过技术共享，高校和科研机构能够把自己的研究成果转化为企业的生产力，而企业则可以在技术创新和产品研发中得到科研机构的技术支持，提升企业的技术竞争力。

技术共享可以通过技术授权、技术合作、联合开发等方式实现。高校和科研机构可以将自己的技术专利授权给企业使用，企业通过合作研发共同突破技术难题。此外，政府可以设立科技创新基金或技术转化平台，推动技术的交流与共享。

（2）设备与实验设施共享

设备和实验设施是科研和技术开发中不可或缺的资源。在资源共享机制中，设备与实验设施的共享不仅能有效节约成本，还能提高设备的使用效率。高校、科研机构和企业可以通过建立共享实验平台、联合研发中心等形式，实现高端科研设备和实验设施的共享。特别是在一些设备昂贵且高精尖的领域，如生命科学、纳米技术、新材料等，设备共享可以大大提高研究效率，避免资源浪费。

此外，共享实验设施的另一种形式是通过线上平台实现设备的调度与共享。政府可以通过政策引导，促进共享平台的建设，降低科研设备的投资成本，并提高科研资源的利用率。

（3）数据共享

数据是现代科技创新的重要资源，特别是在大数据、人工智能等技术的应用中，数据共享对于推动技术创新具有重要意义。各方主体可以通过共享实验数据、市场数据、行业数据等信息，增强对技术发展趋势、市场需求的洞察力，从而推动科技成果的转化和市场应用。

在数据共享过程中，各方应建立合理的数据管理机制，保障数据的安全

性和隐私性。高校和科研机构可以提供科研数据，而企业则可以将市场和生产数据共享给科研团队，共同促进产品研发与技术创新。

（4）资金共享与支持

资金是实现科技创新和产业化的关键资源。在资源共享机制中，资金的共享与支持尤为重要。企业、科研机构、高校等主体可以通过联合申请科技创新基金、产业发展基金等方式共享资金资源。政府则通过提供资金支持、税收优惠等手段，为科研项目和创新创业活动提供必要的财务支持。

资金共享不仅能降低企业和科研机构的研发成本，还能够支持创新项目的顺利进行，促进产学研用各方的深入合作。政府可以通过设立公共平台，引导资金流向高技术领域和战略性新兴产业，推动科研成果的转化和应用。

3. 资源共享的有效策略

为了保障资源共享的顺畅进行，建立健全的共享机制至关重要。以下是一些关键策略：

（1）建立共享平台与网络

资源共享的首要前提是建立有效的共享平台和网络。高校、科研机构和企业应共同搭建创新合作平台，如技术转化中心、共享实验室、行业联盟等。这些平台不仅可以促进各方资源的对接，还能为不同主体提供合作与交流的机会。政府在这一过程中可以发挥引导作用，建立公共平台，推动各类资源的流动与整合。

此外，线上共享平台也能提供技术、数据、资金等资源的集中管理和调度，帮助各方更高效地获取所需资源，提升资源利用效率。

（2）制定合理的资源共享协议

为了确保资源共享过程中的公平性和合法性，相关方在共享资源前应制定详细的资源共享协议。这些协议应明确各方的权利和责任、资源的共享方式、共享周期、保密条款、知识产权归属等事项，避免因资源共享引发的法律纠纷和知识产权争议。

协议的制定应考虑到各方利益的平衡，特别是在涉及技术成果转化和数据共享时，要特别注重知识产权保护和数据安全。

（3）加强信息流通与沟通协调

信息流通是资源共享的基础。为了确保资源能够高效流通，各方应建立畅通的信息沟通渠道。政府可以通过政策引导，鼓励高校、企业和科研机构之间的交流与合作。此外，各方主体可以通过定期的行业研讨会、技术交流会、跨学科合作项目等形式，加强彼此之间的沟通与协作。

加强信息流通不仅能促进资源共享的顺利进行，还能及时了解各方的需求与瓶颈，推动资源的精准对接。

（4）政府的政策引导与支持

政府在资源共享机制中扮演着引导者和支持者的角色。政府可以通过制定优惠政策、设立专项资金、建设公共平台等措施，促进资源的有效共享。同时，政府应加强对资源共享平台的监管，确保各方遵守法律法规，推动资源共享的长期健康发展。

政府还可以通过推动政策创新，促进产业结构升级和技术创新，为各方主体提供良好的政策环境。

（二）联合研究机制

在产学研用协同中，联合研究机制是推动科技创新和成果转化的重要途径。通过高校、企业和科研机构的紧密合作，能够形成强大的创新合力，汇聚各方的资源、技术和经验，解决复杂的科研问题，加速技术的产业化和市场化。联合研究机制不仅能够推动科学技术的突破，还能提升研发效率，促进技术成果的快速转化和应用。

1. 联合研究机制的基本框架与组织形式

联合研究机制的成功实施，依赖于高校、企业和科研机构之间的合理分工和协作。不同主体的资源和能力互补，能够有效提高研究效率，推动技术

进步。以下是联合研究机制的常见组织形式：

（1）联合实验室与研发中心

联合实验室或研发中心是高校、企业与科研机构进行合作研究的重要平台。高校和科研机构可以提供先进的研究设施、技术资源和科研人员，而企业则提供市场需求、产品应用场景以及技术转化能力。通过联合实验室的建立，三方可以在共享资源、技术研发和人员培训等方面实现优势互补，形成稳定的合作关系。联合实验室的研究方向通常结合产业需求与前沿技术，以实现技术突破和产业升级。

（2）产业技术创新联盟

产业技术创新联盟是由多个高校、科研机构和企业共同参与的技术合作平台。这种形式有助于整合产业链上下游的技术资源，通过跨领域、跨学科的合作，解决产业中的共性技术问题。联盟成员通过共享技术成果、开展联合研究，不仅能促进技术的快速发展，还能推动技术的应用和产业化。产业技术创新联盟通常由政府牵头或支持，通过政策引导和资金支持，为联盟成员提供更好的发展空间和合作机会。

（3）科研项目联合申请与协作研究

高校、科研机构与企业可以共同申请各类科研项目，如国家级科研项目、地方政府支持的技术研发项目以及行业资助的技术创新项目。在项目立项后，三方将在项目执行过程中共同承担研究任务，推动科研成果的转化。科研项目的联合申请和协作研究有助于整合各方资源，增强项目的可行性和成功率。

2. 研究方向选择与协同创新

联合研究的核心是共同选择具有高技术含量和市场潜力的研究方向。研究方向的选择直接关系到联合研究的成效，因此，高校、科研机构和企业在选择研究方向时，需要考虑以下几个方面：

（1）前瞻性与市场需求

研究方向必须具备前瞻性，能够顺应技术发展的趋势，并具有潜在的市场需求。企业的参与可以帮助高校和科研机构了解市场需求，避免研究方向脱离市场实际。高校和科研机构则可以为企业提供基础理论支持和技术储备，推动行业创新。

（2）学科交叉与技术融合

联合研究通常依赖于学科交叉和技术融合，只有通过跨学科的合作，才能突破传统学科的局限，推动技术创新。高校和科研机构可以在不同学科领域进行交叉合作，将各自的优势技术进行融合，解决复杂的技术问题。企业则通过应用学科的力量，将创新技术转化为实际产品。

（3）可行性与可持续性

研究方向不仅要具有前瞻性，还需要具备可行性。三方在选择研究方向时应充分考虑技术可行性、资金支持、人员投入等因素，确保项目的顺利推进。同时，研究方向应具备一定的可持续性，能够支持长期的技术研发和产业化。

3. 协同管理与项目推进

联合研究项目往往涉及多方合作，协调各方资源、管理各方责任、确保项目按时按质完成是一个关键问题。因此，协同管理在联合研究机制中起着至关重要的作用。

（1）项目管理体系的建立

为了确保联合研究项目的顺利推进，需要建立科学合理的项目管理体系。这一体系应当明确项目的目标、任务、分工和责任，规定每个主体在项目中的角色和职责，设定项目的时间节点和成果交付要求。此外，还应当制定有效的评估机制，定期检查项目进展，及时调整方向，确保项目按预期进展。

（2）信息共享与沟通机制

联合研究项目的成功需要各方信息的透明共享和高效沟通。建立信息共

享平台和沟通机制，确保各方能够及时获取最新的研究数据、成果和技术信息，有助于提高决策效率和技术研发的协同效果。此外，定期召开项目评审会和技术交流会，促进各方在技术、市场和管理方面的沟通与合作。

（3）成果转化与产权归属

联合研究的成果转化是衡量合作成功的关键指标。各方在合作之初就应明确成果的知识产权归属和分配方式，确保科研成果能够顺利转化为实际产品，并带来可观的经济效益。企业通常在成果转化中起到关键作用，通过技术产品化、市场推广等手段，将科研成果应用于实际生产中。高校和科研机构则可通过技术授权、专利转让等方式获得经济回报。

（三）共同开发机制

在产学研用协同中，共同开发机制是一种关键的合作模式，它涉及高校、企业和科研机构在技术和产品开发过程中的深度合作。通过这一机制，各方可以发挥自身优势，在技术创新、产品研发和市场应用方面形成合力。这不仅加速了科研成果的转化，也推动了产业技术的进步和产品的创新。在共同开发机制中，如何通过高效的项目管理、合理的分工与合作以及有效的协同机制，确保研究项目的顺利实施和成果的实际转化，是成功的关键。

共同开发机制的核心在于三方合作中的资源整合。高校和科研机构通常具备深厚的理论基础和前沿技术，但缺乏产业化的应用场景和生产能力；企业则具有强大的市场需求、生产能力和产业化经验，但在技术研发上往往不如科研机构和高校具有前瞻性。因此，三者的合作可以有效补充各自的短板。通过共同开发，科研机构和高校能够将前沿的科研成果转化为产品原型或技术方案，而企业则能够为这些技术提供市场应用的实际需求，从而实现技术和产品的双重创新。

然而，要确保共同开发机制的成功实施，各方需要在多个方面达成共识，进行有效的组织和管理。首先，明确合作目标和研究方向至关重要。在合作初期，各方应就项目的研究内容、技术方向以及市场需求进行充分的讨论和规划，确保各方的资源投入和研究目标一致。这种方向上的一致性有助于减少项目过程中可能出现的冲突和资源浪费，确保合作的高效推进。

其次，合理的分工协作是共同开发机制的基础。在这一过程中，企业、科研机构和高校的角色定位和责任分配需要明确。高校和科研机构通常负责基础研究、技术开发和产品原型设计等工作，而企业则负责产品的市场化、生产及推广等环节。因此，明确的分工有助于提高各方的效率，避免重复工作和资源浪费。此外，明确的责任划分能够促进各方在项目中的积极性和投入度，推动合作的顺利进行。

共同开发的成功还依赖于高效的项目管理机制。项目管理不仅仅是对时间、进度和资源的监控，更重要的是协调各方的合作与沟通。项目管理团队需要在研发过程中进行统筹，确保各项工作按照既定目标推进，并及时发现问题、解决问题。这要求项目经理具备跨学科、跨领域的管理能力，能够理解并调动各方资源，确保技术研发、市场需求和生产能力的协调统一。

此外，知识产权和技术成果的归属问题也是共同开发过程中需要特别关注的问题。为了避免因知识产权争议而影响合作的顺利进行，合作各方应在合作初期就明确约定知识产权的归属、专利的申请和共享机制。这不仅有助于保护各方的创新成果，也能促进技术共享和成果转化。在这方面，合理的知识产权管理机制和协议能够确保合作的公平性与透明性，为各方提供足够的激励和保障。

共同开发机制的成功实施，还需要各方在信任和文化上的共同建设。高校、科研机构和企业的工作文化和目标导向不同，因此，在实际合作中，沟通和信任的建立是不可忽视的因素。为了减少文化差异带来的冲突，各方应定期开展沟通交流，建立有效的信息共享平台，确保各方在项目进展中的信息同步和意见反馈。

三、各方合作中出现的问题与解决策略

（一）利益协调问题

在产学研用协同的过程中，各方主体之间由于目标不同、资源差异和利益诉求的多样性，往往会出现利益冲突和摩擦。这些问题如果得不到有效的协调和解决，可能会影响合作的顺利进行，甚至导致合作破裂。因此，如何通过合理的机制设计和措施来协调各方的利益，建立一个公平、透明和可持续的合作关系，是确保产学研用协同机制长期稳定运行的关键。

1. 利益冲突的来源

在产学研用协同过程中，利益冲突的来源主要体现在以下几个方面：

（1）技术成果的知识产权归属问题

高校、科研机构和企业在共同研发过程中，往往会产生技术成果和知识产权。由于这些成果的商业化应用潜力巨大，各方对其知识产权的归属和利益分享产生不同的期望。企业通常希望通过技术转化获得经济回报，而高校和科研机构则更关注其科研成果能够在学术界得到承认和推广。若在技术成果的归属问题上没有达成一致，可能导致合作中断或双方的关系恶化。

（2）资金和资源的分配问题

产学研用协同需要各方投入大量的资金和资源。对于企业而言，合作的目的是获取创新成果和市场机会，因此更关注投入的资金能否得到快速的回报；而高校和科研机构更关注项目的科研价值和社会效益，且它们的资金投入通常来自政府或科研项目的资助。因此，如何平衡各方在资金和资源投入方面的贡献与回报，是一个敏感且易产生冲突的问题。

（3）成果的商业化与学术目标的冲突

高校和科研机构的主要目标是推动科学研究和学术创新，而企业的目标则是实现技术的产业化和市场化。在产学研用协同过程中，可能会发生学术研究成果与商业化进程之间的矛盾。例如，企业可能要求科研机构加快研发进度以满足市场需求，而科研机构则希望根据学术标准进行更深入、长周期的研究。此外，科研成果的商业化过程中，企业对技术的优化和修改可能会与学术界对技术原始性和纯粹性的要求发生冲突。

（4）利益分配的公平性问题

在合作过程中，各方在研发过程中所作的贡献不同，如何公平地分配利益成为一个复杂的问题。高校和科研机构提供的是技术和创新能力，而企业则提供的是市场、资金和生产能力。如何根据各方的贡献合理分配最终的经济利益，是利益协调中的一个核心问题。如果利益分配机制不透明或不公正，容易导致各方的不满，甚至可能导致合作的中断或纠纷。

2. 利益协调的策略

为了有效解决产学研用协同过程中出现的利益协调问题，各方可以采取以下策略和措施：

（1）制定公平合理的合作协议

制定明确、详细的合作协议是解决利益冲突的基础。合作协议应明确各方的权利和义务，包括技术成果的所有权、知识产权的归属、资金的投入和回报机制、项目的进度安排等内容。特别是知识产权的归属和分配应明确规定，避免因后续利益分配产生争议。合作协议还应约定各方的退出机制，以防合作过程中出现无法协调的矛盾时，有效地保护各方的权益。

协议的制定应基于公平、公正的原则，充分考虑到各方在项目中的投入和风险。各方应在协议谈判过程中达成共识，避免一方对另一方产生过多的约束或不公正的要求。通过这种方式，可以在合作初期建立良好的合作关系，并减少后续的冲突和摩擦。

（2）建立有效的利益分配机制

利益分配机制是合作成功的关键。一个公平合理的利益分配机制能够保障各方的积极性和合作的可持续性。首先，利益分配应根据各方的投入比例

进行公正划分。企业、科研机构和高校的投入包括资金、技术、设备和人才等多方面，应确保各方在实际贡献上的差异得到合理体现；其次，利益分配应考虑到合作的长期效益，而不仅仅是短期回报。在技术成果的商业化过程中，虽然企业可能获得直接的经济回报，但高校和科研机构通过技术授权或长期合作等方式，也能够分享部分收益。

此外，利益分配机制还应具有灵活性，能够根据合作的不同阶段进行调整。例如，在初期阶段，科研机构可能投入更多的研发资源，而企业则更多参与资金和市场的投入。随着合作的推进，成果转化阶段可能企业的经济回报增大，而高校和科研机构则可以通过继续参与后续的研究和技术优化获得长期利益。通过这种动态的利益分配机制，可以最大程度上平衡各方利益，确保合作的可持续性。

（3）加强沟通与协商机制

沟通是解决利益协调问题的关键。各方在合作过程中应定期召开协调会议，及时沟通项目进展和遇到的问题。在项目实施过程中，可能会出现预期之外的变化，如市场需求的变化、技术难题的出现或资金投入的不足。通过建立有效的沟通机制，各方可以及时了解对方的需求和难点，调整合作策略和目标。

沟通机制不仅仅局限于定期会议，还应包括信息共享平台的建立和及时的反馈机制。在信息共享平台上，各方可以发布最新的研究成果、技术进展、市场需求等信息，这有助于确保各方在合作中始终保持透明和信任。对于遇到的分歧和冲突，建立有效的协商机制，寻找妥协方案，避免矛盾升级。

（4）建立有效的监管和评估体系

为了确保利益分配的公平性和合作的顺利进行，建立健全的监管和评估体系至关重要。各方应在合作协议中明确规定项目进展的监督和评估机制，以确保合作内容按照既定目标和计划推进。监管机制不仅要关注项目的经济效益，还要关注技术进展和学术价值。定期的项目评估可以帮助各方及时发现问题，并进行调整，从而避免合作出现大的偏差。

此外，监管和评估体系还应确保成果的转化过程透明和公正。通过第三方机构或独立评估团队的参与，可以有效避免由于单一主体的偏袒而产生的不公正行为。评估体系应涵盖项目的整体效益、各方贡献和技术成果的转化情况，确保每个合作伙伴的利益得到公平保障。

（二）沟通机制问题

在产学研用协同的过程中，沟通机制是确保各方合作顺利进行的基础。高校、企业、科研机构和政府之间的合作涉及不同领域的知识和技术，各方的目标、运作方式和文化背景不同，导致沟通障碍和信息不对称问题频繁出现。这些沟通问题如果得不到有效的解决，往往会影响合作效率，甚至导致项目失败。因此，建立一个高效、顺畅的沟通机制，确保信息的及时传递和有效共享，成为确保产学研用协同成功的关键之一。

1. 沟通障碍与信息不对称的根源

在产学研用协同中，沟通障碍和信息不对称问题的出现，通常源于以下几个方面：

（1）不同主体的知识背景差异

高校、科研机构和企业在日常工作中所积累的知识和技能是高度专业化的。高校和科研机构主要从事基础研究和应用研究，强调理论探索、科研创新和技术前沿，往往更关注学术价值和技术突破；而企业则侧重于市场需求和生产效率，更注重技术的可应用性和市场前景。由于这些差异，在合作过程中，各方很难在同一层面上讨论问题，信息的传递和理解往往存在障碍。这种知识背景上的差异容易造成双方在合作初期的沟通困难，导致技术研发进展缓慢，甚至偏离合作目标。

（2）组织文化和运作方式的差异

不同主体之间的组织文化和运作方式也会影响沟通的顺畅性。高校和科研机构的决策流程较为复杂，研究人员和管理层之间的沟通往往受到学术自由和科研计划的影响，缺乏灵活性和高效性；而企业则通常具有较为明确的目标和快速决策机制，且强调市场导向和盈利性。双方在沟通时，可能会因为理念和管理方式的不同，产生矛盾和分歧，影响合作项目的推进。

（3）信息共享的渠道和平台缺失

在许多产学研用合作中，各方常常依赖于传统的线下沟通或单一的信息共享渠道。这种方式通常效率低下，信息更新滞后，且存在信息孤岛的问题。一方面，科研人员和学术团队可能并不及时将研究成果和进展分享给企业，导致技术转化滞后；另一方面，企业则可能没有清晰地向科研机构或高校传达市场需求和技术要求，导致研究方向偏离实际需求。这种信息共享的不畅通会导致各方的目标错位，影响整个项目的进度和质量。

2. 解决沟通机制问题的策略

为了克服沟通障碍和信息不对称问题，需要通过一系列措施来改善沟通机制，确保各方能够及时、准确地传递信息，促进项目顺利实施。

（1）建立跨界沟通平台

建立一个多方参与的跨界沟通平台，是解决信息不对称问题的有效途径。该平台应当具备高度的开放性、灵活性和互动性，能够使高校、科研机构、企业和政府等各方参与者共享信息、互通有无。通过定期召开跨学科的技术研讨会、成果发布会或产业发展论坛等形式，确保各方能够在同一平台上进行交流，增进彼此的理解与信任。

此外，这一沟通平台应通过信息化手段，构建数据共享系统，使各方能够实时访问和更新有关研究进展、技术成果、市场需求等方面的信息。平台可以设立专门的管理和协调团队，确保信息传递的畅通与及时性，避免信息滞后和误传现象。

（2）定期沟通机制与项目管理

为了确保合作项目顺利推进，定期的沟通和反馈机制至关重要。建立定期的项目进展汇报和沟通会议机制，可以帮助各方及时了解项目的进展情况，讨论存在的问题和解决方案，明确后续的工作计划和目标。例如，在项目启动初期，各方可以通过联合召开项目启动会，明确项目目标、任务分工和时间节点；在项目执行过程中，可以定期召开进度评估会议，检查各项任务的执行情况，确保项目按计划进行。定期沟通可以有效避免各方在合作过程中出现信息盲点和决策失误。

此外，项目管理的有效性直接影响沟通机制的建设。各方应根据合作项目的特点，设立明确的项目负责人和管理团队，确保沟通渠道的畅通和信息流动的高效性。项目经理和协调员要负责统筹各方的需求和资源，及时传递信息，解决沟通过程中的瓶颈问题。

（3）建立透明的信息共享机制

信息共享是产学研用协同顺利进行的基础。为了实现有效的沟通，各方应建立透明的信息共享机制，确保项目中的所有信息都能够及时、全面、准确地共享。信息共享不仅仅是技术数据的传递，还包括项目计划、资金使用、成果评估等各个方面。

为了避免信息的滞后和误差，可以采用信息技术手段构建电子化信息共享平台。例如，建立云端数据存储和管理平台，使各方能够通过线上实时更新和查看项目相关信息，确保信息传递的准确性和及时性。平台应具备数据安全保障措施，以防止信息泄露或滥用。

（4）强化人员交流与文化融合

沟通不仅仅是信息的传递，还涉及人与人之间的交流与互动。为了增强各方的信任与协作，组织定期的人员交流活动，促进文化融合，也是解决沟通障碍的重要策略。通过安排双方人员的短期互访、学术交流和实地考察等活动，可以帮助参与方深入了解对方的工作模式、技术需求和企业文化，消除合作中的误解和矛盾。

这种文化融合的过程，可以通过共同的工作体验、技术攻关和项目评审等环节来逐步实现，增强不同主体之间的合作默契，提升沟通的效率与质量。

（三）合作模式的适应性问题

在产学研用协同过程中，合作模式的适应性是确保合作顺利进行和实现预期成果的关键因素。由于合作涉及的各方背景、目标和需求具有多样性，加上外部环境、技术发展和市场变化的不断变化，各方在合作中往往会面临许多挑战。为此，如何根据合作的具体需求和外部环境的变化灵活调整合作模式，成为确保合作成功的重要保障。灵活适应的合作模式不仅能够有效应对文化差异、技术匹配问题，还能帮助各方应对项目周期变化、资源调配等诸多挑战。

1. 合作模式调整的必要性与挑战

合作模式调整是为了应对不同阶段合作中的需求变化，确保合作过程的高效性与目标实现。以下是需要调整合作模式的几种常见原因：

（1）外部环境的变化

外部环境的变化是影响合作模式调整的一个关键因素。外部环境包括政策法规的变化、市场需求的波动、技术的快速进步等，这些都可能直接或间接地影响到合作的方向和内容。随着行业技术的不断发展，尤其是新兴技术的不断涌现，原有的合作模式可能逐渐暴露出无法满足最新需求的局限性。因此，各方需要灵活应对，及时调整合作模式，确保合作的创新性和适应性。外部环境的变化往往要求各方重新评估合作的目标、资源配置和战略方向，从而做出相应的调整。

（2）合作目标和需求的变化

随着项目的推进，合作方的目标和需求会随着项目阶段的变化而发生调整。合作初期，合作方可能更注重技术研发和基础研究，在这一阶段，各方的关注点更多集中在学术研究和技术积累上。但随着项目逐步进入实际应用阶段，尤其是向市场转化过渡时，企业对技术的具体应用场景、商业化前景和市场需求的关注将逐渐增加。与此同时，高校和科研机构可能更多地关注如何实现技术创新、提升科研成果的学术价值。因此，合作模式需要根据项目进展的不同阶段，灵活调整合作的侧重点和形式，以满足各方不同的需求和目标。

（3）合作方之间的文化差异

不同主体在合作中的文化差异，也是影响合作模式适应性的一个重要因素。高校和科研机构通常具有较强的学术文化和科研导向，注重创新、探索和理论研究，倾向于注重长周期的研究与学术成果的积累。而企业则更多关注市场需求、生产效率和产品化进程，强调快速的研发和资金回报。这种文化差异往往使得双方在合作初期产生沟通障碍，甚至在项目推进过程中出现不同的价值观冲突，影响合作的顺利进行。因此，合作模式的适应性必须能够有效解决不同主体间的文化差异问题，确保各方能够在合作中找到共同的语言和合作点。

2. 灵活合作模式的解决路径

为了应对上述挑战，合作模式的灵活调整显得尤为重要。以下是几种有效的解决路径：

（1）阶段性调整与目标对接

合作模式的调整应当根据合作的具体阶段进行灵活设计。在合作的初期，尤其是技术研发和基础研究阶段，各方应专注于技术积累、理论探索和实验验证，建立起长期合作的基础。在这个阶段，可以采取灵活的合作方式，如联合研发平台或实验室，共享科研资源和技术成果，明确知识产权的归属和分配；而在项目进入市场化转化阶段时，合作模式则应更加注重成果的产业化应用，企业应加强对市场需求的掌控，科研机构和高校则需要提供技术支持和应用转化的专业意见。因此，合作模式需要根据不同的阶段需求，动态调整各方的投入和角色定位。

（2）多层次合作模式的设计

为了更好地应对合作中的多样化需求，可以设计多层次的合作模式。不同主体可以根据合作的内容、范围和深度，选择不同的合作形式。例如，对于基础技术的研发，可以采取深度合作模式，共享技术资源和研究成果，确

保各方在技术上的深度融合；对于技术的市场转化和应用，则可以采用更加灵活的合作模式，如技术许可、联合生产或合资企业等。这种多层次的合作模式设计，可以在不同的阶段满足各方不同的需求，同时确保合作的可持续性和创新性。

（3）文化适配与价值观融合

文化差异往往是影响合作模式灵活性的一个重要因素。为了克服文化差异带来的挑战，合作方应在合作初期建立起清晰的沟通机制，确保各方对合作目标、资源投入、知识产权、成果转化等方面有共同的理解。通过定期的沟通与交流，加强对不同文化背景下合作方式的理解，逐步找到适合各方的合作模式。此外，促进跨文化的管理培训和团队建设，也是促进文化适配的重要手段。通过加强人员之间的互动，增进彼此的信任和理解，从而在合作中更好地实现共赢。

（4）灵活的项目管理与动态调整

灵活的项目管理是确保合作模式能够快速适应变化的关键。合作项目通常涉及多个阶段、多个领域和多个合作主体，因此，在项目实施过程中可能会遇到技术调整、市场变化等不可预见的挑战。项目管理团队需要具备高度的灵活性，能够根据项目进展、外部环境和各方需求的变化及时调整合作模式。通过设定明确的项目评估和反馈机制，管理团队可以实时监控项目进展，确保及时解决合作中的问题，避免各方在执行过程中出现偏差。

第三节　协同培养平台建设与运作模式

一、协同培养平台的理论与实操建设

（一）协同培养平台的理论基础

协同培养平台作为教育、产业和科研紧密结合的创新机制，在近年来越来越多的领域中得到了广泛的应用。它通过整合高校、企业、科研机构及其他社会力量的资源，促进教育与实践、学术与产业的深度融合，最终达到提升学生综合素质、推动技术创新和产业转型的目的。协同培养平台的建设，不仅仅是对教育和产业之间的合作模式进行优化，它背后更深层次的是一套教育理念和理论模型的支撑。

1. 教育生态系统理论

教育生态系统理论是理解协同培养平台运作的核心理论之一。该理论源自生态学中的"生态系统"概念，强调教育作为一个系统，包含了多个互相依赖的元素，包括教育资源、学生、教师、家长、社会以及各种相关的教育机构。这些元素相互作用，形成了一个复杂的网络系统，各个环节相互制约、共同进化。

在协同培养平台中，教育生态系统理论被用来构建一个多元、开放和动态的教育环境。高校、企业、科研机构、政府及社会各界力量作为系统的不同组成部分，共同作用于学生的培养过程。通过这种系统性思维，协同培养平台能够有效协调各方资源，促进教育内容的更新和教育模式的创新，进而实现学术与产业的深度融合。例如，高校可以通过与企业的合作，将企业的实际需求和技术进展纳入教育内容中，提升学生的实践能力；企业则能够通过这种平台参与到人才培养过程中，更好地定义和塑造未来所需的人才类型。

教育生态系统理论认为，教育过程不是单一主体的行为，而是多方主体的互动与合作。在协同培养平台中，教育不仅仅是知识的传授，而是多元主体间的互动与共享，最终形成一个共生共赢的环境。这种理论基础为协同培养平台的建设提供了重要的理论支持。

2. 协同效应理论

协同效应理论是协同培养平台建设的另一个重要理论基础。协同效应，简单来说，是指各方在共同合作中产生的效益大于单独行动时的效益之和。

在教育领域，协同效应理论强调，只有通过高校、企业、科研机构及社会力量的紧密合作，才能够产生更大、更广泛的效益。例如，单纯依靠高校的传统教育模式可能无法满足产业发展的需求，企业也可能无法独立培养出高素质的创新人才。而通过协同平台，产业需求、学术研究与教育培养能够形成合力，共同推动人才的培养、技术的创新和社会的发展。

在协同培养平台的建设中，协同效应理论表现为多方面的融合和互动。例如，高校提供理论知识和教育体系，企业提供实践平台和应用场景，科研机构提供前沿技术和创新成果。通过各方优势的互补和资源的共享，不仅能够提高人才培养的质量，还能够推动技术创新和产业发展，最终实现各方的共同目标。协同效应的理论支持了协同平台中的资源共享、优势互补和合作创新，强调了多方合作带来的增值效益。

具体而言，协同效应理论要求各方明确自己的角色与责任，合理分配资源，并通过互信与共享建立长期的合作关系。在协同培养平台的设计与实施中，各方应根据自己的优势和特点，在平台上形成互助合作的关系，从而实现教育、科研和产业的良性循环和共同发展。

3. 教育模式创新的推动

协同培养平台不仅是资源共享和合作的具体体现，也是教育模式创新的重要推动力。在传统教育模式中，教育往往是与社会需求脱节的，尤其是学术界和产业界之间的隔阂较大。教育内容的更新往往滞后于社会需求和技术进步，导致学生在进入社会时，所掌握的知识和技能与实际工作环境之间存在差距。

而协同培养平台通过集成各方资源，推动了教育模式的根本性创新。在协同平台中，教育不再仅仅是通过课程教学传递知识，而是通过与企业、科研机构等实际生产和研究环境的互动，促进学生的知识与实践能力的有机结合。例如，企业可以提供实际的项目和案例，让学生参与其中，不仅能够增加他们的实践经验，还能够增强他们的创新能力。通过这种产学研深度融合的教育模式，学生的综合能力得到提升，毕业后能够迅速适应社会和市场的需求。

此外，协同平台还促进了教育内容和教学方法的多样化。在传统的教育体系中，教学模式往往较为单一，主要以课堂讲授为主。而在协同培养平台中，各方通过共建课程、共同组织实践活动、共同研发教材等方式，使教育内容和教学方法更加灵活和多元化。这不仅丰富了学生的学习体验，也提升了教育的质量和效果。

4. 学术与产业的深度融合

协同培养平台的核心目标之一，就是促进学术与产业的深度融合。教育的最终目的是培养适应社会需求的高素质人才，而产业的发展则需要创新性和实践性强的人才支持。在这一背景下，学术与产业的对接和融合显得尤为重要。

通过协同平台，学术界和产业界能够实现信息共享和资源互补。高校通过与企业和科研机构的合作，将最新的科研成果应用于教学中，保证学生能够掌握前沿的技术和知识；而企业则可以通过协同平台参与到人才培养的全过程，帮助高校调整课程内容，提供实践机会，从而确保培养出的学生能够直接适应产业需求。

此外，协同培养平台还能促进技术创新与成果转化。学术研究往往停留在理论层面，而企业则能够提供将技术转化为实际产品和服务的环境。在协同平台的合作中，学术研究与产业应用的界限逐渐模糊，两者相辅相成，推动技术和产业的共同进步。

5. 协同平台的实施策略

协同培养平台的成功建设离不开科学合理的实施策略。在实施过程中，各方需要达成明确的合作目标，并根据各自的特点和优势制定具体的合作方案。平台的组织结构需要明确，各方应根据其在平台中的角色进行合理的分工与合作。同时，平台的管理和运营也需要高效灵活，能够应对外部环境的

变化和内部需求的调整。通过建立清晰的合作协议和沟通机制，确保各方能够在合作中充分发挥自己的优势，达到共赢的效果。

（二）协同培养平台的建设实践

随着社会对高素质、复合型人才的需求不断增加，传统的单一教育培养模式已逐渐无法满足现代产业的复杂需求。协同培养平台应运而生，它通过整合高校、企业、科研机构及社会各方力量，搭建一个学术与产业深度融合的互动平台，以培养既具备扎实理论基础，又能解决实际问题的复合型人才。然而，在其实际建设过程中，如何从教育的本质出发，深刻理解协同平台的建构路径、设计理念、操作模式，并在这个过程中引入哲学的辩证性思维，成为提升平台建设深度和有效性的关键。

1. 协同平台设计理念的辩证性思考

协同培养平台的设计理念不仅需要结合高等教育的具体要求，更应具备辩证的哲学思维，以应对教育与产业之间的复杂关系。教育与产业的结合，既是二者相互依赖、共同发展的过程，也是它们内在矛盾的统一。通过辩证法的角度来看，平台设计应遵循以下原则：

（1）教育与产业的相互依存与矛盾统一

从辩证法的角度看，教育与产业之间并非对立的两极，而是相互依存的辩证统一体。教育提供了产业所需的人才和创新思维，而产业则为教育提供了实践场景和发展动力。在协同培养平台的建设中，这种辩证关系要求我们既要注重理论与实践的结合，也要认识到两者之间不可避免的张力与矛盾。教育的"纯粹性"与产业的"应用性"并不是绝对对立的，它们通过协同合作，可以在推动产业创新的同时促进教育理念的更新与进步。因此，平台设计应强调在理论知识传授与产业应用之间找到平衡，通过创新教育模式，既保持学术的深度，又能满足产业的即时需求。

（2）知识的积累与创新的辩证互动

协同培养平台不仅要传递已有的知识体系，还要鼓励创新思维的培养。从哲学的角度来看，知识的积累与创新是相互促进、辩证发展的过程。传统教育更多强调知识的传授和积累，但现代产业的发展需要的不仅是已有的知识，更是能够在新环境中创造新知识、解决新问题的人才。因此，平台设计应注重培养学生的创新能力，激发其解决实际问题的创造性思维。这要求平台不仅要提供学科基础知识的学习，还要鼓励学生进行跨学科、跨领域的思维碰撞和创新实践。

（3）开放性与规范性的辩证统一

在协同培养平台的建设中，开放性与规范性之间存在内在的辩证关系。平台必须具备开放性，吸纳来自不同领域、不同背景的合作伙伴，以多元的视角和方法推动教学内容与模式的更新。然而，开放并不意味着完全放任自流，平台的建设仍然需要一定的规范性保障。规范性体现在对培养目标、课程设置、教学方法等方面的统一规划，以及对合作方的行为和责任的明确规定。平台设计要在开放与规范之间寻找到平衡，既避免过度管控，也要防止过于松散，确保各方在自主性与协调性之间形成有效的互动。

2. 协同平台建设的实践路径

协同培养平台的建设不仅仅是理论上的构建，更是一个实践中的动态发展过程。如何根据高等教育的特点，设计与实施平台建设的具体路径，需要从多个层面来探讨：

（1）从教育目标到实践目标的有效转化

平台的建设必须紧密结合教育的核心目标，即为社会培养具有创新能力和实际操作能力的人才。教育目标与产业需求之间的转化，是协同平台建设的首要任务。在实践中，这一转化可以通过以下途径实现：首先，高校应根据社会、行业和企业的需求，重新审视和设计人才培养方案，确保培养目标与实际需求相契合；其次，平台可以通过跨界合作，借助企业和科研机构的资源，补充教育体系中的实践环节，推动学生的创新能力和实践能力的培养。教育目标的转化与产业需求的对接，正是一个辩证的统一体，二者不是孤立的，而是在动态发展中相互促进、相互塑造的。

（2）学术与产业的互动平台

协同培养平台不仅是学术与产业之间的纽带，它更是两者互动的场所。在实际操作中，这种互动不仅仅体现在学生的实践机会和就业岗位上，还应该延伸到科研成果的转化和技术创新的推动。学术界可以通过与企业的合作，获得前沿技术和市场信息，而企业则可以通过与高校和科研机构的合作，获取创新的技术支持和研发成果。学术与产业的互动平台，能够打破学术研究的局限性，推动学术成果更快地转化为生产力，同时也能够帮助企业通过科研的支持解决技术难题，实现科技创新的快速落地。

（3）多方协同的协作机制

平台的建设离不开各方主体的协同合作，如何构建一个高效的协作机制，是平台成功的关键。在操作层面，协作机制需要通过一系列有效的制度安排来保障，如建立明确的责任分工，确保各方在合作中的角色定位清晰；构建信息共享平台，确保各方之间的信息流动及时、准确；制定评估与反馈机制，及时了解项目进展并根据反馈进行调整和优化。协作机制的建立应尊重各方的利益诉求，同时加强协调和管理，防止因利益冲突或沟通不畅导致合作难以持续。

3. 协同平台的可持续发展

协同培养平台的可持续发展不仅要求在资源的配置上做到合理，还需要在理念和管理上具有前瞻性。可持续性是平台建设的内在要求，而实现这一目标的关键在于以下几个方面：

（1）持续的资源投入与创新驱动

协同培养平台的可持续性，首先依赖于持续的资源投入。这些资源不仅包括资金支持，还包括人才、技术和知识的持续创新。平台建设方需要根据市场需求和技术发展趋势，定期调整平台的资源投入和配置，以保持平台的竞争力和创新力。

（2）灵活的管理机制

平台的可持续发展还需要灵活的管理机制来支撑。通过定期的评估与反馈，平台管理层可以根据外部环境变化及时调整平台的合作模式、管理策略以及运营模式。灵活的管理机制不仅能够应对快速变化的产业需求，还能保障各方利益的平衡，推动平台长期稳定发展。

（3）制度化保障

制度化保障是平台可持续发展的另一重要支撑。通过建立科学的管理制度和合作协议，明确各方在平台中的责任与义务，确保各方合作的长效性。制度化的保障能够有效防止利益冲突和沟通障碍，保证平台的运营不受外部因素的过度干扰。

二、协同培养平台的多样性与创新性

（一）线下合作平台的建设与优势

在当今高等教育发展过程中，理论与实践的结合已成为人才培养的重要方向。尽管在线学习和虚拟实践平台逐渐得到广泛应用，线下合作平台依然在实践教学中占据重要地位。通过线下合作平台，如实践教学基地、企业孵化器等形式，不仅能够为学生提供宝贵的实践机会，帮助其提升实际操作能力，还能促进高校、企业和科研机构之间的深度合作。这种合作模式不再是单纯的教育和产业之间的知识传递，而是通过互动和共同发展，在多方主体之间架起了创新与实践的桥梁。

1. 线下合作平台的建设

线下合作平台的建设是高等教育与社会实际需求对接的基础。通过构建实践教学基地、企业孵化器、实验室以及其他形式的实体平台，可以为学生

提供更加丰富和接地气的实践机会，从而提升其操作能力、创新能力以及解决实际问题的能力。

（1）实践教学基地

实践教学基地是高校与企业、科研机构合作的重要载体。它不仅能够为学生提供真实的行业背景和工作环境，还能为教师提供更新的行业知识和科研方向，促使高校教学内容与行业需求保持一致。实践教学基地的建设通常包括两个方面：一是学生可以在实践基地中通过参与项目、实习、实验等活动，掌握专业技能，增加对行业的理解；二是通过与行业专家、企业导师的互动，培养学生的团队协作能力、沟通能力以及解决实际问题的能力。

在实践教学基地的设置过程中，除了基础的设备和技术支持外，还需要根据合作企业的需求来定制教学内容和形式。实践教学基地的成功建设，不仅有助于学生的职业素养提升，还能直接推动高校课程的改革，使其更加符合产业界的需求。

（2）企业孵化器

企业孵化器作为一种新的线下合作平台形式，为学生提供了一个从理论到实践、从学习到创业的全过程支持系统。通过与企业的深度合作，企业孵化器为学生提供了一个创业实践的舞台，同时也为企业提供了创新人才和技术支持。高校可以依托企业孵化器建设创业课程、创新项目和科技研发平台，使学生不仅能够获取知识，还能通过参与项目开发、市场调研等工作，获得实践经验。

企业孵化器不仅是人才培养的重要基地，也是科技创新和创业文化的培育环境。通过与创业导师、企业家的密切合作，学生能够在真实的市场环境中锻炼其创业思维与实际操作能力。而这种合作模式，能够有效促进高校与企业的资源互换与技术共享，从而推动产业与教育的深度融合。

（3）企业与科研机构的联合实验室

除了实践教学基地和企业孵化器，企业与科研机构联合实验室的建设也是线下合作平台的重要组成部分。在联合实验室中，高校与企业、科研机构共同进行技术攻关和产品研发。高校的教师和学生可以参与实际的科研项目，获得实践经验，而企业则可以获得最新的科研成果，为自己的生产和技术升级提供支持。

联合实验室的建设不仅促进了高等教育资源与企业资源的有效整合，还推动了技术的实际应用和产业化。通过这种方式，学生在参与实验室研究时，能够体验从技术研究到产品开发的全过程，锻炼其创新能力和技术应用能力。

2. 线下合作平台为学生提供实践机会

线下合作平台的最大优势之一是它能够为学生提供丰富的实践机会，让学生在真实的工作环境中锻炼自己的实际操作能力。这种实践经验的积累，对学生未来进入职场至关重要，能够帮助学生更好地了解行业动态，提升其综合素质。

（1）真实的工作场景

在线下合作平台中，学生能够在企业实际工作场景中进行实习、见习，参与到实际的生产和研发过程中。通过这种方式，学生不仅能学到书本上无法获得的实战经验，还能深刻理解自己所学专业的实际应用，真正把理论知识转化为解决问题的能力。例如，学生在企业的实习过程中，不仅要运用所学的专业技能，还需要与团队成员进行沟通协作、参与项目管理等工作，这些经验在进入职场后将成为他们宝贵的财富。

（2）跨学科、跨领域的综合能力培养

线下平台为学生提供了与不同领域、不同学科的人才合作的机会。尤其是在一些跨学科的合作项目中，学生能够学会如何在多元化团队中发挥作用，培养跨学科的综合能力。这种能力不仅对其学术发展有益，更能在未来的职业生涯中大大增强他们的竞争力。

（3）创新与创业意识的培养

在企业孵化器和联合实验室等平台上，学生不仅能获得实践机会，还能在一定程度上参与创新项目的孵化与推动。通过与企业、科研机构的合作，

学生能够学习到创业所需的各类技能，如商业计划书的撰写、市场调研、融资等。这些能力将有助于学生将来独立创业或在企业内进行创新工作。

3. 线下合作平台促进深度合作

线下合作平台不仅是学生实践的场所，更是高校、企业和科研机构之间加强合作的重要载体。通过共同建设、资源共享和技术协同，线下平台能够推动各方合作向更高层次、更深层次发展。

（1）高校与企业之间的资源互换

高校与企业的合作不仅仅体现在人才培养方面，还包括资源的互换与技术的共享。企业可以为高校提供先进的生产设备、市场调研数据、行业动态等，而高校则可以为企业提供最新的科研成果和技术创新。在这种合作中，企业能够直接受益于高校的科研成果，而高校也能够借助企业的市场经验、生产能力和技术支持，更好地推动科研成果的转化。

（2）科研机构的技术支撑与创新推动

科研机构作为技术创新的重要力量，在与高校和企业的合作中，可以通过提供技术支撑、技术转让等方式，推动合作项目的深入开展。通过与高校的联合研究和与企业的技术合作，科研机构能够实现技术从实验室到市场的转化，推动整个行业的技术进步。同时，这也为学生提供了参与科研的机会，培养了其科研能力和创新意识。

（3）多方合作促进教育创新

通过线下合作平台的建设，能够将不同类型的教育资源整合起来，推动教育模式的创新。高校、企业和科研机构的深度合作不仅有助于提升人才培养质量，还能促进教学内容和教学方法的不断创新。在这种多方合作的模式下，教育不仅是知识的传授，更是能力的培养和创新思维的塑造。

（二）线上平台的建设与创新

随着信息技术的迅猛发展，线上平台已经成为现代教育不可或缺的重要组成部分。在协同培养平台的构建中，线上平台的建设不仅能够为学生提供灵活多样的学习途径，还能够跨越时空限制，推动教育资源的共享与合作，拓展协同培养平台的功能和影响力。通过在线学习、远程合作、虚拟实验室等手段，线上平台为高校、企业和科研机构之间的合作提供了更加便捷和高效的方式。

1. 线上平台建设的关键要素

线上平台的建设不仅仅是技术手段的实现，更是教育模式和合作方式的创新。它通过技术手段打破了传统教育的时空局限，推动了协同培养模式的普及。线上平台的建设可以从以下几个方面进行：

（1）在线学习平台的建设与发展

在线学习平台是线上教育的核心，提供了学生自主学习和教师远程教学的基础设施。通过在线学习，学生可以随时随地访问课程资源，参与在线讨论和互动，极大地提升了学习的灵活性与便捷性。与传统课堂教学相比，在线学习可以更好地满足不同学生的学习需求，尤其是在专业课程、技能培训以及跨学科知识的整合上，具有显著优势。

在线学习平台不仅支持传统的文字、图片、视频等多种形式的教学内容，还可以通过即时反馈、评估和互动来提高学习的效果。教师可以根据学生的学习情况，及时调整教学策略；学生则可以根据自己的进度选择学习的内容与方式。这种个性化的学习路径有效提升了学生的学习动力，并促进了自主学习能力的提升。

（2）远程合作与虚拟团队建设

在线平台还为学生和企业、科研机构之间提供了更广阔的远程合作机会。通过搭建远程协作工具和虚拟团队平台，学生可以与全球范围内的导师、企业导师以及同学进行项目合作、技术讨论和信息共享。远程合作打破了时间和空间的限制，使得跨地域、跨文化的协同工作成为可能。在协同培养平台中，学生可以与来自不同国家或地区的专家共同合作，进行技术研发、数据分析、创新设计等任务，从而在实践中提升其全球化视野和跨文化沟通能力。

例如，某些学科或专业的合作项目可能涉及多个国家或地区的科研资源和技术力量，线上平台通过提供云端项目管理和任务分配工具，使得各方可以在不同时间、不同地点共同推进项目的进展。这种跨时区、跨地域的远程合作，不仅拓宽了学生的国际视野，还使得协同培养平台具备了更强的适应性和灵活性。

（3）虚拟实验室与模拟环境

虚拟实验室和模拟环境为学生提供了在线操作、实验和仿真练习的机会。由于某些学科领域的实验操作对设备、场地或安全有较高的要求，传统的实验教学面临一定的限制。而虚拟实验室则能够通过虚拟现实、增强现实等技术模拟实验环境，学生无需进入物理实验室即可进行实验操作。虚拟实验室不仅为学生提供了动手实践的机会，还能帮助其理解复杂的理论和实验过程。

虚拟实验室的优势还在于能够随时随地进行实验操作，消除了传统实验室开放时间和场地的限制。此外，通过虚拟实验，学生可以在无风险的环境中进行反复练习，提升其动手能力和创新思维。例如，在化学、物理或工程领域，学生通过虚拟实验可以进行多次实验，观察不同条件下的反应或过程变化，从而加深对学科的理解。

2. 线上平台的优势与创新性应用

线上平台作为协同培养平台的一部分，具有多方面的优势，尤其在全球化和信息化背景下，其创新性应用显得尤为突出。

（1）全球化背景下的资源共享与知识传播

在全球化背景下，线上平台打破了地域限制，为教育资源的共享与知识传播提供了新的路径。通过线上平台，世界各地的高校、企业和科研机构能够共享课程资源、科研成果、技术平台等内容，促进了全球范围内的教育合作和创新。特别是在技术、医学、环境科学等学科领域，跨国合作成为提高科研效率、推动技术发展的重要方式。

例如，学生可以通过线上平台访问全球知名高校和科研机构的公开课程或讲座，学习最前沿的知识与技术。同时，线上平台也为不同国家的学生提供了更多的合作机会，学生可以参与国际化的课题研究，拓宽其学术视野和科研能力。这种跨国界、跨文化的合作模式，不仅提升了教育的国际化水平，也有助于培养具有全球竞争力的人才。

（2）信息化背景下的个性化学习与实时互动

信息化时代下，线上平台能够通过大数据、人工智能等技术手段为学生提供个性化学习体验。平台通过数据分析，可以根据学生的学习进度、兴趣和能力定制个性化的学习内容和任务。这种个性化的学习方式能够最大程度地激发学生的潜力，使其在学习过程中充分发挥主观能动性，达到更好的学习效果。

同时，线上平台的实时互动功能使得学生可以随时与教师、同学、企业导师等进行交流与讨论，解答学习中的疑问，分享学习成果，增进合作。这种互动形式不仅有助于提高学习的质量，还能促进学生之间、学生与教师之间的思维碰撞和知识分享。

（3）灵活性与可扩展性的创新应用

线上平台的灵活性和可扩展性，使其能够根据不同学科的需求进行定制与调整。无论是大规模的在线开放课程（MOOCs）、专题研讨会，还是虚拟实验、远程实习等活动，线上平台都能够提供多样化的学习内容与互动形式。此外，线上平台的技术架构可以支持各类功能的扩展，如云存储、大数据分析、人工智能等，使平台能够不断创新和迭代。

例如，在特定学科的学习中，线上平台可以通过提供高质量的虚拟实验、数据分析和模型构建等功能，帮助学生进行更深层次的技术学习与科研探索。在全球性问题如气候变化、公共卫生等领域，线上平台的创新应用也能让不同背景的学生和科研人员聚集一起，通过线上合作解决复杂的跨学科问题。

3. 线上平台的挑战与应对策略

尽管线上平台具有多重优势，但在实际应用中，也面临着一些挑战，主要表现在技术、资源、管理等方面。

（1）技术挑战

线上平台的成功运行依赖于稳定的技术支持，但由于网络安全、数据隐私等问题，平台的安全性和稳定性成为其面临的重要挑战。此外，在线学习和远程合作的技术需求较高，需要提供高质量的网络带宽和互动功能。为了应对这些挑战，平台建设方应当不断优化技术架构，确保平台的高效、安全运行。

（2）资源配置挑战

线上平台的资源配置需要充分考虑教育内容的质量与深度。虽然平台能够提供广泛的学习资源，但如何确保这些资源具有高质量和专业性，是一个需要解决的问题。为此，高校、企业和科研机构应当加强合作，共同制定优质课程和科研内容，并确保平台的教学资源与实践需求紧密结合。

（3）学习效果评估挑战

线上平台的学习效果评估存在一定困难，因为学生在虚拟环境中进行学习，教师很难像传统课堂一样进行直接的观察和管理。因此，需要依靠数据分析和智能评估工具，对学生的学习过程进行全程监控和评估。

（三）线下与线上平台的结合模式

线下与线上平台的结合模式是现代教育改革中的一个重要发展趋势，它有效地整合了传统教育和信息技术的优势。通过将线下与线上教育资源进行互补和融合，可以创造出一种更加灵活、高效、个性化的学习环境。尤其在高等教育和协同培养平台的构建中，线下和线上平台的结合，不仅提升了教育的覆盖面和可达性，还能够更好地满足学生、教师和企业等各方的多样化需求，从而推动人才培养的质量和效率提升。

首先，混合式教学模式（Blended Learning）是最典型的线下与线上平台结合的方式之一。在这种模式下，传统的线下课堂教学与线上学习相辅相成，形成一个灵活、互动的学习体系。在线上平台上，学生可以通过自学、观看教学视频、参与在线讨论等形式，随时随地获取知识，灵活安排自己的学习进度。线下课堂则侧重于更为深入的知识讲解、案例分析、团队合作和技能实践等内容。线下课堂的互动性和实践性，为学生提供了更加直观的学习体验和更多的社交互动机会，有助于培养学生的思辨能力和团队协作精神。而线上学习的开放性和灵活性，解决了时间和空间的局限，使得学生可以根据个人兴趣和学习需求自主选择和深入探讨感兴趣的领域，提升了学习的个性化。

其次，虚实结合的协同创新模式是另一种成功的结合模式。在这一模式中，线上平台为学生提供了海量的学习资源和互动工具，如虚拟实验室、在线模拟系统、电子书籍、学术论文数据库等；而线下平台则通过实际的实验、项目开发、行业调研等形式，将学术与实践相结合，增强学生对知识的理解和应用能力。虚拟实验室和模拟系统可以为学生提供跨学科的实验和技术训练，特别是在一些高成本、高风险的实验领域，虚拟实验能够有效弥补线下实验资源的不足，同时降低实验过程中的安全隐患。在线平台还可以为学生提供全球范围内的科研资源和实践机会，扩大了学生的视野和学习范围。在这种虚实结合的模式下，学生既能体验到真实的行业背景和工作场景，也能通过线上平台随时获取前沿的技术、最新的学术成果，从而实现学术研究与产业创新的深度融合。

线下与线上平台结合的优势不仅体现在教学方法的创新上，还能在促进高校、企业与科研机构之间的深度合作方面发挥重要作用。通过线上平台，企业和科研机构可以更加便捷地与高校共享资源，如在线课程、科研数据、技术平台等。企业可以根据自身需求与高校共同开发课程或项目，为学生提供更具针对性和实用性的培养内容。高校也能通过线上平台迅速获得行业的最新需求和发展动态，从而及时调整教学方向和课程设置。这种跨界合作不

仅能够提高教育的针对性和实践性，还能够促进技术创新和产业发展，实现各方资源的最大化利用。

然而，线上与线下平台结合的过程中也面临一定的挑战。首先，技术层面的不平衡可能影响平台的建设和使用。虽然信息化技术的发展为线上教育提供了丰富的支持，但不同地区、不同院校的技术基础设施差异较大，可能导致一些学校在实现线上教学时存在困难。其次，教师和学生的适应问题也需要考虑。部分教师可能对在线教学平台的使用不够熟悉，缺乏有效的线上教学经验，可能影响教学质量；而部分学生则可能因为学习自主性较差，导致在网上学习的积极性和效果不高。因此，在实现线下与线上结合时，如何充分利用技术优势并培训教师和学生，确保教学质量和学习效果，是必须解决的关键问题。

综上所述，线下与线上平台的结合模式为协同培养平台的发展提供了新的机遇。通过混合式教学模式、虚实结合的协同创新模式等，能够实现教育资源的优化配置，推动高校、企业和科研机构之间的深度融合，提升人才培养的质量和效益。尽管在实施过程中存在一些挑战，但随着信息技术的进步和教育改革的不断深入，线上与线下平台的结合将为教育模式的创新提供更多可能，并为学生培养更多具备创新能力和实践经验的复合型人才。

三、协同平台的运行模式与评估体系

（一）跨学科协作模式

跨学科协作在现代高等教育中已经成为促进知识融合和创新能力提升的重要方式。在协同培养平台中，跨学科协作的应用尤为关键，因为它通过打破学科壁垒，为学生提供了综合性的知识视角，增强了创新和实践能力。以下内容将深入探讨跨学科协作的意义、机制构建及其在实践中的具体应用。

1. 跨学科协作的意义与价值

跨学科协作的核心在于整合多个学科的知识、方法和视角，形成一种更为系统化的学习和研究方式。传统的单一学科教育虽然在专业深度上具有优势，但在解决复杂问题时却往往力不从心。跨学科协作通过将不同学科的知识体系和方法论结合起来，能够更好地应对实际问题的复杂性。

首先，跨学科协作有助于学生创新能力的培养。面对复杂的社会和产业问题，仅依靠单一学科的知识难以找到全面的解决方案。通过跨学科的学习和实践，学生可以从多角度分析问题，从而激发创造力，形成更具创新性的解决思路。其次，跨学科协作能够提升学生的团队协作能力。跨学科团队中，成员来自不同学科背景，需要通过有效的沟通和协作实现目标，这一过程可以显著增强学生的跨领域合作能力。最后，跨学科协作还能够拓宽学生的知识视野，帮助他们在复杂的知识体系中找到更清晰的定位。

2. 跨学科协作机制的构建

要在协同培养平台中有效实现跨学科协作，必须构建完善的协作机制。以下是构建跨学科协作机制的关键要素：

（1）跨学科课程设计

课程是跨学科协作的核心载体。通过设计涵盖多个学科内容的课程，可以为学生提供跨学科学习的机会。例如，在经管类专业中，可以开设结合管理学、数据科学和人工智能的课程，让学生在掌握管理知识的同时学习数据分析技术。此外，项目式课程也是一种有效方式。通过引入跨学科的实际项目，学生可以在实践中学习如何整合不同学科的知识。

（2）多元导师指导体系

多元导师制是跨学科协作的重要保障。在这一体系中，学生的学习和研究由来自不同学科领域的导师共同指导。这样的安排可以帮助学生从多学科的角度理解问题，同时确保他们在具体领域的学习深度。

（3）跨学科团队建设

在协同培养平台中，跨学科团队的组建至关重要。这些团队通常由来自不同学科背景的学生和导师组成，通过共同承担项目任务，促进知识和技能的共享与整合。在团队建设中，需要特别关注团队成员的角色分工和沟通机制，以确保协作的高效性和成果的最大化。

（4）协同研究与创新平台

一个高效的协同研究平台可以为跨学科协作提供技术和资源支持。例如，搭建线上协作平台可以让学生和导师随时共享资源、交流观点。此外，线下的创新实验室和研究中心可以为跨学科团队提供必要的物理空间和技术设备。

（5）评估与激励机制

为了确保跨学科协作的有效性，还需要设计科学的评估与激励机制。例如，可以通过团队项目成果展示、跨学科论文发表等方式对学生的学习效果进行评估。同时，设立跨学科协作奖学金或优秀团队奖励，也可以激励更多学生参与这一模式。

3. 跨学科协作的实践应用

在实践中，跨学科协作模式已在协同培养平台中取得了一定成效。例如，某些高校在经管类人才培养中引入了基于真实商业问题的跨学科项目。学生需要运用管理学的知识制定战略方案，同时结合数据科学进行市场分析，并利用设计思维优化客户体验。通过这样的项目，学生不仅能够提高解决问题的能力，还能积累跨领域的实践经验。

此外，跨学科协作还可以通过联合研究的方式实现。例如，高校可以联合企业和科研机构，围绕某一产业热点开展跨学科研究项目。在这一过程中，高校的学术资源与企业的实践经验相结合，可以推动理论创新与技术应用的同步发展。同时，学生在这一过程中能够接触到多方资源，形成更全面的能力体系。

4. 推动跨学科协作的未来路径

尽管跨学科协作模式已经显示出明显的优势，但其推广与实施仍面临一定挑战，如学科壁垒、资源分配不均和协作效率不足等。为此，需要进一步优化跨学科协作的路径：

（1）推动政策支持与资源整合

高校应在政策层面鼓励跨学科课程的开设，并为跨学科团队提供专项资源支持。此外，可以通过建立跨院系的合作机制来打破学科壁垒。

（2）加强教师的跨学科能力培养

为了更好地指导学生，教师自身也需要具备跨学科的视野和能力。高校可以通过组织跨学科培训、开展教师进修项目等方式提升教师的能力。

（3）强化企业与高校的跨学科合作

企业在跨学科协作中扮演着重要角色。通过与企业共建跨学科实验室或联合开展创新项目，高校可以为学生提供更加多样化的实践机会。

（4）提升协作技术平台的智能化水平

借助人工智能和大数据技术，可以进一步优化协作平台的功能，提升跨学科团队的工作效率。例如，通过智能推荐系统为学生匹配合适的导师或团队成员。

（二）双导师制的应用与挑战

双导师制作为协同培养平台中的重要机制，旨在通过校内导师和企业导师的共同指导，充分整合高校的理论资源与企业的实践资源，为学生提供全面的培养方案。这一模式不仅能够帮助学生深化理论学习，还能提升其职业能力和实践素养。然而，双导师制的实施也面临着一定的挑战，需要通过科学的机制设计和合理的解决策略来实现其价值。

1. 双导师制的作用与价值

双导师制的核心在于通过多元化的指导方式，全面提升学生的综合素质

与职业能力。校内导师与企业导师的联合指导能够有效整合高校与企业的资源优势，促进学生在理论与实践之间实现平衡。

（1）促进理论与实践的结合

校内导师通常具备扎实的学术背景，能够帮助学生在学术研究和理论学习方面打下坚实的基础。而企业导师则拥有丰富的行业实践经验，能够将前沿的产业知识传授给学生。在双导师制下，学生既能掌握学术理论，又能接触行业动态，从而更好地适应职业发展的需求。

（2）提升学生的职业能力

企业导师可以在指导过程中为学生提供实践机会，例如参与企业项目、实习计划或实际案例分析。这不仅增强了学生的职业技能，还帮助他们建立了与行业相关的职业网络。同时，双导师的共同指导也能帮助学生明确职业目标，为未来的职业发展奠定方向。

（3）丰富个性化培养方案

双导师制可以根据学生的兴趣和需求，设计更加个性化的培养方案。例如，校内导师可以帮助学生确立研究方向，而企业导师则可以从实践角度提供针对性指导。这种定制化的培养模式能够最大程度地满足学生的成长需求。

2. 双导师制的挑战

尽管双导师制在培养经管类人才方面显示出诸多优势，但在实际应用中也面临一定的挑战。这些挑战主要体现在导师角色的协调、指导方案的统一以及资源的有效利用上。

（1）导师角色的协调

校内导师与企业导师的背景和关注点往往存在较大差异。校内导师更注重学术研究和理论深度，而企业导师则倾向于实践经验和实际操作。在这种情况下，如何协调两位导师的角色，使其各司其职并形成合力，成为双导师制实施的关键问题。

（2）指导方案的统一性

由于校内导师和企业导师在指导方式和目标上的差异，可能导致学生在学习过程中感到困惑或方向不明。例如，校内导师可能要求学生专注于某一理论研究，而企业导师则希望学生更多参与实践活动。这种分歧可能会影响学生的学习效率和体验。

（3）资源分配与激励机制

双导师制需要协调高校和企业之间的资源投入，而资源的不均衡分配可能导致双导师制的运行效率下降。此外，企业导师在指导过程中需要投入大量时间和精力，如果缺乏合理的激励机制，可能会影响其积极性。

3. 双导师制的解决策略

针对上述挑战，可以从以下几个方面采取措施，优化双导师制的运行模式。

（1）建立导师间的协同机制

通过定期举办校内导师与企业导师的交流会或协作会议，可以加强两位导师之间的沟通与协作。在制订培养计划时，校内导师和企业导师可以共同讨论学生的培养目标，明确各自的职责与任务，确保指导工作的高效性和一致性。

（2）设计统一的培养方案

为了避免学生在学习过程中因导师意见分歧而产生困惑，可以由高校制定统一的培养方案框架，同时允许导师根据学生的个性化需求进行调整。这种方式既能保证培养的统一性，又能为学生提供灵活性。

（3）优化资源分配与激励机制

高校和企业应共同投入资源，为双导师制的实施提供保障。例如，可以设立专项经费，用于支持导师的指导活动。此外，可以通过授予企业导师荣誉称号、提供经济奖励等方式，激励企业导师积极参与指导工作。

（4）引入第三方评估机制

为了保证双导师制的质量，可以引入第三方评估机制，对导师的指导效果进行定期评估。评估内容可以包括学生的学习成果、导师的指导反馈以及校企合作的效果等。评估结果不仅有助于发现问题，还能为双导师制的改进提供参考。

4. 双导师制的实践案例与展望

在一些高校中，双导师制已经成为协同培养平台中的重要组成部分。例如，某些经管类专业的硕士研究生项目采用了校内导师与企业导师共同指导的模式，学生在完成学术研究的同时，能够参与企业的实践项目。这种模式不仅提高了学生的学术能力和实践能力，还增强了学生的就业竞争力。

（三）项目导向课程与实践教学模式

项目导向课程是协同培养平台中具有显著实践价值的教学方式，通过项目驱动的形式，学生能够在完成任务的过程中将理论知识应用于实践情境。这种模式不仅培养了学生的实践能力，还强化了他们解决复杂问题的能力，同时为学生与企业之间的联结提供了有效途径。以下从实施意义、关键环节以及优化策略三个方面进行详细探讨。

1. 项目导向课程的实施意义

项目导向课程的实施为学生提供了全面发展的机会，尤其是在协同培养平台中，其作用尤为突出。首先，这种课程以实践为核心，让学生直接接触到真实或模拟的项目，从而提升他们的动手能力。例如，在设计"有爱的包装盒"项目时，学生不仅需要运用数学知识计算体积和面积，还需要结合美学设计出吸引人的外观，这个过程中实践能力和创新能力得到了同步提升。通过完成类似市场调研、商业计划书等任务，学生能够在实际操作中将理论知识转化为实际技能。

其次，该模式强调复杂问题的解决能力。学生需要从问题分析、计划制定到最终执行的全过程中，不断锻炼自己的逻辑思维和决策能力。例如，在"故宫十二时辰"项目中，学生通过角色扮演和团队合作深入挖掘历史文化背景，并用现代技术手段完成虚拟展示，实现了跨领域知识的整合与复杂问题的解决能力的培养。

此外，项目导向课程通过与企业的深入合作，使学生得以了解行业动态并建立职业网络，为其未来职业发展奠定了基础。例如，一些高校与企业合作设计课程，让学生参与真实的产品开发或市场推广项目，直接感受产业环境的变化，并从企业导师的指导中了解实践中的关键技能要求。

2. 项目导向课程的关键环节

项目导向课程的成功实施依赖于多个环节，其中项目选择和任务设计是决定课程效果的核心因素。

项目的选择是项目导向课程的基础，其质量直接影响教学效果。优质项目需具备以下特点：首先，实践性是项目选择的核心要求，项目内容需贴近实际问题，并以企业需求为导向。例如，学生在参与企业运营优化的过程中，通过市场调研和数据分析提出优化方案，不仅能够感受到真实产业环境中的挑战，还能增强职业适应能力。其次，关联性是确保教学目标实现的关键，项目内容必须与课程目标紧密相关。以市场营销课程为例，项目可以围绕消费者行为分析、广告策划等方面展开，让学生在实践中巩固所学知识。最后，挑战性是激发学生学习动力的重要条件。项目内容需适当超出学生现有能力水平，但又不能过于复杂，以免让学生感到挫败。通过科学选择项目，学生既能获得实际经验，也能实现能力的全面提升。

在任务设计上，需要将复杂项目分解为清晰的阶段性任务，以便学生逐步完成并从中学习。例如，在"我是鸟类学家"项目中，任务设计分为调研鸟类栖息地、模拟新鸟种设计以及撰写研究报告三个阶段，每个阶段都有明确的目标和成果导向。团队协作是任务设计中不可或缺的一环，任务的分工需促进团队成员之间的沟通与合作。例如，可以将项目划分为调研、分析和方案制定等模块，通过合理分工提高整体效率。此外，多学科融合是任务设计的一大亮点，通过结合不同学科的知识，让学生能够提供更具创新性的解决方案。例如，在商业分析项目中，学生可能需要结合管理学、数据科学和心理学的知识，为项目增添多样化视角。

3. 优化项目导向课程的策略

尽管项目导向课程在培养学生综合能力方面成效显著，但其实施过程中仍面临一些挑战，如项目设计的难度、学生参与度的差异以及教师指导能力的不足。针对这些问题，可以从以下几个方面进行优化。

首先，加强校企合作是提升课程质量的关键。通过与企业深度合作，高校可以获得更多真实的项目资源，并让企业参与到项目设计和评估过程中，从而使课程内容更加贴合实际需求。例如，某市推动项目化学习，通过校企合作将实际业务问题引入课程，为学生提供基于真实需求的学习场景，有效提升了课程的实践性。

其次，完善评估机制是反映学生学习效果的重要保障。除了最终的项目成果，评估还应覆盖学生在项目过程中的参与度、团队合作表现和个人反思，确保评估能够真实反映学生的综合能力。例如，在阶段性评估中，学生不仅提交项目报告，还需通过展示和答辩说明其完成过程及创新思考。

再次，借助技术支持可以大幅提升项目实施的效率。例如，在线协作平台可以帮助学生和导师实时共享信息，智能分析工具则为项目数据提供更科学的支持。在某些高校，通过在线平台实现了团队之间的远程协作，使跨区域项目合作成为可能，并在技术支持下显著提升了工作效率和成果质量。

最后，高校还应强化教师能力建设，通过定期组织教师培训，帮助教师掌握项目管理和实践教学的关键技能。通过这种方式，教师能够更好地指导学生，提升课程的整体实施效果。

（四）协同平台的评估体系

协同平台的评估体系是确保平台高效运行和优化调整的核心工具，其建立需要从评估标准的设定、评估方法的选择到结果的应用进行全面设计。科学的评估体系能够帮助管理者准确了解平台的运行状况，发现不足并及时调整策略，从而提升平台的整体运行效率。

评估体系的设计需要遵循科学性、全面性和可操作性原则。科学性体现在指标的设计上，应以平台的核心目标和功能为基础，反映其实际运行效果。全面性要求评估体系覆盖平台运行的关键维度，包括用户参与度、资源利用效率、成果产出质量和用户满意度等方面。可操作性则确保评估体系易于实施，能够以低成本获取高效反馈，避免对平台运行造成额外负担。

在评估标准的设定上，需结合平台的实际功能和参与主体进行精细化设计。用户参与度是评估体系的重要内容，包括各类主体在平台上的活跃程度和使用深度。资源利用效率则衡量平台资源是否得到了充分利用，以及配置是否合理。成果产出质量关注平台运作带来的实际效果，例如学习成果、研究成果或协作成果的数量和质量。此外，用户满意度则通过调查或访谈，全面了解平台在功能性和体验性方面的表现。

评估方法应结合定量和定性两种方式，以确保评估结果的全面性和准确性。定量评估通过数据采集和分析来反映平台的客观运行状态，如登录频率、任务完成率、资源使用频率等。定性评估则通过调查、访谈或小组讨论等方式获取用户的主观反馈，挖掘平台运行中的潜在问题和改进需求。定量方法提供了数据支撑，而定性方法则帮助管理者深入理解问题背后的原因，两者结合能够全面反映平台的运行状况。

评估结果的应用是评估体系的核心目的，通过合理利用评估结果，可以优化平台策略、提高资源配置效率并增强用户体验。首先，评估结果可以帮助管理者识别平台的薄弱环节，并针对性地优化运行策略。其次，分析资源利用情况可以避免资源闲置或浪费，提升整体配置效率。此外，通过用户反馈能够发现平台在功能设计上的不足，从而推动技术优化和服务升级。最后，评估体系能够确保平台始终适应外部环境和用户需求的变化，为其长期可持续发展提供保障。

协同平台的评估体系是平台管理与优化的重要手段，通过设定科学合理的评估标准、采用高效的评估方法以及有效应用评估结果，可以全面提升平台的运行效率和服务质量。随着技术的不断进步，评估体系将逐步实现智能化，为平台的持续优化提供更有力的支持，并确保其在协作、教育和多方资源整合中发挥更大的作用。

第四章　经管类人才培养的课程设置与教学方法

第一节　经管类专业的课程设置现状与优化路径

一、经管类课程设置的现状与问题分析

（一）当前经管类课程设置的基本框架

经管类课程设置是高等教育中至关重要的组成部分，尤其是在培养未来的管理人才、经济学家以及各类跨领域复合型人才方面起着至关重要的作用。随着全球化、信息化及经济转型的深入发展，传统的经管类课程设置逐渐暴露出一些适应性和实践性方面的不足。因此，分析当前经管类课程设置的基本框架，了解其组成部分的功能与局限性，是对教育体系和培养模式进行深入思考和改进的基础。

1. 传统经管类课程设置的基本组成

传统的经管类课程设置通常由基础课程、专业课程和实践课程三大类组成，这些课程共同构成了经管类专业的核心教育体系。

（1）基础课程

基础课程通常包括经济学原理、管理学原理、统计学、数学、会计学、财务管理等课程。这些课程的主要目标是为学生打下扎实的学科基础，使学生掌握一些通用的理论工具和方法论，为后续更专业的学习提供基础支持。基础课程通常在学生的前两年学习中占据较大比重，尤其是在大学的经济管理专业初期阶段，学生通过基础课程的学习能够了解整个经管学科的框架、理论和发展趋势。

然而，基础课程的设置往往侧重于理论讲授，实践性较弱，学生难以在短时间内充分理解和掌握理论与实际问题的结合点。尤其是在当今快速发展的经济环境中，单纯依赖基础课程进行知识传授，难以适应复杂多变的行业需求和企业实践。因此，基础课程的局限性逐渐显现出来，需要与现代管理和经济发展需求对接，以增强其现实应用价值。

（2）专业课程

专业课程则是经管类专业的核心组成部分，通常包括营销管理、组织行为学、人力资源管理、财务分析、战略管理、国际贸易等。这些课程通常根据不同的专业方向和培养目标进行细化，旨在帮助学生掌握专业领域内的核心知识和技能。专业课程是学生理解和应对行业挑战的关键，能够帮助学生在未来职业生涯中更好地解决实际问题。

然而，随着全球经济格局的变化，传统的经管类专业课程逐渐面临与新兴行业发展需求脱节的问题。例如，传统的市场营销课程可能更多关注传统的产品推广和市场调研技术，而忽视了互联网营销、社交媒体营销等新兴营销方式的培养。类似的情况在各类专业课程中普遍存在：传统课程内容偏向静态知识，而现实中的经济和管理问题往往具有动态性和复杂性。

此外，现有专业课程往往更多依赖案例教学和理论探讨，忽视了跨学科整合和实操训练。随着跨学科的趋势日益显现，仅仅通过传统专业课程来培养学生的专业技能已显得有些不足，因此，如何更新和调整课程内容，以适应快速变化的经济环境和市场需求，已成为当前经管类课程设置的一大挑战。

（3）实践课程

实践课程包括各类实习、社会调研、企业参访、创业项目等。实践课程的核心目的是增强学生的动手能力和社会实践能力，帮助学生将课堂上学到的理论知识与实际应用相结合。在传统的经管类课程设置中，实践课程常常处于辅助地位，通常安排在专业课程学习之后，作为一种补充和强化手段。

然而，实践课程的实施面临不少挑战。一方面，由于缺乏系统性的设计和规划，很多实践课程的效果不理想，学生的参与度和实践深度较低；另一方面，企业的实践机会往往不易获取，尤其是对于一些经济较为落后的地区，实习机会有限，学生无法真正接触到行业的最新动态和技术，导致实践课程的效果大打折扣。此外，很多学校的实践课程与企业需求之间的结合不够紧密，往往缺乏真正能够反映企业需求的实战项目，导致学生在进入职场时面临"从理论到实践"的巨大鸿沟。

2. 当前课程设置面临的挑战与适用性

在全球化和信息化日益深入的背景下，传统经管类课程设置的局限性逐渐暴露，主要表现在以下几个方面：

（1）理论与实践脱节

尽管经管类课程强调理论学习，但课程内容往往与实际行业需求存在一定距离。许多传统课程依赖经典理论和案例分析，缺乏对当前经济环境和市场趋势的敏感度。例如，近年来金融科技、人工智能、区块链等新兴技术迅速发展，而传统课程尚未及时更新内容，导致学生在面对新兴行业问题时缺乏足够的理论支持和技能储备。因此，如何实现学术知识与行业需求之间的良性互动，已成为经管类课程设置的一个重要挑战。

（2）课程内容更新滞后

传统经管课程的内容更新周期较长，很多课程依旧停留在传统管理理论的框架内，未能紧跟现代经济模式和技术革新的步伐。尤其是在企业管理和营销策略等方面，当前许多课堂上教授的内容与互联网经济、数字化转型的

实际需求差距较大，学生在实际操作时可能面临知识与技术更新不对等的尴尬局面。

（3）跨学科融合不够

随着社会需求的多样化，现代经管类人才不仅需要具备扎实的经济管理专业知识，还需要具备一定的技术能力、跨学科的思维方式和创新能力。然而，传统的经管课程往往局限于单一学科的知识传授，缺乏跨学科的融合与合作。现代企业中的管理者不仅要懂得市场营销，还需了解数据分析、人工智能等领域的知识，具备更广泛的跨界思维与整合能力。

（4）国际化视野不足

随着全球经济一体化和跨国公司的兴起，国际化已成为经管类课程设置中不可忽视的一部分。然而，许多经管类课程的教学内容和视野依然局限于国内市场和传统经济理论，未能充分融入全球视角，导致学生在面对国际化、跨文化的挑战时显得力不从心。

（二）现行课程设置中的问题与挑战

在高等教育的经管类专业中，课程设置长期以来作为人才培养的核心环节之一，起着至关重要的作用。然而，随着全球化的推进、经济环境的变化以及科技的不断发展，现行的经管类课程设置逐渐暴露出许多问题和挑战。课程内容的过时、学科间的壁垒、理论与实践的脱节等问题，已成为当前经管类课程设置亟待解决的关键难题。

1. 课程内容的过时

随着经济全球化的加速和信息技术的革新，现代企业和市场面临着前所未有的复杂性和不确定性。然而，许多高校的经管类课程内容仍然停留在传统的理论框架和过时的案例分析上，未能及时适应时代的变化。这种过时的课程内容不仅影响了学生的知识更新和思维方式，也限制了他们在面对现实问题时的解决能力。

（1）知识更新滞后

经管类课程内容的过时主要体现在以下几个方面：首先，课程内容往往聚焦于基础性理论，缺乏对新兴领域和前沿科技的关注，例如大数据、人工智能、区块链等技术对管理学、经济学的深刻影响。其次，课程中的案例和教学方法往往依赖于过去的成功经验，而缺少对当前复杂经济现象的具体分析。例如，许多商业管理课程仍以 20 世纪的经典案例为主，忽略了近年来全球企业面临的新挑战和新机遇。此外，一些课程的教学方式仍然是以传统的讲授为主，缺乏对互动性、讨论性、批判性思维等现代教育理念的融入。

（2）产业与教育的脱节

课程内容的过时问题也体现在学校与行业之间的脱节。很多经管类课程的设置和内容依然以学术研究为导向，忽视了与行业实际需求的紧密对接。学生毕业后进入职场，往往会发现自己所学的理论和工具与实际工作存在较大差距。这种脱节加剧了学生就业的困难，也使得课程的实用性大打折扣。

2. 学科间的壁垒

另一个显著问题是经管类课程设置中的学科壁垒。经管学科本身涵盖了经济学、管理学、会计学、金融学等多个领域，这些学科虽然在一些基本理念和方法上存在交叉，但它们的课程体系和教学内容往往是相互独立、割裂的。学生往往只在某个学科领域内深耕，缺少跨学科的视野和整合能力，导致知识的碎片化。

（1）学科划分过于僵化

目前许多高等院校的经管类课程体系仍然以传统的学科分类为主，如经济学、财务管理、人力资源管理、市场营销等。这种学科分类方法虽然有其历史背景，但随着社会需求的变化和企业发展的趋势，学科边界愈加模糊，跨学科的能力愈加重要。市场营销中的数字化转型、金融学中的区块链应用、管理学中的人工智能应用等，均需要跨学科的知识融合和创新。然而，现行课程设置很少提供跨学科的教学内容或跨领域的合作机会，学生难以真正接

触到复合型的知识体系。

（2）缺乏跨学科课程设计

学科间的壁垒往往使得课程设置变得单一化，缺乏跨学科的融合。从当前经济与管理的趋势来看，很多传统的学科划分并不能完全涵盖现代企业运营所需的复杂知识结构。特别是一些新兴领域，如数字经济、绿色经济、国际贸易与全球化等，都需要跨学科知识的支撑。然而，现行的课程体系并未有效整合这些领域的知识，学生在学科学习中往往处于局限的范畴，难以形成全局视野和跨学科能力。

3. 理论与实践的脱节

在许多经管类课程设置中，理论教学与实际应用之间存在较大的脱节。大多数课程仍然以课堂讲授为主，学生获得的主要是抽象的经济学理论、管理模型和案例分析，而缺乏真实的实践经验和动手操作的机会。这种问题尤其在高年级学生的学习中尤为突出。

（1）过于注重理论知识的传授

传统的经管类课程往往重视知识的传授和学术理论的探讨，忽视了与行业实践的结合。虽然基础学科如经济学、管理学等需要理论基础的支撑，但现代的经管类课程也需要更多实践的输入。学生若仅依赖理论学习，难以应对快速变化的经济环境和复杂的管理挑战。例如，课程中的定量分析方法和模型可能在理论上是有效的，但当学生面对实际数据和复杂情境时，往往无法灵活运用这些知识。

（2）实践课程的缺乏

虽然近年来一些学校已经开始尝试引入案例教学、企业实习、项目驱动式学习等实践课程，但总体来看，实践课程在经管类课程体系中的比重仍然较低，很多学校的课程依然是以"讲授"为主，而不是以"实践"为主。这种偏向理论的教育模式，导致了学生对企业实际运营、市场动态、管理实践等方面的理解不足，难以将学到的知识直接转化为实际能力。

二、加强跨学科课程、创新课程设置

（一）加强跨学科课程的设置与实施

跨学科课程的设置与实施是培养复合型人才的关键路径之一。现代经济管理领域的复杂性和多样性要求学生具备跨学科的知识背景和综合解决问题的能力，而传统学科界限的限制往往难以满足这一需求。通过科学设置跨学科课程，不仅可以打破学科壁垒，还能帮助学生构建系统化的知识框架，为应对复杂社会问题提供支持。以下从跨学科课程的意义、设计与实施，以及提升成效的策略三个方面展开讨论。

1. 跨学科课程的含义

跨学科课程的核心在于整合多个学科的知识体系和方法论，以应对日益复杂的社会和经济问题。传统学科课程以单一领域的知识传授为主，虽然有助于学生掌握特定领域的专业技能，但在面对多维度问题时往往显得局限。跨学科课程的设置旨在培养学生多角度思考和综合解决问题的能力。

首先，跨学科课程有助于培养复合型人才。现代经济管理问题涉及政策、市场、技术、社会等多方面内容，单一学科的知识无法完全覆盖其复杂性。例如，在企业战略制定中，不仅需要经济学理论，还需结合数据分析、人工智能以及心理学等多个学科的知识。跨学科课程通过融合这些领域的知识，使学生能够形成跨界视野，掌握综合性解决方案。

其次，跨学科课程可以提高学生解决复杂问题的能力。复杂问题通常具有多变量、多层次的特征，需要学生从多维视角进行分析。例如，城市交通拥堵问题不仅与交通工程相关，还涉及经济学中的资源分配理论和社会学中的群体行为分析。通过跨学科课程的学习，学生能够从多个学科中寻找解决思路，提升问题解决能力。

最后，跨学科课程有助于创新能力的培养。跨学科的知识融合能够激发

学生的创造性思维。不同学科的知识方法在结合过程中可能产生新的视角和解决方案，为学生的创新能力提供沃土。

2. 跨学科课程的设计与实施

为了实现跨学科课程的目标，科学的课程设计和有效的实施机制至关重要。以下是跨学科课程设计与实施的关键点：

（1）明确课程目标

跨学科课程的设计首先需要明确其目标。这些目标应包括知识整合能力的提升、多维视角的培养以及复杂问题解决能力的增强。例如，一门跨学科的"可持续发展管理"课程，其目标可被设定为让学生掌握环境科学、经济学和管理学的基本原理，并能够运用这些知识分析和制定可持续发展的管理策略。

（2）设计模块化课程结构

跨学科课程的内容往往较为庞杂，因此需要通过模块化的课程结构，将不同学科的知识分解为多个学习单元。例如，"数据驱动的市场分析"课程可以分为"市场行为分析""数据建模"和"商业决策"三个模块。模块化的设计可以帮助学生逐步构建跨学科知识体系。

（3）引入实践性学习环节

实践性学习是跨学科课程的重要组成部分。通过引入案例分析、模拟实验、团队项目等方式，学生可以在实践中整合不同学科的知识。例如，在一项基于城市规划的课程项目中，学生可以结合地理信息系统（GIS）技术、经济模型和社会调查方法，为城市绿地规划提供综合方案。

（4）组建多学科导师团队

跨学科课程的实施离不开多学科导师团队的支持。由来自不同领域的教师共同设计课程内容并参与教学，可以帮助学生从多学科视角理解课程内容。例如，一门"人工智能与社会"课程可以由计算机科学、伦理学和法律学的教师共同教授，确保知识的全面性。

（5）加强课程资源共享与技术支持

跨学科课程的实施需要大量的资源支持。高校应建立跨院系的课程资源共享机制，整合校内外的优质课程资源。此外，利用在线学习平台和技术工具，可以为学生提供更多灵活的学习机会。例如，通过引入虚拟实验室和在线协作平台，学生可以更高效地完成跨学科项目任务。

3. 提升跨学科课程成效的策略

在实施跨学科课程的过程中，为确保成效，还需要从教学评价、学生支持和政策保障等方面提供支持。

（1）建立科学的教学评价体系

教学评价体系是衡量跨学科课程成效的重要工具。评价内容应包括学生对不同学科知识的掌握程度、知识整合能力以及复杂问题解决能力的提升。评价方式可以采用定量与定性相结合的方法，例如通过团队项目成果、个案分析报告和学习日志等多维度评估学生的学习效果。

（2）加强学生的学习支持

跨学科课程的学习对学生的适应能力和学习能力提出了较高要求，因此需要提供额外的支持措施。例如，为学生配备学术导师，帮助其制定学习计划并解决跨学科学习中的困难。此外，建立跨学科学习社区，促进学生之间的交流与协作，也可以提升学习效果。

（3）推动政策保障与资源投入

跨学科课程的实施需要政策支持和资源投入。高校应通过设立专项资金支持跨学科课程的开发与实施，同时制定政策鼓励教师跨学科合作授课。政府和社会力量也可以通过资助跨学科教育项目，为课程的可持续发展提供支持。

（二）创新课程设置：理论与实践的结合

在当前复杂多变的经济与管理环境下，传统的经管类课程设置已无法满足社会对复合型人才的需求。理论与实践的脱节使得许多学生在进入职场时缺乏解决实际问题的能力。因此，课程设置需要从内容设计、教学方法和实践环节三方面创新，通过理论与实践的有机结合，为学生提供更全面的学习体验。以下从理论角度探讨课程设置的创新路径。

1. 打破学科局限，优化课程内容

课程内容创新的核心在于打破单一学科的局限，将多领域知识融会贯通，为学生提供系统化的学习框架。经管类课程往往需要学生理解市场、企业、政策及社会的综合运作逻辑，而这些问题的解决通常涉及多学科的协同。

首先，课程设计应注重前沿知识的引入。随着经济与管理学科的快速发展，数据分析、数字化转型、人工智能等新兴领域的知识逐渐成为现代管理的重要组成部分。课程内容需要适应这些变化，让学生能够理解这些技术如何在企业运营中发挥作用。例如，数据分析模块可融入市场营销课程，使学生能够通过数据建模优化市场策略，从而为课程增添实用价值。

其次，课程内容应体现模块化特性，构建由基础理论、方法工具和应用实践组成的层级式知识框架。例如，市场营销课程可以分为消费者行为分析、品牌管理和数字营销模块，帮助学生从基本理论逐步过渡到实际操作。这种设计能够帮助学生将知识逐步内化，同时明确理论与实践的关联。

最后，课程需要引入多学科视角，形成内容上的有机整合。例如，现代管理中的组织行为问题可以结合心理学和社会学的研究成果，帮助学生从多个层面分析员工行为的复杂性。这种整合不仅拓宽了学生的视野，还为解决多维度问题提供了科学的思考路径。

2. 重构教学方法，增强理论吸引力

教学方法的创新是理论与实践结合的重要桥梁。传统授课方式的单向性难以激发学生的主动学习热情，而互动式、情境化和问题导向的教学方式能够让学生在课堂中深度参与，形成主动探索与知识构建的能力。

案例教学是增强理论吸引力的经典方法。通过分析具有代表性的情境，学生能够在特定环境中理解理论的应用逻辑。例如，在组织管理课程中，教师可以引导学生思考某种决策行为背后的逻辑链条，并用所学理论解释其成功或失败的原因。这种方法帮助学生将理论与实际问题联系起来，同时训练其批判性思维。

基于问题的学习（Problem-Based Learning，PBL）能够引导学生围绕具体问题进行知识探索与整合。与传统讲授不同，PBL 的重点在于学生在解决问题的过程中主动构建知识体系。例如，在财务管理课程中，学生可以被引导去设计预算方案，在实践中体会不同决策的影响，并从中理解财务理论的核心意义。

此外，互动式教学能够提升课堂的吸引力和参与度。通过模拟场景，如虚拟商务谈判或模拟股市交易，学生可以体验到现实管理中的挑战。这种实践式教学方法不仅提升了课堂的趣味性，还帮助学生培养了更贴近实际的技能。

3. 强化实践环节，构建应用导向的学习环境

实践环节是理论与实践结合的核心，也是学生将知识内化为能力的重要途径。在经管类课程中，通过模拟、实验、项目实践等方式，学生能够更直观地理解理论知识的应用场景。

首先，实验教学是构建实践环境的重要方式。通过在实验室中模拟企业运营，学生可以亲身体验从战略制定到运营管理的全过程。例如，通过设计一个虚拟企业的财务模型，学生能够在实践中验证财务理论的有效性，并发现实际操作中的问题。这种过程能够帮助学生从不同层次理解理论的现实意义。

其次，项目实践教学是强化实践效果的重要手段。通过设计贯穿整个学期的课程项目，学生可以在真实或模拟的环境中完成一项具体任务。例如，管理课程中可以设置一个多阶段的企业运营模拟项目，学生需要根据不同阶段的市场环境调整战略，并在过程中逐步理解管理理论的动态应用。

最后，情境化实践可以帮助学生在具体情境中运用知识。通过设定现实问题情境，例如"如何优化供应链管理流程"，学生能够将课程中的理论知识应用于具体决策中。这种情境化的实践模式帮助学生构建系统思维，同时增强其解决复杂问题的能力。

4. 设计科学评价，推动持续优化

科学的评价体系是衡量课程创新成效的重要工具。单一的考试模式难以全面反映学生的学习成果，而多维度的评价方式可以为教学改进提供更有价值的反馈。

过程性评价能够帮助教师动态掌握学生的学习情况，通过考察学生在项目推进过程中的表现，如参与度、团队合作能力等，了解他们对知识的掌握情况。结果性评价则注重学生在项目完成后的综合表现，例如解决问题的能力和学习成果的质量。通过自评和互评，学生也能从不同视角反思自己的学习路径，从而获得更深层次的成长。

5. 提升教师能力，保障课程创新

教师是课程创新的核心推动力，其教学能力和实践经验直接影响课程效果。通过定期组织教师参加教学研究、行业实践和跨学科交流，可以全面提升其理论教学与实践指导的能力。同时，教师应积极参与课程开发，将自身的学术研究成果融入教学中，从而为学生提供更有深度的学习体验。

三、国内外课程设置的比较与国际化实践创新结合

（一）国内经管类课程设置的特点与不足

国内经管类课程作为高校教育的重要组成部分，其设计在长期发展中逐步完善，并在理论教学和专业分工上形成了独特的特点。然而，随着社会需求的变化和全球化的深入，课程设置在内容结构、教学导向以及创新能力培养等方面的局限性也日益显现。以下将从课程特点、与经济社会需求的契合

度以及课程设置的不足三个方面进行探讨。

1. 国内经管类课程的特点

（1）理论教学为主导，体系完整但实践导向薄弱

国内经管类课程强调理论体系的系统性，注重经济学和管理学经典理论的传授。课程内容通常以学术研究为基础，确保学生在专业知识上具有扎实的理论根基。这种模式有效保障了学生对基本概念和方法的理解，但由于实践内容的比例较低，学生在实际应用中往往难以灵活转化所学知识。

（2）专业划分明确，但知识融合不足

经管类课程多按照细分领域划分，如财务管理、市场营销、国际贸易等。这种模式有利于培养专业技能，但也导致学生知识结构单一，难以形成跨领域的综合视野。例如，学生在学习财务课程时可能缺乏市场分析能力，而市场营销课程中也很少融入数据科学工具的应用，导致课程间知识孤岛现象严重。

（3）资源集中但国际化程度有限

国内高校在经管类课程中往往以本土案例为主，着重分析国内企业的管理实践。这种设计能够让学生了解本地经济环境，但在全球化时代下，其国际化视野的局限性也越发明显。许多高校在教材和课程内容上缺乏国际标准的引入，使学生难以适应国际市场的复杂性和多样性。

（4）考核方式注重理论，但忽视多维能力的培养

国内课程的评价体系以考试为主，学生的学业成绩主要基于理论知识的掌握程度。这种导向虽然强化了知识点的学习，但未能有效评估学生在沟通、创新和实际操作能力上的发展，导致教学效果单一化。

2. 课程设置与经济社会需求的契合度

（1）契合度的优势

国内经管类课程在一定程度上反映了中国经济发展的现实需求。例如，随着数字经济的快速崛起，一些高校增设了电子商务、金融科技等相关课程，

帮助学生了解新兴产业的运作模式。此外，区域经济和政策导向性课程如"一带一路"专题，也为学生分析中国企业"走出去"提供了理论支持。

（2）契合度的不足

尽管在本土经济需求的某些方面有所体现，但整体来看，课程设置与社会需求的匹配度仍显不足。一方面，课程内容更新速度较慢，难以迅速适应经济形势的变化。另一方面，新兴领域如人工智能、区块链与管理决策的结合、可持续发展经济学等内容仍未被系统纳入教学中，学生在应对这些复杂问题时显得捉襟见肘。

3. 课程设置的主要不足

（1）国际化视野的缺失

经管类课程在应对全球化挑战方面显得力不从心。目前，多数高校的教学内容仍以本土市场为核心，而对国际经济环境、跨文化管理等内容的覆盖较少。这导致学生在面对国际化企业或跨国公司时，缺乏全球视野和多元文化适应能力。

（2）学科交叉融合的不足

现代经济与管理问题的复杂性往往需要多学科视角的支持。然而，国内课程设置多聚焦单一领域，学科交叉和知识融合不足。例如，数据分析技术、行为心理学等在市场营销中的应用尚未系统化，学生在解决综合性问题时缺乏多维度的思考能力。

（3）创新能力培养的薄弱

当前课程体系的设计以标准化和理论化为主，创新性课程和项目实践较少。学生在学习过程中被动接受知识，缺乏主动探索和实践创新的机会。创新教学手段如案例分析、情景模拟等虽已被部分高校采用，但整体覆盖率和深度仍显不足。

4. 未来优化的方向

为更好地适应经济社会发展和全球化的需求，国内经管类课程需要在以下方面进行优化：

（1）加强国际化视野的融入

课程内容应引入更多国际化案例，增加对全球市场环境的分析，帮助学生了解跨国管理和全球产业链的运行机制。同时，增加外语教学和国际交流机会，提升学生的跨文化沟通能力。

（2）推动学科交叉与知识融合

加强数据科学、心理学、社会学等与经管类课程的结合，构建多学科综合教学模块。例如，在市场营销课程中增加消费者行为的定量分析方法，让学生能够在理论和工具间自由切换。

（3）注重实践与创新能力培养

通过增设项目式课程、模拟实验室和校企联合研究项目，为学生提供更多创新实践机会。同时，教学评价方式应涵盖学生的项目成果、问题解决能力以及团队协作表现，以多维度激励学生主动探索和创新。

（二）国际化课程设置的成功经验与借鉴

国际化课程设置是培养具备全球视野和多元能力管理人才的重要途径。它以全球化的管理逻辑为核心，通过深度融入跨文化分析、全球经济动态和前沿实践方法，塑造学生应对复杂国际环境的系统性能力。国内经管类课程需要借鉴这些经验，在理念、方法和体系上实现深刻的变革，以满足国际化时代对高素质复合型人才的需求。

1. 全球化管理理念的深度内嵌

国际化课程的一个显著特征是将全球化视野贯穿于课程的核心结构中。这种设置强调国际经济体系的动态性和多样性，使学生能够系统掌握跨国管理的复杂逻辑。全球化管理理念不仅是理论的延伸，更是学生理解全球市场竞争机制的基础。

在这一背景下，国际化课程通过动态案例分析、经济模型的全球适用性

探讨，以及跨国企业战略的比较研究，引导学生理解国际经济的核心运作规则。国内课程在引入这一理念时，应着眼于构建一个动态框架，涵盖国际贸易政策、全球产业链布局，以及全球化与区域化的矛盾与融合。这种深度分析能够有效增强学生对全球化趋势和经济格局的敏锐洞察力。

2. 跨文化管理的系统性研究

全球化课程的另一个关键特征是对跨文化管理的深入探讨。文化的多样性对企业管理和国际合作的影响至关重要，这一领域的系统研究为学生提供了解决文化冲突和优化跨文化协作的理论基础。

国际化课程通常通过跨文化理论与实际管理场景相结合，使学生能够认识到文化价值观、决策偏好和沟通方式的差异对企业运营的深远影响。这种研究不应停留在表层文化差异的讨论，而应深入挖掘文化对组织行为、战略制定和企业绩效的根本性作用。国内课程需要在跨文化管理中引入更精确的理论工具，例如文化维度理论与社会资本理论，同时结合本土与国际的实际案例，培养学生在文化多样性情境下的适应力与协调能力。

3. 多维教学方法的深度融合

国际化课程的教学方法强调学生作为知识创造主体的作用，通过多维互动激发其思维深度。基于问题的学习（PBL）、案例分析与情景模拟等方法不是单纯的教学形式，而是反映了培养学生批判性思维和实践能力的根本教育逻辑。

案例分析的应用不仅在于重现商业现实，更在于引导学生通过结构化分析掌握复杂问题的解决框架。国内课程在推广这些方法时，应加强案例的选取和分析的系统性。例如，针对全球市场进入策略的讨论，需深入分析经济规则、文化适应性与技术创新的相互影响，而非单一角度的探讨。情境模拟教学也应通过精准的角色设定和决策逻辑构建，让学生在动态决策过程中内化理论知识并生成创新性解决方案。

4. 教师能力的全面提升

国际化课程的实施需要高水平的教学支持。教师的国际视野、理论深度与实践经验直接决定了课程的质量。国际化课程的成功离不开教师对全球化理论与实践的深刻理解。

国内高校在引入国际化课程时，必须重视教师能力的系统提升。这不仅需要教师具备多元化的学术背景和国际合作经验，还要求他们能够结合本土教育需求对国际化内容进行创造性转化。通过国际访学、跨国研究合作和教学研讨，培养教师对全球化议题的敏锐判断力与教育适应力，是推动国际化课程落地的重要保障。

5. 国内课程国际化的体系建设

将国际化理念融入国内课程体系，不仅需要内容的调整，更需要结构与实施路径的整体规划。课程设计应以模块化为基础，将核心理论、跨文化能力和实践分析结合起来，构建层次分明且具备连贯性的课程体系。

此外，评价体系的国际化转型也是课程建设的重要环节。国际化课程的评价不应仅限于理论考试，而应以学生在多元文化环境中的综合表现为核心。例如，可以通过小组项目的跨文化协作能力、案例分析中的全球经济敏感度，以及角色扮演中的问题解决能力多维评估学生的成长轨迹。

（三）国内外课程设置对比的启示与优化路径

国内外课程设置的差异为优化国内经管类课程提供了重要启示。国外课程通常以国际化视野、多元化实践和创新能力培养为核心，强调学生在全球化背景下的适应性和竞争力；而国内课程则更倾向于理论传授和专业分工，实践与创新导向相对薄弱。为此，国内经管类课程需要从以下路径进行优化：首先，在课程内容上，融入更多全球化和跨文化管理的元素，加强对国际经济、全球市场和跨国企业运作模式的分析，帮助学生构建系统化的国际化知识体系。其次，在教学方法上，推广案例教学、项目驱动式学习和情景模拟，

通过实践环节深化学生对理论知识的理解，并培养解决复杂问题的能力。再次，在评价体系上，构建涵盖理论掌握、实践表现和创新能力的多维评价标准，避免单一考试模式，注重学生的综合素质发展。最后，提升教师的国际化教学能力也是关键，通过海外访学、跨国研究合作和专业培训，强化教师对全球化趋势的敏锐度和课程适配能力。通过这些优化路径，国内课程将能够更加契合国际化、实用性和创新性的教育目标，培养具备全球竞争力的高素质经管类人才，同时推动我国高等教育质量的整体提升。

第二节　传统教学与现代教学方法的结合

一、传统教学法

（一）讲授式教学的特点与作用

讲授式教学是经管类课程中传统且核心的教学方式，具有逻辑性强、覆盖面广和效率高的特点。它通过教师主导的方式，为学生系统地传递学科知识，是构建学科理论框架的重要手段。然而，随着教学目标从单一的知识传递向能力培养转变，讲授式教学的局限性也日益显现，需要进行适应性优化。

1. 讲授式教学的特点

讲授式教学的主要特点在于其知识传递的系统性和逻辑性。教师根据教学目标设计课程内容，通过清晰的逻辑结构和严谨的知识体系，将学科的核心理论传递给学生。例如，在经济学课程中，教师可以通过精确的理论推导和模型分析，帮助学生理解市场均衡、需求弹性等复杂概念。这种系统化的知识传递模式，有助于学生快速建立对学科的整体认知。此外，讲授式教学具有较高的教学效率，在有限的课堂时间内，能够覆盖大量内容。对于基础课程，如管理学概论或财务会计，这种方法能够确保学生在短时间内掌握核心理论和技能。与此同时，讲授式教学的明确目标和内容设计，使学生能够沿着教师的逻辑清晰地学习学科内容。

2. 讲授式教学的作用

在经管类课程中，讲授式教学在构建学科理论体系和夯实知识基础方面具有重要作用。首先，讲授式教学为学生提供了学科理论的整体框架，帮助他们理解经济学、管理学等学科的核心原理。例如，通过对企业战略管理模型的系统讲解，学生能够从宏观视角掌握战略规划的核心逻辑。其次，讲授式教学通过对复杂理论的逻辑化分析，为学生奠定了解决问题的学术思维基础。这种理论性和逻辑性的训练，帮助学生在未来的学习和实践中更好地应对复杂的管理决策问题。

3. 讲授式教学的优化路径

尽管讲授式教学在知识传递方面具有独特优势，但其单向性可能限制学生的主动参与。因此，需要通过以下方式进行优化：第一，引入互动性环节，通过课堂提问或小组讨论激发学生的思维；第二，结合多媒体技术，将抽象理论可视化，以提高内容的直观性和吸引力；第三，与案例教学和项目式学习结合，在传递理论的同时，增强学生的知识应用能力。通过这些优化路径，讲授式教学能够在保留其优势的同时，更好地满足现代教学需求，为学生提供更高效、更全面的学习体验。

（二）课堂讨论的优势与局限

课堂讨论作为传统教学的重要补充，以其互动性和开放性受到广泛关注。它通过师生间的交流和学生间的观点碰撞，促进知识的深度内化和能力的全面发展。然而，这种方法在实施中也面临诸多挑战，需要结合教学目标和学生特点加以优化。

1. 课堂讨论的优势

课堂讨论在培养学生批判性思维、提升团队协作能力和增强知识应用能

力方面具有独特价值。首先，通过观点的碰撞与交流，学生能够从多角度思考问题，并在深度探讨中提升逻辑推理和问题分析能力。例如，在讨论企业社会责任的议题时，不同学生可以从经济学、伦理学和法律的角度提出各自的见解，从而深化对相关理论的理解。其次，讨论中团队协作的过程能够帮助学生学会沟通与合作，特别是在分组任务中，学生通过分工与合作完成复杂任务，这种能力对于未来的职业发展具有重要意义。最后，课堂讨论将理论知识与实际问题结合，使学生能够在情境化的学习中增强知识的灵活应用能力。

2. 课堂讨论的局限与优化

尽管课堂讨论具有显著优势，但其在实施中仍然存在局限。其一，讨论的参与度往往不均。部分学生可能因性格原因或知识储备不足而较少发言，而另一部分学生可能主导讨论，导致讨论内容单一化。其二，讨论的深度难以保障。学生在知识储备和逻辑能力上的差异，可能导致讨论偏表面化，难以深入挖掘问题核心。其三，课堂管理难度较大，教师需要在讨论过程中保持对时间和主题的有效控制，以确保讨论目标的实现。为克服这些问题，优化策略包括明确讨论主题和目标，通过分组设计和任务分配提升参与度，以及通过教师的引导和总结增强讨论的深度和逻辑性。

二、现代教学方法的创新与实践

（一）互动式教学的创新与实践

互动式教学作为现代教学方法的重要创新，以师生互动和生生互动为核心，通过构建开放的课堂环境和多元的交流机制，激发学生的学习兴趣和主动性。与传统讲授式教学不同，互动式教学强调学生的主体地位，通过动态的课堂活动和合作学习过程，让学生在知识传递的过程中主动参与和深度思考。尤其在经管类课程中，互动式教学展现了打破单向知识传递、提升学生学习效果的独特价值。

1. 互动式教学的核心理念

互动式教学的核心在于通过互动过程促进知识内化与能力发展。其理念强调教师作为引导者，创造开放的学习环境，鼓励学生参与课堂活动，推动学生从被动接受知识向主动构建知识的角色转变。这种教学模式注重以学生为中心，鼓励他们在交流与合作中探索问题、提出观点和解决实际问题。

互动式教学的实践基础在于构建平等的师生关系和多样化的互动场景。例如，通过教师的引导性提问、学生的小组讨论以及课堂活动的设计，学生能够在动态交流中拓宽视野，锻炼思维能力。互动的过程不仅帮助学生更深刻地理解理论，还能激发他们探索未知领域的兴趣，使课堂成为知识共享与思维碰撞的场所。

2. 互动式教学在经管类课程中的应用

在经管类课程中，互动式教学展现出独特的适应性和价值。经管类课程内容多涉及复杂的理论模型和实践应用，传统讲授模式虽能高效传递理论，但学生往往难以内化知识或将其与实践结合。互动式教学通过动态的课堂设计和实践活动，有效弥补了这一不足。

首先，互动式教学通过课堂问答和讨论环节，帮助学生打破传统教学中的被动学习状态。在经济学或管理学课程中，教师可以通过问题引导的方式，让学生在课堂上提出对企业管理决策或经济现象的见解。例如，当讨论市场失灵时，教师可以提出问题如"如何设计有效的政策工具解决市场失灵问题"，引导学生从多个角度分析问题并提出解决方案。这种方式让学生从观察者转变为思考者，增强了课堂的参与感。

其次，互动式教学强调小组合作与团队学习，培养学生的协作能力。在经管类课程中，小组活动如案例分析、项目讨论等，能够让学生在团队中分工合作，共同完成复杂任务。例如，在商业计划设计课程中，学生可以组成团队，分别负责市场分析、财务规划和战略制定，通过合作完成一份完整的商业计划书。这种多角色的合作学习模式，不仅强化了学生对知识的应用能力，也让他们在团队中学会倾听和协调。

此外，互动式教学通过引入技术工具提升了课堂的交互性与多样性。借助在线教学平台或课堂互动软件，教师可以实时收集学生的反馈，并根据课堂进展调整教学内容。例如，通过课堂投票或在线测验，教师能够快速了解学生对某一理论的掌握情况，并针对性地进行深入讲解。这种技术支持为互动式教学的高效实施提供了保障。

3. 提升互动式教学效果的策略

尽管互动式教学在理论与实践结合方面表现出色，但其实施效果仍然依赖于科学的设计与管理。为最大化教学效果，可以从以下几个方面进行优化：

第一，明确教学目标并设计针对性的互动环节。教师应根据课程内容和教学目标，设计多样化的课堂活动，使互动过程紧扣课程核心。例如，在财务管理课程中，可以通过模拟企业投资决策，让学生从实际情境中掌握理论知识。

第二，注重学生的主动参与与引导。在互动式教学中，教师的角色从知识传授者转变为学习引导者。通过提出启发性问题或引入挑战性的任务，教师可以激发学生的学习兴趣，并引导他们深度参与课堂活动。

第三，合理分组并注重团队协作的管理。分组学习是互动式教学的重要形式，但团队成员之间的任务分配和协调机制需要教师进行科学设计。例如，在市场营销课程中，教师可以明确团队成员的角色分工，并在每阶段任务完成后进行小组评估，确保每位学生的贡献得到体现。

第四，利用技术工具提升课堂互动的多样性。通过引入在线平台或互动应用，教师可以实时跟踪学生的学习进度，增强课堂的动态反馈。例如，在讨论复杂经济模型时，利用数据可视化工具可以帮助学生更直观地理解知识点。

（二）项目导向学习的理论与实践结合

项目导向学习是一种通过真实项目引导学生，将理论知识应用于实际问题的教学方法。其核心在于以项目为中心，通过学生在项目中的主动参与，培养其解决问题的能力，并帮助其在理论与实践之间建立深刻的联系。在经管类专业中，项目导向学习因其对实际问题的关注以及对学生综合能力的培养而展现出显著的教育价值。

1. 项目导向学习的教学模式

项目导向学习以"做中学"为理念，通过引入实际问题或模拟情境，将学生置于真实或接近真实的学习环境中。这种模式不仅要求学生应用学科知识解决问题，还需进行团队协作、数据分析和成果展示。项目过程通常包括问题定义、方案设计、实施执行和结果评估等多个阶段，这种全周期的参与能够帮助学生系统性地掌握从问题发现到解决的完整流程。

在经管类课程中，项目导向学习有助于学生在复杂环境中理解理论的适用性。例如，市场营销课程可以设计一个实际品牌推广项目，让学生通过市场调研、竞争分析和营销策略制定，体验理论在实际商业情境中的应用。这种教学模式不仅帮助学生巩固理论知识，还提升了其解决实际问题的能力。

2. 项目导向学习的优势

项目导向学习在培养团队合作能力和创新思维方面具有显著优势。首先，团队合作是项目学习的重要组成部分。在项目中，学生需分工协作、互相配合，共同应对复杂任务。这种协作过程能够培养学生的沟通能力和团队意识，为其未来的职业发展奠定基础。

其次，项目导向学习强调创新思维的培养。学生在项目过程中需要探索多种解决方案，从中选择最优路径。这种自由探索和试错的过程，有助于激发学生的创造力，同时锻炼其应对复杂挑战的能力。此外，通过完成项目，学生还能够积累实践经验并增强职业胜任力。

3. 提升项目导向学习效果的策略

为了更好地发挥项目导向学习的教学效果，应注重项目的设计质量和实施管理。教师需根据课程目标和学生水平，设计适当难度的项目，并为学生提供必要的指导。同时，可引入技术工具，如协作平台和项目管理软件，帮助学生高效完成任务。

（三）案例教学对学习与实际的对接

案例教学法是一种通过真实案例或情景模拟，帮助学生将理论知识应用于复杂问题分析的教学方法。其特点在于通过案例的研究和讨论，引导学生深刻理解商业环境的复杂性，并培养其决策能力。在经管类课程中，案例教学法已经成为提升学生实践能力的重要手段。

1. 案例教学的应用价值

案例教学通过真实的商业案例将学生置于具体问题情境中，帮助其从实践中理解理论。例如，通过分析企业的战略转型案例，学生可以了解行业动态、市场压力和决策过程，从而加深对战略管理理论的掌握。此外，案例教学强调学生的主动参与，要求其在课堂中提出见解、参与讨论，并形成解决方案。这种互动性不仅提升了学生的学习兴趣，也增强了其逻辑思维和问题解决能力。

2. 案例教学的实施关键

高质量的案例选择是案例教学成功的基础。案例应具有真实性、复杂性和针对性，能够反映理论在不同商业情境中的应用。例如，针对财务管理课程，可以选择企业资本结构优化的案例，引导学生在数据分析和理论推导中理解企业的财务决策。

此外，讨论的流程设计对于学生能力的提升至关重要。教师应通过引导性问题鼓励学生从不同角度分析问题，并通过小组讨论提升其协作能力。最后，教师需对讨论内容进行总结和扩展，将学生的观点与课程理论有机结合，确保讨论结果的系统性和逻辑性。

3. 案例教学的综合作用

案例教学通过情境化学习模式，让学生更直观地理解理论知识，并在分析复杂问题中培养实践能力。这种方法在提升学生综合素质、拓展学术视野方面具有重要作用，是经管类课程不可或缺的教学手段。

（四）其他现代教学方法的拓展与创新

在信息化和全球化的背景下，诸多现代教学方法正在不断涌现，并为经管类课程的教学创新提供了更多可能性。翻转课堂和在线学习作为其中的代表性方法，展现了适应现代教育需求的巨大潜力。

翻转课堂颠覆了传统教学中"课堂讲授—课后作业"的模式，将知识传递环节前置到学生的自主学习中，将课堂时间用于讨论和实践。这种模式为学生提供了更大的自主学习空间，同时通过课堂互动和问题解决环节，提升了教学效果。在经管类课程中，翻转课堂可以将理论讲解通过在线视频完成，将课堂时间用于案例讨论和项目实践，使学生在深度参与中提升学习效果。

在线学习借助技术工具，为学生提供了更加灵活和个性化的学习环境。通过学习平台和在线资源，学生可以根据自己的学习节奏和兴趣选择课程内容，并通过实时反馈系统提升学习效率。特别是在全球化教育的背景下，在线学习还为跨文化交流和国际化教学提供了重要支持。

三、传统与现代方法的融合

（一）融合的必要性与挑战

在现代教育体系中，传统教学方法与现代教学方法的结合已成为提升教学效果、应对复杂教育需求的核心策略。这种融合不仅顺应了时代的发展，

更满足了学生在知识深度与实践能力上的多元需求。传统教学方法以其系统性和逻辑性为特色，能够帮助学生奠定扎实的理论基础，而现代教学方法则以互动性和实践性见长，致力于培养学生的创新能力和解决实际问题的能力。两者的结合，为教学方法的优化和教育质量的提升提供了新的可能性。

传统教学方法与现代教学方法的结合在商业与管理教育中尤为重要。经管类课程通常涉及复杂的理论和实践问题，单一的教学方法难以满足学生在学术与职业发展上的双重需求。通过结合传统讲授与现代互动模式，教师可以在课堂上建立理论知识的系统框架，并通过案例教学和项目导向学习等形式，让学生将理论知识转化为实践能力。例如，在经济学课程中，讲授式教学可以帮助学生理解市场均衡理论，而互动环节则通过情景模拟，促使学生应用这一理论分析实际市场问题。这种结合既能强化理论学习，又能提升实践能力，为学生的全面发展提供有力支持。

然而，实现教学方法的融合并非易事，这一过程中面临诸多挑战。首先，教师能力的适应性是一个突出问题。融合教学需要教师在传统知识传递之外，还需具备现代教学工具的使用能力以及设计互动和实践环节的能力。然而，许多教师可能因缺乏相应培训或实践经验，难以在课堂上有效实施这种多样化的教学模式。为此，需要通过教师培训和职业发展规划，帮助教师掌握融合教学的核心技能，并在教学中灵活应用。

其次，课程结构的调整是另一个关键挑战。传统教学方法通常以讲授为主，课程结构较为固定，而引入现代教学方法后，课程设计需要重新分配理论与实践环节的比重。这种调整可能导致课程时间紧张，甚至对原有教学计划造成干扰。例如，为了在课程中引入案例分析和团队项目，教师可能需要压缩理论讲授时间，这既要求教师精准设计课程内容，也需要学生在较短时间内适应新的学习节奏。

最后，评估体系的匹配性问题也是融合教学的难点之一。传统教学评估通常以考试为核心，着重考察学生的知识掌握程度，而现代教学方法的引入需要评估学生在互动和实践环节中的表现。如何构建能够覆盖知识学习与能力发展的多维评估体系，是融合教学中亟待解决的问题。比如，在团队合作项目中，如何平衡团队整体成果与个人贡献的评价标准，如何通过合理的评估反馈激励学生更积极地参与学习，这些都是需要深入探索的议题。

（二）融合路径与实践策略

实现传统教学方法与现代教学方法的有效融合，需要明确具体的路径和策略，以充分发挥两者的优势。这种融合的目标在于通过课程设计和教学组织，将讲授与互动、理论与实践、个体学习与团队协作有机结合，为学生提供更加全面和高效的学习体验。在经管类课程中，这种融合尤为重要，因为经管类教育需要兼顾理论深度和实践广度，为学生未来的职业发展提供系统性支持。

第一，在课程设计中实现讲授与互动的结合是传统与现代教学方法融合的基础。讲授式教学为学生提供系统化的知识框架，而互动环节则通过讨论和反馈激发学生的思考和参与感。在实际操作中，可以在课程的不同阶段设计互补的环节。例如，在管理学课程中，教师可以通过讲授领导理论为学生奠定理论基础，然后在课堂中设置互动讨论环节，模拟不同情境下的领导风格对团队行为的影响。这种方式不仅强化了理论学习，还通过动态的互动过程，让学生对知识的应用场景有更深刻的认识。

第二，实现理论与实践的结合是融合教学的核心目标。项目导向学习和案例教学是实现这一目标的关键路径。项目导向学习通过设计真实或模拟的任务，让学生在实践中应用理论知识。例如，在市场营销课程中，可以设计一个市场推广项目，要求学生从市场调研、策略制定到方案实施进行全流程参与。这种任务驱动的教学模式使学生能够在实践中巩固理论，同时提升解决实际问题的能力。案例教学则通过分析经典商业案例，让学生在真实情境中理解理论的复杂性和适用性。例如，教师可以选择企业转型或危机管理的案例，要求学生在分析背景信息的基础上提出可行的解决方案，从而锻炼其逻辑思维和决策能力。

第三，个体学习与团队协作的结合能够提升学生的综合能力。传统教学方法注重个体学习，强调学生对知识点的掌握；现代教学方法则通过团队协作环节，培养学生的沟通和协调能力。在融合教学中，可以通过小组项目或分工任务，实现两种学习方式的互补。例如，在财务管理课程中，教师可以设计一项企业财务分析任务，要求小组成员分别负责数据整理、风险评估和策略建议，通过团队合作完成整体方案。这种协作模式不仅帮助学生加深对知识的理解，还提升了其在团队中的角色适应能力和协作效率。

为了让融合教学方法更高效地落地实施，还需要配套的实践策略。一是通过分阶段实施确保融合的稳步推进。在课程的初期，可以以讲授式教学为主，让学生掌握必要的理论知识；随着课程的深入，引入互动环节和实践任务，逐步培养学生的应用能力。二是合理分配教学资源，确保融合环节的顺利开展。例如，通过增加课堂时间或灵活调整课程结构，为实践活动提供充足空间，同时为教师提供相关的培训资源，以提升其设计和实施融合教学的能力。三是建立多维度的评估体系，全面反映学生的知识掌握情况和实践能力。例如，在课程评估中，可以结合笔试、项目报告和课堂表现的多种指标，对学生的学习效果进行综合评价。

第三节　项目导向与案例教学的实际应用

一、项目导向教学

（一）项目导向教学的概念与核心理念

项目导向教学是一种以实际问题为中心，激发学生主动学习、解决问题能力和团队协作能力的教学模式。其基本概念在于通过设计真实或模拟的项目任务，让学生在项目实践中主动探索理论知识的应用，推动从被动接受知识向主动构建知识的学习模式转变。尤其在经管类课程中，项目导向教学通过实际情境下的问题解决，将理论学习与实践应用紧密结合，是培养综合性、创新型人才的重要途径。

项目导向教学的核心在于"以任务为驱动、以项目为载体"。这一模式要求学生围绕特定的实际问题开展学习，从问题定义到方案设计，再到任务执行，贯穿整个项目周期。教师在这一过程中扮演指导者和引导者的角色，为学生提供必要的方向性支持，同时保留他们的独立思考空间。这种方式强调学生在知识应用中的主体地位，通过在真实情境中的操作，帮助其实现理论与实践的深度融合。例如，在市场营销课程中，学生可能需要完成一个品牌推广项目，从市场调研、数据分析到制定营销策略，学生在每个环节都需要综合运用所学知识，最终形成完整的解决方案。

项目导向教学的核心理念包括以下几个关键方面。首先，它强调实践导向，即通过解决现实问题帮助学生理解理论的价值和意义。传统教学中，学生往往将理论视为抽象的概念，与实际问题脱节。而项目导向教学通过设计贴近企业需求的任务，让学生在解决实际问题的过程中，自然地掌握理论知识，并感受到知识的应用价值。这种实践驱动的学习模式，不仅提高了学生的知识内化能力，也让其在知识应用中提升了自信心。

其次，项目导向教学注重学生能力的全面发展。这种教学模式不仅关注学科知识的掌握，还强调创新思维、批判性思维、沟通能力和团队协作能力的培养。例如，在一个涉及多学科知识的商业项目中，学生需要从不同的视角分析问题，这种多维度的思考过程有助于培养他们的创新思维。此外，团队合作是项目导向教学的一个重要特征。学生通过分工协作，共同完成任务，在这一过程中锻炼了沟通、协调和解决冲突的能力，为其未来职业发展奠定了基础。

最后，项目导向教学倡导以学生为中心的学习模式，强调学生的主动参与和自我驱动。在传统教学中，学生往往处于被动接受知识的位置，而在项目导向教学中，学生需要承担项目的主要责任，从问题定义到结果输出，每

个环节都需要他们积极参与。这种角色的转变不仅提高了学生的学习积极性，也帮助其培养了独立思考和解决问题的能力。

项目导向教学的实施需要科学的教学设计和系统的支持机制。教师需根据课程目标和学生水平设计项目，确保项目具有实践性、挑战性和教育意义。例如，项目任务应贴近企业或行业的实际需求，且难度适中，既能激发学生的探索兴趣，又能通过努力达成可见的成果。此外，教师还需为学生提供必要的资源支持和指导，确保学生在项目执行过程中能够获得及时的反馈和帮助。同时，合理的评估体系也是项目导向教学的重要组成部分。通过结合项目成果、团队合作表现和个体反思等多维度的评价方式，可以全面反映学生的学习效果。

（二）基于真实企业问题的课程设计

1. 引入企业问题的背景与意义

在当前复杂多变的社会经济环境下，高校经管类课程的教学需要与企业实际需求无缝衔接。传统的教学模式常常局限于理论传授，学生虽掌握了学术知识，却难以应对实际工作的复杂性。为弥补这一不足，将真实企业问题引入课程设计已成为高校教学改革的重要方向。通过这种方式，学生能够将课堂理论直接应用于解决实际问题，在实践中提升自身能力，同时满足企业对复合型人才的需求。

此外，这种课程设计有助于培养学生的实践能力和创新思维，使其能够更好地适应市场需求。在全球化的背景下，企业越来越需要具备问题解决能力和团队协作精神的员工。通过基于企业问题的教学，学生不仅可以了解行业趋势，还能直接参与到企业运营的真实场景中，为未来的职业发展奠定坚实基础。

2. 企业需求与行业趋势驱动的课程设计

有效的课程设计应以企业需求和行业趋势为基础。高校可以通过与企业的紧密合作，识别其在运营、管理或技术层面面临的关键问题。例如，随着人工智能技术的快速发展，许多企业面临着如何实现数字化转型的挑战。将这一问题转化为课程项目，不仅能够帮助学生深入了解技术应用，还能让其体验解决复杂问题的实际过程。

同时，行业趋势的分析能够确保课程设计的前瞻性。例如，在绿色经济和可持续发展日益受到重视的背景下，设计以企业可持续发展策略为核心的课程项目，可以帮助学生理解行业发展的大方向，并在实践中探索创新解决方案。通过这些项目，学生能够更全面地了解企业在特定领域的需求，同时学会如何将所学知识转化为实际价值。

3. 项目的挑战性与可操作性平衡

在设计基于企业问题的课程项目时，平衡挑战性与可操作性是一个关键环节。项目的挑战性应体现在问题的深度和广度上，使学生能够通过探索和思考获得能力提升。然而，项目也需要具有一定的可操作性，确保学生在规定的时间和资源条件下能够完成任务。

课程设计可以采取分阶段推进的方式，将一个复杂的问题分解为多个可操作的子问题。例如，对于一个围绕企业营销策略设计的项目，初期阶段可以要求学生进行市场调研；中期阶段则进行数据分析和方案设计；后期阶段通过模拟实践或企业反馈来验证方案的可行性。这样的设计既能够保证项目的逻辑性和可执行性，也能激发学生的学习兴趣和解决问题的动力。

4. 与企业的深度合作机制

实现基于企业问题的课程设计离不开与企业的深度合作。企业作为课程项目的实践平台，不仅能够提供真实的案例和数据，还能为项目设计和实施提供指导。在此过程中，高校和企业需要建立有效的合作机制，以确保双方目标的一致性。

首先，高校应明确项目的教学目标，与企业共同讨论并制定课程的核心内容。例如，在供应链管理课程中，企业可以提供其在物流优化中的实际问

题，学生则通过分析和实践提出改进方案。其次，企业应派出相关领域的专家参与教学，为学生提供技术支持和专业建议。通过这种深度合作，学生可以从多维度了解企业需求，同时感受到理论知识在实践中的实际价值。

此外，为了提高合作的效果，高校与企业还应建立定期的沟通与反馈机制。例如，每学期组织企业和学生的项目总结会，评估课程设计的成效并探讨改进空间。这不仅能够增强课程的实际意义，还能帮助企业发现潜在的人才。

5. 促进学生学习与能力提升

基于企业问题的课程设计能够显著提升学生的综合能力。首先，通过直接参与企业问题的分析与解决，学生可以培养出强大的实践能力和问题解决能力。对于企业而言，具备这些能力的毕业生能够快速适应职场环境，成为企业发展的助推器。

其次，这种课程模式注重团队合作。大部分企业问题需要学生以小组为单位进行协作，分工完成调研、分析和汇报等任务。在此过程中，学生不仅学习到如何与团队成员合作，还掌握了如何在多方意见中达成共识并推进项目进展的技能。

最后，基于企业问题的课程设计还能够培养学生的创新思维。面对企业提出的挑战，学生往往需要打破常规思维模式，提出新颖的解决方案。这种创新意识不仅是当前企业需要的核心能力，也是学生未来职业发展的重要优势。

（三）项目导向教学的实施步骤与策略

项目导向教学以实际项目为核心，通过组织学生、企业和教师的三方协作，实现教学目标与实践能力培养的结合。在实施过程中，需要以下具体步骤和策略：

1. 明确目标与任务分配

首先，教学团队需要与企业共同商讨项目的核心目标和关键任务，确保项目内容既符合教学大纲，又贴合企业实际需求。其次，根据学生的专业背景和兴趣，将项目分解为多个子任务，并明确每个团队的职责分工，确保任务分配具有公平性和可行性。

2. 组织三方合作机制

项目导向教学的成功实施离不开三方的有效合作。教师负责理论指导与项目进程监督，企业提供实际问题和技术支持，学生则承担具体任务的执行。为确保高效协作，可以采用定期会议和实时沟通工具，如线上平台或共享文档，促进信息共享和及时反馈。

3. 制订项目管理计划

项目管理是项目导向教学的关键。制定清晰的时间表和里程碑，确保学生在规定的时间节点完成对应的任务。同时，教师需定期监控项目进展，提供必要的指导和资源支持，以应对可能出现的问题。

4. 确保项目运作的高效性

通过分阶段完成任务和逐步深化项目内容，确保学生能够在学习中逐步掌握技能。同时，鼓励团队成员之间的互相支持，促进团队协作和问题解决能力的提升。

5. 最大化学习成果

通过引导学生在项目过程中反思自己的学习进展，并定期举办阶段性成果展示活动，让学生充分展示其解决问题的成果。这种方式既能够巩固所学知识，也能够激发学生的成就感和参与热情。

（四）评估项目导向教学的效果与成效

评估项目导向教学的效果对于优化教学模式和提升学生学习质量至关重要。评估主要包括以下几个方面：

1. 学生能力的提升

评估学生在知识应用、团队协作和问题解决能力等方面的提升。通过考察学生完成的项目成果、解决问题的深度以及团队协作的表现，可以全面了解教学成效。例如，可以采用问卷调查和案例分析的方法，收集学生对课程的反思与建议。

2. 成果展示与反馈机制

项目结束后，组织成果展示会，让学生对项目成果进行汇报，邀请教师和企业代表共同评价。展示环节不仅是对学生能力的检验，也为其提供了展示实践经验的平台。企业的专业反馈可以帮助学生进一步优化学习成果。

3. 教学效果的量化分析

建立以知识应用为导向的评价体系，例如通过项目评分、学生自评和企业评价等多种方式量化项目教学的效果。同时，结合学生在项目中的表现与最终结果，分析教学对学生技能提升的实际影响。

4. 持续优化项目导向教学

通过评估结果发现教学中的不足之处，并结合学生和企业的反馈，不断调整教学目标和方法。持续优化的评估机制可以确保项目导向教学始终符合教学需求和实际应用的变化，达到教学效果的最大化。

二、案例教学的优势与方法

（一）案例教学的核心优势

1. 促进复杂理论的深入理解

案例教学法在经管类课程中的一大核心优势是能够帮助学生更好地理解复杂理论。传统的教学方法往往以理论讲授为主，但理论的抽象性使学生难以将其与实际情境联系起来。案例教学通过引入真实或模拟的管理问题，将理论嵌入具体情境中，使学生能够在实践背景下感知理论的价值和应用。

例如，在学习战略管理模型时，通过分析某企业如何在竞争激烈的市场中制定战略决策，学生能够更直观地理解理论框架的逻辑和应用场景。这种方法不仅有助于学生记忆理论，还能够激发其对问题背后深层次逻辑的探究兴趣。

此外，案例教学通过还原管理中的复杂性，使学生认识到理论的多样性和适用边界。这种深刻的学习体验可以帮助学生更好地掌握理论，并在未来的实际工作中灵活运用。

2. 培养解决实际问题的能力

案例教学法将教学重点从理论传授转向问题解决，强调学生的主动参与。学生需要对案例中的信息进行整理、分析，并结合理论提出解决方案。这种过程帮助学生培养应对真实问题的能力。

案例教学的一个关键在于问题的开放性和复杂性，这要求学生跳出教科书的框架，运用创造性思维解决问题。例如，在企业转型的案例中，学生可能需要同时考虑市场需求、技术革新和组织文化等多重因素，从而锻炼系统性思维和综合分析能力。

同时，案例教学中的问题通常没有唯一答案。通过开放性讨论，学生可以在观点交锋中不断修正和优化自己的思路。这种体验式学习帮助学生在不确定性中寻找解决路径，为其未来在复杂环境中独立解决问题奠定基础。

3. 提升分析与决策能力

决策能力是经管类课程教学的重要目标之一，而案例教学通过模拟实际管理情境，为学生提供了练习决策的机会。在案例分析过程中，学生需要评估不同方案的利弊、权衡利益相关方的需求，并在有限信息的条件下做出决策。这种过程能够有效提升其分析与决策能力。

例如，在财务管理课程中，通过分析一家公司的投资决策案例，学生需

要综合考虑财务报表、市场预测和风险评估等多方面因素，最终提出投资建议。这种系统化的分析训练能够帮助学生养成数据驱动决策的习惯，提高其逻辑思维和判断力。

此外，案例教学还能够培养学生的执行意识和结果导向思维。决策不仅关乎理论上的最优解，更需要考虑其在实际操作中的可行性和有效性。这种以行动为导向的学习模式能够帮助学生为未来的管理工作做好准备。

4. 激发学生的学习动力与参与度

案例教学通过提供真实情境，能够有效激发学生的学习兴趣和参与热情。相较于传统教学的被动接受知识，案例教学让学生成为课堂的主动参与者。他们需要通过阅读案例、独立思考和团队讨论，深入探索问题的多种可能性。

例如，一个关于国际品牌如何进入新兴市场的案例，可以让学生切身体会到文化差异、市场环境和竞争策略对企业决策的影响。这种身临其境的体验能够激发学生的求知欲，使其主动投入更多精力思考问题并参与讨论。

此外，案例教学中的团队协作进一步增强了学生的参与度。在小组分析中，学生需要分工合作，共同完成案例研究。这不仅提升了学生的学习动力，还培养了其沟通与协作能力，为其未来的职场表现提供支持。

5. 通过真实案例或模拟案例加深理解

真实案例和模拟案例是案例教学法的重要组成部分。真实案例通过展示企业的实际操作和问题，为学生提供了接触现实世界的机会。例如，分析某知名公司的失败案例，可以让学生在吸取经验教训的同时，认识到管理中的风险与挑战。

相比之下，模拟案例则能够为学生提供一个相对安全的试验场，允许他们在假设条件下测试不同方案的效果。例如，通过设计一个模拟创业项目，学生可以从市场调研到商业计划书撰写的全过程中，全面掌握企业运营的基本逻辑。这种灵活性使模拟案例在培养学生的创造力和实践能力方面具有独特优势。

无论是真实案例还是模拟案例，其最终目的都是帮助学生在情境中运用知识，发现理论与实践之间的联系，并在解决问题的过程中提升能力。这种实践与理论相结合的教学方式，不仅能够增强课程的吸引力，还能帮助学生更好地理解和掌握课程内容。

（二）案例教学的实施方法与技巧

案例教学作为一种实践导向的教学方法，在现代教育中得到了广泛应用，特别是在经管类课程中，其通过真实或模拟案例，将理论知识与实际问题相结合，有助于学生在情境中提升分析能力和决策能力。然而，要充分发挥案例教学的优势，需要科学的实施方法与技巧，包括案例的选择、学生引导方式以及课堂互动设计等环节。这些关键点直接影响学生的参与度和学习效果。

实施案例教学的第一步是选择合适的案例。一个高质量的案例需要具备真实性、相关性和复杂性。真实性要求案例来源于实际情境，例如企业的市场扩展策略或管理转型方案，使学生能够通过案例感受到商业实践的动态性。相关性指案例内容需要与课堂主题和教学目标紧密联系，以确保学生在分析案例的过程中能够深化对课程理论的理解。复杂性则强调案例需要具有一定的挑战性，让学生在分析过程中能够进行多角度思考和深入探讨，同时难度不能过高，以免学生产生挫败感。例如，在讨论战略管理时，可以选择企业在不同市场环境中的决策案例，让学生通过案例分析理解竞争策略的制定和实施。

在案例教学中，引导学生分析和讨论是关键环节。教师需要通过科学的设计与引导技巧，帮助学生在讨论中探索问题并形成深刻的见解。首先，教师应为学生提供清晰的分析框架，以帮助其抓住案例的核心问题。例如，在分析企业财务决策案例时，可以通过提供"问题背景—关键变量—解决方案"的框架，引导学生逐步拆解问题。此外，教师需鼓励学生从多个角度分析案例，包括数据、情境和人的因素，从而形成全面的认知。为了促进讨论的深度，教师可以设计具有启发性的问题，例如"在资源有限的情况下，该企业是否应优先考虑短期效益还是长期战略目标？"这些问题能够引发学生之间的观点碰撞，激发批判性思维。

确保案例与课堂内容的紧密结合，是案例教学效果的核心保障。教师需要在课堂上明确案例与课程理论之间的联系，并通过讨论过程将知识点嵌入到案例分析中。例如，在讨论消费者行为案例时，可以将分析过程与行为学理论中的关键概念（如购买决策过程、感知价值等）结合起来，让学生通过案例更好地掌握理论的实际应用。此外，教师还可以通过总结和反思环节，将学生的讨论成果与课程目标对接，确保学习过程的系统性和逻辑性。

课堂设计对激发学生兴趣和促进主动参与至关重要。教师需要构建一个开放且互动的课堂氛围，让学生在自由表达中形成知识共享和思维碰撞。具体来说，可以通过分组讨论的形式增强学生的参与感，让小组成员分别从不同视角分析案例，然后在全班汇报讨论中分享成果。这种团队合作的方式不仅提高了课堂的互动性，还培养了学生的团队协作能力。此外，教师在讨论过程中应扮演引导者的角色，通过适时介入和提问，帮助学生深入挖掘案例问题，避免讨论流于表面。

最后，评估与反馈是案例教学的重要组成部分。教师需要在课堂结束时，对学生的分析和讨论过程进行总结，并给出明确的反馈。例如，可以从问题分析的全面性、解决方案的可行性以及团队合作的表现等多个维度进行评价，同时鼓励学生对案例中未解决的问题进行反思。这种多维度的评估方式，不仅能够帮助学生巩固学习成果，还能进一步激发他们的学习动力。

案例教学通过真实情境的再现，让学生在模拟实践中掌握理论知识，并提升综合能力。然而，其成功实施依赖于精心的设计和科学的引导。从案例的选择到课堂讨论的组织，再到评估反馈的实施，每一环节都需要教师的高度参与和灵活调整。通过有效的实施方法与技巧，案例教学能够充分激发学生的学习潜力，帮助其在理论与实践之间建立深刻联系，为未来的职业发展奠定坚实基础。

三、案例教学与项目导向的实际结合

（一）项目导向与案例教学的结合模式

项目导向教学与案例教学是两种广受欢迎且实践效果显著的现代教学方法，各有其独特的教学目标和方法论特点。项目导向教学通过让学生参与实际任务或模拟情境，培养其解决问题的能力；案例教学则以真实案例为核心，帮助学生理解复杂的情境问题和决策过程。将两种教学模式有机结合，不仅能够弥补各自的不足，还可以通过相互补充形成更强大的教学效果。结合模式的核心在于通过案例引入具体的项目任务，并通过项目导向的学习方式分析和解决案例中的问题，使学生在理论与实践之间建立紧密联系。

1. 案例引入与项目任务的构建

结合模式的第一步是通过案例教学引入具体项目任务。案例为学生提供了真实的情境和问题背景，是项目任务设计的重要基础。在经管类课程中，案例通常来自于企业实践，涵盖诸如市场竞争策略、财务优化方案、组织管理问题等具体场景。教师可以选择一个具有代表性且难度适中的案例，让学生在分析案例的过程中明确任务目标。比如，在市场营销课程中，教师可以通过一个企业失败的市场推广案例，引导学生思考问题的根本原因，并基于案例设计一个全新的市场推广项目。这样的结合方式，不仅让学生理解案例中的问题情境，还为项目导向学习提供了清晰的任务方向。

2. 项目导向学习方式的应用

通过案例引入任务后，项目导向教学则成为实现学习目标的主要载体。学生在项目中需要从理论分析到实践操作，完成问题的分解、解决方案的设计以及成果的展示。在这一过程中，项目导向学习方式不仅强调知识的应用，还注重团队合作与过程管理。例如，在一个案例研究中，学生可以通过项目

177

的形式,分析企业的财务困境,并为其设计可行的融资计划。在任务执行过程中,学生需要运用财务管理知识,同时考虑市场环境和政策限制等实际因素。这种方式帮助学生理解知识的多层次关联性,同时培养其综合应用能力。

此外,项目导向教学通过分阶段的任务设计,可以帮助学生更系统地分析和解决问题。例如,教师可以将项目任务分为三个阶段:第一阶段,学生需基于案例内容完成问题诊断;第二阶段,结合理论知识设计可行的解决方案;第三阶段,通过模拟操作验证解决方案的效果。这种逐步推进的教学策略,不仅让学生在过程中逐步深化对问题的理解,还确保了学习目标的分层达成。

3. 课堂内外的融合与延展

将项目导向教学与案例教学结合的另一个重要方面是课堂内外的有效融合。在课堂内,教师可以通过案例分析和项目任务的讨论,指导学生明确学习目标并掌握核心理论。在课堂外,学生可以通过自主学习和团队合作完成具体项目,为课堂讨论提供丰富的素材。这种内外结合的方式,使学习从课堂延伸到实际操作情境,为学生提供了更多独立思考和探索的机会。

例如,教师可以安排学生课外对企业经营环境进行实地调研,收集相关数据,并将调研结果带回课堂进行分析。这种延展性任务,不仅能够帮助学生从现实中获得启发,还能增强他们对知识的实践感知能力。此外,通过在线学习平台或协作工具,教师可以对学生的课外学习过程进行实时监控和指导,确保任务进展符合预期目标。

4. 提升理论理解与实践应用的综合能力

结合项目导向教学与案例教学的最大优势在于两者能够相辅相成,提升学生对理论知识的理解和实践应用的能力。案例教学提供了丰富的情境素材,帮助学生在复杂的商业问题中找到理论的切入点,而项目导向教学则将这些理论进一步转化为实践能力的锻炼平台。例如,在讨论企业并购案例时,教师可以引导学生分析并购决策的理论依据,然后通过项目任务要求学生设计一套并购后的整合方案，包括组织文化的调整、财务资源的分配等内容。学生在这一过程中，不仅加深了对理论知识的理解，还获得了将理论应用于实际问题的实战经验。

（二）实际教学活动的设计与实施

实际教学活动的设计与实施是将案例教学和项目导向学习相结合的重要环节，也是确保学生能够在具体情境中有效应用所学理论的关键。通过科学安排小组讨论、案例分析和项目策划与执行等环节，教学活动可以实现互动性与实用性的有机结合，为学生提供深入学习与实践的机会。

在设计实际教学活动时，首先需要明确教学目标。案例教学与项目导向学习的结合，应围绕提升学生的理论理解与实践能力展开。例如，在经管类课程中，目标可能是让学生掌握企业战略分析的理论框架，并通过实际案例研究和项目任务完成从理论到实践的转化。教学设计应以这一目标为导向，分阶段安排活动，确保学生能够在每一阶段积累知识并提升能力。

小组讨论是教学活动的重要环节，其核心在于通过团队合作促进知识共享和多维度思考。在讨论中，教师可以提供引导性问题，鼓励学生从不同角度分析问题。例如，在分析企业市场拓展案例时，可以设计问题如"该企业为何选择这一战略市场？"或"有哪些潜在风险需要重点关注？"通过这种引导，学生能够结合理论知识展开深入探讨。同时，教师在讨论过程中应扮演引导者的角色，通过适时提问和反馈，推动讨论朝着教学目标的方向发展。

案例分析与项目策划的结合是教学活动的核心。教师可以先通过案例教学为学生提供真实情境，引导学生理解实际问题的复杂性和背景因素。例如，在讨论财务管理案例时，可以让学生分析企业的财务报表和经营数据，从中发现潜在问题或改进空间。在此基础上，教师引入项目导向任务，例如要求学生设计一套提升企业财务健康度的解决方案。项目任务的设计需要具有明确的目标和可操作性，同时应为学生提供分阶段完成的任务框架，例如数据收集、方案设计和成果展示等，以确保学生能够循序渐进地完成学习任务。

项目执行环节需要特别关注互动性和实用性。在这一阶段，学生需通过团队合作将理论转化为具体行动计划。例如，小组成员可以分别负责数据分析、资源分配和报告撰写，并通过定期的团队会议协调任务进度。教师应在这一过程中提供适当的指导，例如通过线上平台或线下会议，与学生沟通项目进展并解答疑问。这种多样化的互动方式不仅增强了学生的参与感，也为他们提供了实际操作的经验。

课堂活动与实践任务的结合也是教学设计的重要部分。通过课堂内外的延展性任务设计，可以帮助学生将学习从理论层面推进到实践层面。例如，在课堂上完成案例分析后，教师可以布置课后任务，如实地调研或模拟情境操作，让学生将课堂讨论中的理论应用到更广泛的情境中。

（三）评估与反馈

评估与反馈是不断优化项目导向和案例教学结合模式的重要途径。通过科学的评估机制和有效的反馈渠道，可以帮助教师了解学生的学习效果，发现教学设计中的不足，从而实现教学质量的持续改进。

首先，学生的学习成果评估是优化教学模式的重要基础。教师可以通过多维度评估方式，综合考察学生在理论理解、问题分析和实践操作等方面的表现。例如，通过小组项目报告、课堂表现评分和案例讨论参与度等指标，全面反映学生的学习效果。此外，教师还可以设置学习成果展示环节，让学生通过公开展示项目成果、阐释解决方案等方式，将理论与实践的结合成果呈现出来。这不仅为学生提供了自我反思的机会，也帮助教师评估教学方法的有效性。

其次，企业与行业的反馈为优化教学模式提供了重要参考。在合作项目中，与企业的互动是项目导向学习的重要组成部分。通过企业对学生解决方案的评价，教师可以更准确地了解学生实践能力的不足之处。例如，企业可能反馈学生在方案设计中的可行性考量不足或对行业背景的理解不够深入，这些信息为教师调整课程设计和任务安排提供了方向。

　　最后，教师自我反思和学生反馈共同构成教学模式改进的关键支撑。教师可以通过定期反思教学活动的组织与实施效果，总结成功经验与改进空间。同时，收集学生对课程内容、教学方法和活动设计的反馈，有助于从学生的视角发现问题并提出改进建议。通过结合多方反馈，教师能够更加灵活地调整课堂教学与实践任务的比例、改进案例选择的针对性和项目任务的挑战度，从而持续优化教学模式。

第五章　经管类人才的
师资队伍建设与发展

第一节　师资队伍建设的现状与问题

一、师资队伍建设的现实问题

（一）缺乏企业经验的教师

在经管类专业的高等教育中，教师普遍缺乏企业实践经验是一个长期存在的问题。这一问题不仅影响了教学质量，还对学生的实践能力培养产生了深远的负面影响。作为一门既强调理论深度又关注实际应用的学科，经管类课程需要将理论与实践紧密结合。然而，当教师的职业背景过于集中于学术研究时，学生的学习难以有效连接实际产业需求，这成为高等教育中的一大困境。

1. 教师缺乏企业经验的现状及其影响

高校经管类教师以学术研究为主的职业路径，使得许多教师在教学中更倾向于强调理论知识，而缺乏实际商业案例的支撑。尽管学术背景深厚的教师在理论传授上具有优势，但其与企业实际运作的脱节，可能导致课程内容与现实需求存在差距。例如，学生可能熟悉宏观经济学的理论框架，但缺乏对政策实际影响下产业调整的深刻理解；或者掌握财务报表的编制原理，却不了解财务数据在企业决策中的具体作用。

这一现象直接影响了学生的学习效果。首先，理论与实践的脱节让学生难以将课堂知识应用于实际情境。例如，在案例讨论或团队项目中，学生可能因为缺乏真实商业背景知识而无法提出切实可行的解决方案。其次，缺乏企业经验的教师无法向学生传递真实的行业动态和管理实践，导致学生在就业后面临"理论适用性不足"的挑战。最后，这种单一的理论导向削弱了学生的学习兴趣，他们可能认为课堂知识缺乏现实意义，从而影响其主动学习的动力。

2. 教师缺乏企业经验的根本原因

造成教师缺乏企业实践经验的原因是多方面的。其一，高校评价体系的单一化倾向是关键因素之一。在许多高校，教师的职业发展主要依赖于学术成果，如论文发表和研究项目的完成。这种评价体系促使教师将时间和精力集中于学术研究，而忽视与企业和行业的联系。即便在经管类专业，实践经验的积累也未能纳入教师考核的主要指标。

其二，学术与产业的隔阂也使得教师难以深入企业实践。高校和企业在目标和文化上存在显著差异，高校注重知识的系统性与学术创新，而企业更强调效率与实际效益。这种差异使得高校教师在进入企业挂职或合作研究时面临适应性困难。此外，高校教师的时间安排较为紧张，繁重的教学任务与科研压力也使得其难以抽出时间参与企业实践。

3. 缺乏企业经验对教学和学生培养的影响

教师实践经验的缺乏对教学质量产生了直接影响。经管类课程需要通过真实案例、动态情境和实操任务帮助学生将理论知识与实际问题相结合，而这些往往依赖于教师自身的实践积累。例如，在讲授市场营销时，具有行业背景的教师能够为学生提供更多关于市场定位、消费者行为分析的真实案例，从而让课程更加生动和贴近实际。而缺乏行业经验的教师，往往只能依赖教材或学术案例，这在教学深度与现实感上形成明显落差。

对学生而言，这种现状不仅削弱了他们对课程的兴趣，还可能影响其就业能力。商业与管理领域的职业要求通常包括灵活运用理论分析实际问题、快速适应企业环境等能力，而这些能力的培养离不开教师的引导和示范。当教师的知识体系局限于理论领域时，学生的能力发展也将受限，进而在职场中面临竞争劣势。

4. 解决教师缺乏企业经验问题的策略

为解决这一问题，需要从制度设计、实践机会和校企合作等多个层面入手，推动教师职业路径的多样化，促进高校与企业之间的联系。

首先，调整高校教师评价体系是推动实践经验积累的关键一步。在评价标准中，除了学术成果，还应纳入教师的实践经历、行业影响力等指标。例如，可将教师在企业挂职、参与行业研究项目的经历作为职称评审和绩效考核的重要组成部分，从制度上鼓励教师走出校园，深入产业。

其次，加强教师与企业之间的联系，为其提供更多的实践机会。例如，高校可以与企业建立挂职交流机制，定期选派教师进入企业实践，参与项目管理、战略规划等实际工作。这不仅可以让教师积累企业管理经验，还能为其教学提供丰富的案例资源。此外，高校还可以通过行业研讨会、企业参访等活动，为教师创造了解行业动态的机会，弥补理论知识与行业需求之间的空白。

再次，深化校企合作，为教师提供更多应用型科研机会。高校和企业可以联合开展产业课题研究，通过实地调研和项目合作，让教师深度参与到企业的运营和管理中。例如，在大数据管理课程中，高校与科技公司合作开发数据分析工具，教师不仅可以将开发过程中的经验融入课堂，还能帮助学生理解理论在技术应用中的具体表现。

最后，加强教学资源的多样化建设。高校可以引入更多具有行业经验的兼职教师，与全职教师形成优势互补。这些行业专家的参与，可以为课程设计和教学方法注入新的活力，同时弥补全职教师在实践经验上的不足。此外，通过引入企业案例库，丰富课程内容，让教师能够更加灵活地设计教学任务，从而提升课堂的实际应用性。

（二）教学与科研的平衡难题

在高等院校中，教学与科研是教师职业发展的两大核心任务。然而，这两者之间的平衡长期以来一直是一个难以解决的问题。随着现代高等教育体系对教学质量和科研成果的双重要求不断提高，教师往往面临时间与精力的双重分割困境。如何在繁重的教学任务与科研压力下实现有效平衡，不仅关系到教师个人的职业发展，也直接影响教育质量和学术创新的整体水平。

1. 教学与科研平衡的现状及困境

在现有的高等教育体系中，教师的主要职责分为两部分：一是为学生提供高质量的课程教学，二是进行高水平的学术研究。教学要求教师设计课程内容、组织课堂活动、指导学生论文和项目，而科研则要求教师在专业领域不断开展深入研究、发表高质量论文、争取科研经费。然而，教学与科研在时间安排和精力分配上的冲突，使得许多教师难以同时兼顾两者。

首先，教学任务的繁重占据了教师的大量时间和精力。特别是对于承担本科生和研究生课程的教师，他们需要准备授课内容、批改作业、指导学生论文等。对于某些课程体系复杂、理论性强的经管类专业，课程设计和教学实施需要耗费更多的时间，进一步挤压了科研活动的空间。其次，科研任务的压力也不容忽视。随着高校评价体系对科研成果的重视程度不断提高，教师需要投入大量时间进行课题研究、撰写学术论文和申请科研经费。尤其是在竞争激烈的学术环境中，未能持续产出高水平科研成果可能对教师的职业发展造成不利影响。这种双重压力往往导致教学和科研的平衡被打破，教师的职业满意度和发展空间也因此受到限制。

2. 教学与科研平衡的破裂对教师发展的影响

教学与科研之间的平衡破裂，不仅会对教师的工作效率产生负面影响，还可能阻碍其职业发展。首先，当教师将大部分时间用于教学而忽视科研时，其学术能力和研究产出可能会逐渐降低，进而影响其职称评定、科研经费获取以及学术声誉的建立。这种情况在以科研为导向的高校中尤为明显。其次，当教师过度关注科研而忽略教学时，学生的学习体验和教育质量可能会显著下降。例如，教师可能为了节省时间而减少与学生的互动，甚至压缩课堂内容的设计。这种现象不仅影响学生的学习效果，还可能损害高校的教学声誉。

最后，教学与科研的失衡对教师的个人心理健康也构成威胁。长期的高强度工作可能导致教师面临职业倦怠，进而影响其工作效率和生活质量。一些教师甚至可能陷入"教而不研"或"研而不教"的职业发展困境，最终限制了其全面发展的可能性。

3. 促进教学与科研双重发展的措施

为了帮助教师更好地实现教学与科研的平衡，高校需要在制度设计和资源配置方面进行系统性优化，从而为教师提供更加支持性的工作环境。

（1）鼓励教学创新与教学成果转化

高校应重视教学创新，鼓励教师在课程设计和教学方法上进行尝试，并将教学成果纳入职业评估的重要指标。例如，在经管类课程中，教师可以通过引入案例教学、项目导向学习等创新方法，提升教学质量的同时，为科研提供新的素材。这种教学与科研的互促机制，可以帮助教师在两个领域实现协同发展。

（2）提供科研支持与资源保障

为了减轻教师在科研方面的压力，高校可以通过设立专项科研基金、提供数据资源和技术支持等方式，帮助教师更高效地开展研究。例如，为经管类教师提供企业数据或案例研究平台，不仅能够提升研究效率，还可以让科研成果更快转化为教学内容。此外，高校还可以通过与企业合作的形式，帮助教师将研究项目融入实践教学中，从而实现教学与科研的有机结合。

（3）优化时间管理与任务分配

合理分配教学任务和科研任务，是实现平衡的关键一步。高校可以根据教师的职业发展阶段和个人专长，灵活调整其教学和科研比例。例如，对于刚入职的青年教师，可以适当减少其教学任务，帮助其在科研领域打下坚实基础；而对于教学经验丰富的资深教师，则可以增加其教学任务，发挥其在教育质量提升中的重要作用。

（4）建立多元评价体系

现行的高校评价体系往往偏重科研成果，而忽视教学质量的评价。这种单一化的评价方式是导致教学与科研失衡的主要原因之一。高校应建立多元化的评价体系，将教师的教学质量、学生反馈、教学创新成果纳入评价标准，与科研产出形成并行的考核机制。通过这种方式，教师将能够在教学和科研两方面获得更多的认可与激励。

（5）推动团队合作与资源共享

教学与科研的平衡也可以通过团队合作来实现。高校可以组建教学和科研团队，让教师在团队内分工协作，彼此分享资源与经验。例如，在经管类学科中，教师团队可以共同开发跨学科的教学内容，同时联合开展与行业相关的研究课题。这种合作模式不仅能够提升工作效率，还能让教学和科研的内容更加丰富和相辅相成。

（三）师资队伍建设的激励机制不足

当前高等院校在师资队伍建设中普遍存在激励机制不足的问题，特别是在教学和科研两方面的评价与奖励体系中，科研成果往往被过度强调，而教学质量则相对被忽视。这种单一化的评价模式不仅削弱了教师对教学的投入和动力，也制约了高校教育质量的整体提升。在建设高素质师资队伍的过程中，如何设计合理的激励机制，使教学与科研得到平衡关注，是当前亟待解决的问题。

1. 激励机制现状及问题分析

在现行的高等教育体系中，教师的职业发展主要围绕学术研究展开，尤其在职称评审、绩效考核和资源分配等关键环节中，科研成果常被视为评估教师能力的核心标准。这种过于偏重科研的机制导致教学活动在评价体系中的地位被边缘化，直接影响了教师对教学的重视程度。教学质量难以量化、教学成果的可见性较低，使其在激励体系中处于相对弱势的地位。

首先，这种评价机制削弱了教师的教学动力。由于教学成就较少被纳入职称晋升的核心标准，教师倾向于将更多时间和精力投入到科研工作中，而减少对课程设计、教学创新的关注。例如，一些教师可能为了争取科研经费或发表高水平论文而压缩备课时间，甚至将教学视为附属任务，从而影响课堂效果和学生体验。

其次，现有机制对教学能力的支持不足，进一步削弱了教师提升教学水平的意愿。许多高校未能为教师提供系统化的教学培训或教学资源支持，使得教师在教学方法和工具的应用上存在局限。这种缺乏持续支持的环境，使得即便有意愿提升教学质量的教师也难以找到适当的路径。

2. 激励机制不足对教育的影响

激励机制不足不仅限制了教师的个人发展，也对高等教育的整体水平带来不利影响。首先，学生的学习体验和教育质量受到直接影响。当教师缺乏对教学的热情和投入时，课堂的互动性和深度往往不足，学生的学习兴趣和知识吸收效果也会因此下降。其次，高校的教学创新能力受到削弱。在教学未被充分重视的环境下，教师缺乏动力进行课程设计创新，教学内容和方法难以与行业和社会需求保持同步。此外，教师团队的整体发展失衡，导致高校在教学质量提升和科研产出之间难以找到平衡点。

3. 改进激励机制的策略

为增强教师的教学热情与能力，高校需要通过系统化的激励机制改革，将教学质量提升作为师资队伍建设的核心目标之一。这些措施应着眼于评价体系的平衡化、教师培训与支持的强化、教学成果的可见性提升等方面。

（1）完善评价体系，提升教学地位

高校应在职称评审和绩效考核中平衡教学与科研的权重，将教学质量和成果纳入评价标准。例如，可以引入学生反馈、同行评议、课堂观摩等多维度的教学质量评价机制，同时将教学创新成果、优秀课程设计和学生培养成效作为职称晋升的重要参考。这种多元化的评价方式能够激励教师更加关注教学活动，并为教学质量提升提供持续动力。

（2）增加教师培训与资源支持

通过提供系统化的教学培训和资源支持，高校可以帮助教师提升教学能力和创新水平。例如，定期举办教学工作坊、课程设计研讨会、现代教学工具培训等活动，让教师掌握先进的教学方法和工具。同时，高校还可以建立教学支持中心，为教师提供课程设计咨询、教学案例资源共享以及课堂技术支持，从而帮助教师更高效地进行教学准备。

（3）奖励教学成就，提升教学价值

高校可以通过设立专门的教学奖项和项目支持基金，鼓励教师积极参与教学创新和改进。例如，设立"优秀教师奖""教学创新奖"等，表彰在教学中取得突出成绩的教师，并在校内树立教学标杆。同时，推动教学成果转化，如将优秀课程推广到更大范围，提升教师教学贡献的社会影响力。

（4）优化教师晋升路径

针对教学能力突出的教师，高校应提供多样化的职业发展路径。除了传统的科研主导型晋升通道外，还可以设置"教学型教授"等职称，专门面向教学优秀的教师。这种路径为教师提供了多样化的职业选择，也能在师资队伍中形成教学与科研并重的良性竞争氛围。

二、国内外师资队伍建设的成功经验

（一）国外成功经验：教师实践与学术的融合

在师资队伍建设方面，欧美等发达国家积累了丰富的经验，尤其是在促进教师实践与学术研究相结合的领域，展现了卓越的成效。这些国家通过制度化的合作项目、企业实践机会以及行业研究机制，不仅帮助教师将实践经验转化为教学内容，还推动了教育与产业的深度融合。对这些成功经验的分析，有助于为国内师资队伍建设提供有益启示。

1. 实践与学术融合的核心模式

欧美国家高度重视教师的职业多样性，特别是在商学院和管理类专业中，教师被鼓励以实践为基础，拓展学术研究的深度与广度。其核心模式包括以下几个方面：

首先，推动教师参与企业实践是欧美高校的重要策略。在许多高校，教师被要求定期进入企业参与项目实践或担任顾问角色。例如，美国一些顶尖商学院通过"教师企业挂职"计划，让教师在行业中实际担任重要职务，如企业战略顾问或财务分析师。这种模式不仅能够为教师提供第一手的行业动态信息，还帮助其将复杂的商业问题转化为教学案例或研究课题。

其次，高校与企业之间的合作研究是学术与实践融合的重要机制。在欧洲，大学与企业之间通常建立长期合作关系，共同开展产业课题研究。以德国为例，其"双元制"教育体系广泛支持高校教师与企业联合开发课程，研究领域涵盖供应链管理、智能制造等。这种合作模式不仅为教师提供了实践研究的机会，还通过联合教学项目，将行业需求与学术理论紧密结合。

最后，通过行业项目引导学术研究是欧美高校的一大特点。例如，在英国，高校和行业协会之间建立了紧密的联系。许多教师通过参与行业资助的研究项目，将行业最新需求转化为研究课题，并最终形成理论创新。这种模式在金融、能源、科技等领域尤为常见，为教师提供了理论与实践并重的研究环境。

2. 提升教学质量的积极作用

教师实践与学术的融合对提升教学质量起到了积极作用。首先，通过实践积累的经验，教师能够设计更贴近实际的课程内容。例如，在美国的商学院中，教师往往利用自己在企业实践中的经验，开发出具有高实践价值的课程。无论是供应链优化的真实案例，还是企业危机管理的经典场景，这些实践素材让课堂内容更加生动具体，极大地提高了学生的学习兴趣和知识应用能力。

其次，实践与学术的结合促进了教学方法的多样化。欧美高校教师通过行业研究积累了丰富的实际案例和数据资源，这些材料被广泛应用于案例教学和项目导向学习中。例如，在法国的顶尖管理学院，教师经常以本地企业的成功案例为基础，设计课堂讨论和团队任务，要求学生基于理论分析提出改进建议。这种方法不仅强化了理论学习的效果，还帮助学生更好地理解知识在实际场景中的适用性。

最后，教师的实践经验能够帮助学生更好地掌握行业技能。通过参与企业项目，教师可以洞察行业对毕业生技能的具体需求，并将这些技能需求融入课程目标。例如，在金融工程课程中，欧美高校教师经常利用其企业背景，为学生提供定量分析、风险管理等技能的实际训练，从而帮助学生更快适应职场。

3. 促进学生实际能力培养的成效

教师实践与学术的融合不仅提升了教学质量，还显著增强了学生的实际能力。首先，通过实践导向的教学设计，学生能够在真实问题中积累经验。例如，在德国，许多高校要求教师以其行业研究为基础，带领学生参与企业咨询项目或行业调研任务。学生在参与过程中，不仅深化了对理论知识的理解，还锻炼了数据分析、沟通协作等核心能力。

其次，教师的行业经验为学生提供了宝贵的职业指导。在欧美高校中，许多教师通过其行业人脉，为学生提供实习机会或职业建议。例如，美国的MBA项目中，教师通常利用其企业联系，为学生引荐实习岗位或参与招聘会。通过这些机会，学生能够接触到行业前沿，提升就业竞争力。

最后，实践与学术的结合有助于培养学生的创新思维。教师通过行业研究或项目参与，能够引导学生关注行业中的关键问题，并利用多学科方法提出创新解决方案。例如，在欧洲的一些管理学院中，教师通过跨学科联合研究，将学生的课程任务与绿色能源、人工智能等新兴领域相结合，培养学生解决复杂问题的能力。

4. 对国内的启示与借鉴

欧美国家教师实践与学术融合的成功经验，为国内高校提供了许多启示。首先，高校应鼓励教师定期参与企业实践，并将实践成果纳入职称评定和绩效考核。例如，可以设立教师企业挂职计划，鼓励教师在教学任务间隙深入行业，积累实践经验。其次，加强高校与企业的合作研究，通过设立联合研究基金或行业课题，为教师提供更多实践研究的机会。此外，可以通过引进具有企业背景的兼职教师，与全职教师形成互补，提升师资队伍的多样性和实践性。

总之，欧美国家通过推动教师实践与学术的融合，不仅显著提升了教师的教学质量，还有效促进了学生的实际能力培养。这种经验为国内高等教育改革提供了重要参考。通过加强高校与产业的联系，推动教师从理论与实践的双重视角进行教学设计，国内高校有望实现更高水平的人才培养目标，为社会和行业发展输送更多高素质人才。

（二）国内成功经验：企业参与与高校合作

近年来，国内部分高校在师资队伍建设中通过校企合作和行业联合培养取得了显著成效。这些实践尤其在经管类专业中表现突出，为教师积累实践经验、推动学术研究与产业需求的结合提供了有效路径。这些成功经验不仅促进了教学质量的提升，还推动了人才培养模式的创新以及教师能力的全面增强，成为国内高等教育发展的重要借鉴。

1. 校企合作模式的多样化实践

国内部分高校通过多样化的校企合作模式，将企业资源与高校教学和科研紧密结合，为师资队伍建设注入了实践动力。一种典型的实践是企业挂职计划。例如，国内许多经管类高校要求教师定期到企业挂职，参与企业的实际运营和管理工作。这种方式帮助教师在实践中积累第一手的行业经验，将复杂的商业问题转化为可教的案例和研究素材。例如，在某些商学院中，教师通过参与企业战略规划和市场开发项目，深入理解了行业运作逻辑，并将这些实践经验带回课堂，丰富教学内容。

另一种模式是企业专家进校园。国内一些高校邀请具有丰富管理经验的企业高管担任兼职教授，与全职教师共同授课。例如，某些高校在 MBA 课程中引入企业高管参与案例教学和行业研讨。这种合作模式不仅为学生提供了贴近实际的学习内容，也为高校教师提供了与企业深度合作的机会，帮助他们更好地了解行业动态并反思自己的教学方法。

此外，一些高校通过与企业联合开发课程，将行业需求嵌入教学内容。例如，某些高校与金融机构合作，共同设计金融科技课程，结合数据分析和智能算法的最新实践，为学生提供前沿知识的同时，也帮助教师拓展了研究领域。这种基于校企联合的课程开发，不仅提升了课程内容的实用性，还为教师搭建了理论研究与实践应用的桥梁。

2. 行业联合培养的有效机制

国内高校还通过与行业协会和企业联合培养教师，推动师资队伍的专业化发展。例如，部分高校与行业协会合作，定期举办培训项目和行业论坛，为教师提供专业发展的机会。这些培训项目通常围绕行业热点问题展开，比如绿色金融、数字化转型等，通过专家讲座和专题研讨，让教师深入了解行业前沿动态。

另一种有效机制是通过企业研究项目为教师提供实践机会。许多高校与企业签订合作协议，共同开展市场调研、产业分析等项目。教师在这些项目中不仅能够获得实地研究的机会，还能与企业团队共同探讨解决方案。例如，一些高校在商业咨询项目中，让教师与企业团队合作完成商业模式设计或战略分析，这种深度参与增强了教师的实际操作能力，并为其学术研究提供了丰富的实践素材。

同时，一些高校还建立了联合研究中心或实验室。例如，某些经管类高校与科技企业联合设立大数据分析实验室，教师在实验室内与企业研发团队协作，通过处理企业实际数据完成前沿研究。这种模式不仅提升了教师的科研能力，还促使其在教学中融入更加真实和鲜活的案例。

3. 成功经验的积极影响

这些校企合作和行业联合培养模式为国内师资队伍建设带来了深远影响。首先，这种实践显著提升了教学质量。教师通过积累企业实践经验，能够设计更加贴合实际需求的课程。例如，在财务管理课程中，教师结合其参与企业财务分析的经验，为学生讲解如何将理论知识应用于实际数据的分析与决策。这种生动的教学方式增强了学生的理解力和兴趣。

其次，这些实践推动了人才培养模式的创新。通过校企合作，教师能够更好地理解行业对学生能力的具体需求，并将这些需求融入课程设计。例如，在某些高校的创业管理课程中，教师通过引入真实创业项目，帮助学生体验创业过程中的实际挑战，同时锻炼其解决问题的能力和团队协作能力。这种教学模式的创新，显著提升了学生的就业竞争力和职业适应能力。

最后，这些经验还增强了教师的综合能力。通过深入行业实践，教师不仅拓宽了学术研究的视野，还增强了其跨领域的能力。例如，通过参与行业数据分析项目，教师可以结合学术研究方法，为企业提供科学的决策支持。这种能力的提升，使教师在教学和科研两方面都更具竞争力。

第二节　师资队伍的培养与引进策略

一、教师的培养与进修策略

（一）跨界培训与多元化发展

在现代高等教育中，特别是经管类专业的教学与科研中，教师仅仅掌握学科内的专业知识已经不足以满足教育与学术发展的需求。随着商业环境的日益复杂化和跨学科趋势的加剧，教师需要具备更加多元化的知识体系和能力结构，这使得跨界培训成为提升教师综合素质的重要手段。通过跨学科的学习与培训，教师能够在教学与科研中融入更多元的视角，促进课程质量的提升与学术研究的创新。

1. 跨界培训的概念与必要性

跨界培训是指通过系统性地学习和实践，帮助个体突破传统学科边界，掌握其他领域的知识与技能。对于经管类教师而言，这种培训不仅涉及管理学、经济学的基础领域，还可能涵盖数据科学、心理学、人工智能、国际关系等多学科领域。跨界培训的核心在于通过知识的交叉与整合，使教师能够更全面地理解复杂问题，从而为学生提供更丰富的教学内容，并推动多学科融合的学术研究。

跨界培训的重要性体现在以下几个方面。首先，经管类学科本身具有高度的跨学科属性。现代管理问题往往涉及财务、市场、人力资源、技术等多个领域，单一学科视角难以全面解读这些问题。其次，跨界能力能够帮助教师应对快速变化的教育需求。随着技术革新和全球化的推进，诸如大数据分析、行为经济学等新兴领域正在改变经管学科的教学和研究范式。通过跨界培训，教师能够快速适应这些变化，并将新知识融入教学与科研中。此外，跨界能力还能够提升教师的行业适应性，与企业合作的能力，从而更有效地推动产学研结合。

2. 提升教师跨界能力的关键路径

为了有效提升教师的跨界能力，高校需要在培训形式和资源支持方面制定系统性策略。这些路径包括跨学科课程学习、国内外研讨会与学术交流、行业相关的实践培训等。

（1）跨学科课程学习

高校可以为教师设计专门的跨学科课程学习计划，通过鼓励教师修读其他学科领域的核心课程，帮助其构建更加全面的知识体系。例如，经管类教师可以通过选修数据科学、行为心理学、环境经济学等课程，拓展其在教学和科研中的学科视野。此外，一些高校还可以与其他学科院系合作，开展跨学科的教学工作坊，邀请不同领域的专家讲授跨学科知识，为教师提供更广泛的学习机会。

（2）国内外研讨会与学术交流

参与国内外的学术研讨会与交流活动，是教师提升跨界能力的重要方式。许多国际会议和跨学科论坛不仅讨论学术前沿问题，还关注学科交叉的具体实践。例如，经管类教师可以参加专注于数字经济、绿色金融、人工智能伦理等议题的国际研讨会，通过与其他学科领域的学者交流，了解最新的研究动态和方法论。此外，教师还可以申请短期访问学者项目，进入国外顶尖高校或研究机构，在跨学科的环境中开展研究和教学活动，从而加深对多学科知识的理解。

（3）行业相关的实践培训

与行业紧密结合的实践培训是提升教师跨界能力的另一重要路径。高校可以与企业、行业协会联合举办专业化的培训项目，邀请行业专家为教师讲解实际工作中的跨学科问题。例如，在金融领域，教师可以通过企业举办的培训了解大数据如何在风险管理中应用；在人力资源管理领域，可以参与心理测评技术的应用工作坊。这些行业培训不仅能够提升教师对行业需求的理解，还能够为其教学和科研提供更具实践价值的素材。

（4）建立跨界学习平台与资源共享机制

高校还可以通过建设跨界学习平台，整合校内外的资源，为教师提供长期的跨学科学习支持。例如，可以设立在线学习平台，涵盖不同学科的课程与案例库，供教师随时学习。同时，通过校际合作或国际合作，与其他高校共享跨学科的课程与科研资源，为教师创造更广泛的学习环境。

3. 跨界培训的实际效益

跨界培训为教师的教学与科研带来了显著的提升。首先，在教学方面，跨界能力使教师能够设计更具深度和广度的课程内容。例如，在讲授市场营销时，具有数据分析能力的教师可以引入大数据营销的案例，通过跨学科知识的应用，让学生理解数据与消费者行为之间的复杂关系。这种教学方式不仅提高了课程的吸引力，还帮助学生更好地适应实际商业环境。

其次，跨界培训能够推动学术研究的创新。教师通过学习其他领域的方法论与理论框架，可以在学术研究中探索更多元的议题。例如，在战略管理研究中，教师可以结合心理学的决策理论，研究企业高管的心理因素如何影响战略选择；在企业社会责任研究中，可以引入环境经济学的分析方法，量化企业可持续发展的经济价值。这种学术上的交叉创新，不仅为研究提供了新视角，还显著提升了教师的学术竞争力。

最后，跨界培训还能够增强教师的行业影响力和合作能力。通过参与行业培训或企业项目，教师可以更准确地理解企业需求，并以此为基础开展教学与科研。例如，教师通过企业挂职获得的实践经验，不仅丰富了课堂内容，还为高校与企业的进一步合作搭建了桥梁。这种基于实践的能力提升，为教师的职业发展打开了更广阔的空间。

（二）企业实践与实践教学结合

在经管类课程的教育中，教师的实践能力对于课程质量和学生学习效果的提升起着至关重要的作用。然而，教师在行业实践中的参与度相对有限，导致教学内容与企业实际需求存在一定脱节。通过推动教师参与企业实践，并在课堂教学中融入最新的行业案例，可以有效弥补这一差距，使经管类教育更贴近现实，提升学生的实践能力和综合素质。

1. 教师参与企业实践的必要性

（1）缩小理论与实践的差距

经管类课程涉及复杂的商业与管理问题，这些问题往往需要通过理论与实际结合来解决。然而，许多教师主要依靠学术研究和理论教学，缺乏对企业运作的深入了解，这使得课堂内容难以反映实际商业环境的动态变化。通过参与企业实践，教师可以直接接触行业问题和运作机制，从而更好地理解理论在实际场景中的应用。例如，参与供应链管理项目的教师，可以通过观察企业的物流运营环节，更清楚地认识到理论模型与现实操作之间的差异。

（2）增强教学内容的实用性和吸引力

现代学生对实践性课程的需求越来越高，教学内容中缺乏现实案例可能会降低学生的学习兴趣。通过企业实践，教师可以获取丰富的案例素材，并将其转化为教学资源，使课程内容更具实用性和吸引力。例如，通过参与企业的市场调查项目，教师可以将数据分析的实际案例引入课堂，帮助学生更直观地理解分析工具的使用及其对市场决策的影响。

（3）促进教师自身的职业发展

参与企业实践还能帮助教师不断更新其专业知识，适应快速变化的行业环境。商业领域的快速发展，如数字化转型、人工智能的应用等，都对教师的知识储备提出了更高要求。通过行业实践，教师可以保持与行业发展的同步，并在研究方向上获得更多实践启发，从而推动其职业发展。

2. 教师参与企业实践的主要方式

（1）企业挂职与短期实践

企业挂职是一种常见的实践形式，教师可以在企业中担任顾问或临时职务，直接参与企业的运营和决策过程。这种实践模式不仅能让教师深入了解企业的内部运作，还能通过与企业高管和员工的交流，获得更多行业一线的洞察。例如，一名参与挂职的财务管理教师，可以在企业预算制定、成本控制等工作中积累实际经验，为课堂讲授提供更真实的案例。

短期实践则更灵活，通常以项目合作或问题解决为目标。例如，教师可以参与企业的某个咨询项目，帮助其分析市场、优化流程或制定战略。这种方式适合教学任务较为繁忙的教师，既不会占用过多时间，又能够获得实践经验。

（2）企业联合研究与培训项目

高校与企业合作开展联合研究或专题培训，是教师参与企业实践的另一有效方式。例如，在与某金融机构合作的研究项目中，教师可以通过数据分析、方案设计等工作，直接参与企业的运营活动。此外，一些企业与高校合作的培训项目，为教师提供了接触行业实践的机会，特别是在技术变革和政策更新方面。

（3）实地调研与行业参访

通过组织实地调研或行业参访活动，教师可以直接观察企业的生产、销售和管理环节。这种方式虽然互动性相对较低，但对于了解行业动态、获取案例素材仍有重要作用。例如，教师可以参观一家智能制造企业，了解其生产流程中的技术创新，并在教学中融入相关案例，帮助学生理解现代制造业的特点。

3. 实践教学中企业经验的应用

将企业实践经验有效融入课堂，是提升教学质量的关键步骤。教师可以通过案例教学、项目导向学习等方式，将企业实践的优势充分发挥出来。

（1）引入最新的企业案例

通过参与企业实践，教师能够收集到一手的案例素材，这些案例通常具有时效性和真实性。例如，参与企业转型项目的教师，可以将企业如何应对市场变化的过程作为案例，引导学生分析背后的决策逻辑。相比传统的书本案例，真实企业案例更能激发学生的学习兴趣，并帮助其更好地理解理论知识的实际应用。

（2）设计基于实际问题的项目任务

教师可以通过企业实践积累实际问题，并将其转化为课程中的项目任务。例如，在商业分析课程中，教师可以根据企业调研中的数据问题，设计数据清洗、建模分析的任务，让学生通过项目导向学习掌握相关技能。这种教学设计不仅让学生具备解决实际问题的能力，还培养了其团队合作和沟通协调的能力。

（3）结合行业背景调整教学内容

企业实践能够帮助教师更好地理解行业需求，并据此调整教学内容。例如，某些行业对数字化技能的需求较高，教师可以通过企业实践了解相关技术的应用场景，并在课程中加入如大数据分析、算法设计等内容，从而让课程更加贴近学生未来的职业发展。

4. 教师企业实践对教学和学生发展的影响

教师企业实践对教学质量和学生发展具有积极影响。首先，丰富的企业实践经验能够显著提升教学的现实感和吸引力，让学生更清楚理论知识的应用价值。其次，教师通过行业实践积累的专业技能和行业洞察，为学生提供了更高水平的指导，有助于学生更好地应对就业市场的挑战。此外，教师的行业网络也为学生提供了更多实习和就业机会。

5. 促进教师企业实践的政策与支持

为了鼓励教师参与企业实践，高校需要在政策设计和资源支持上提供更多保障。首先，应将企业实践经历纳入教师考核体系，将其作为职称评审和绩效评估的重要指标，从而激励教师主动参与实践。其次，高校可以设立专项基金，支持教师参与企业挂职、项目合作等活动，减轻实践成本。此外，与企业建立长期合作关系，为教师定期提供实践机会，也是推动教师企业实践的重要途径。

（三）终身学习与教师职业发展的支持系统

在现代高等教育体系中，终身学习不仅是学生发展的核心理念，也是教师职业发展的重要保障。随着学科发展和教育技术的不断革新，教师需要通过持续学习和进修来更新知识、提高教学水平和科研能力。因此，高校需要为教师构建系统化的支持体系，以激励和保障其终身学习的实践。

1. 提供专门的资金支持和资源保障

设立专门的培训资金是高校支持教师终身学习的核心措施之一。这些资金可以用于资助教师参与国内外的学术会议、培训项目和高水平课程学习。例如，一些高校通过设立"教师发展基金"，支持教师在教学方法、学术研究和行业实践等方面进行深造。对于经管类教师，这些资金可以帮助其参加前沿领域的研讨会，如数字经济、人工智能等新兴学科的专题培训。此外，高校可以定期更新资源库，为教师提供涵盖学科前沿文献、案例库和教学工具的数字化平台，让教师在日常工作中能够高效获取学习资源。

2. 激励机制与学术奖励的结合

通过制定激励机制和学术奖励政策，高校可以有效推动教师的终身学习。例如，将教师的进修经历、教学创新和学术研究成果纳入考核体系，给予表彰和奖励。一些高校通过评选"教学创新奖"或"学术发展奖"，鼓励教师在教学方法和研究领域中不断突破。同时，高校可以通过晋升政策将终身学习成果纳入职称评审标准，例如明确规定高级职称申请者需要具备国际进修经历或跨学科学习背景。这种激励措施不仅提升了教师参与学习的主动性，也为其职业发展提供了明确方向。

3. 通过同行交流和专家指导促进持续成长

同行交流是促进教师终身学习的重要方式。高校可以通过定期举办教学研讨会、学术沙龙和跨学科论坛，为教师搭建交流平台。例如，经管类教师可以与其他学科的专家共同探讨商业与技术的结合，从中获得多学科视角的启发。此外，专家指导能够为教师的持续成长提供个性化支持。例如，高校可以为青年教师安排资深教授作为导师，指导其在课程设计、教学方法和研究选题上的探索。通过这种"导师制"，教师不仅能获得针对性的帮助，还能在职业发展中形成良性循环。

4. 构建长期学习与职业发展支持体系

高校需要将终身学习纳入整体发展战略，形成长期、系统的支持体系。例如，通过建立"教师发展中心"，集中管理培训计划、资源分配和绩效考核，为教师提供一站式服务。同时，高校可以与行业组织和国际教育机构合作，设计长期的进修项目，为教师提供更多元化的学习机会。这种体系化的支持能够帮助教师在职业生涯的各个阶段都保持学习和创新的动力。

（四）线上学习与国际交流平台的构建

随着教育技术的快速发展，线上学习已成为教师培养和职业发展的重要趋势。通过构建线上学习与国际交流平台，高校能够为教师提供灵活的学习机会和广泛的学术合作网络，从而提升其教学与科研能力，推动教育水平的整体提升。

1. 线上学习平台的建设与应用

线上学习平台为教师提供了高度灵活的学习模式，使其能够随时随地获取优质教育资源。高校可以通过自主开发或与知名教育平台合作，构建综合性的线上学习平台。例如，这些平台可以整合 MOOCs（大规模在线开放课程）、专题讲座和学术资源库，涵盖经管类专业的前沿领域，如数据分析、商业模型设计、创新管理等。通过这种平台，教师能够在日常工作中随时进行知识更新，并将学习成果应用于课堂教学和科研中。

线上学习的另一个重要优势在于互动性。通过线上论坛、实时讨论和虚拟学习社区，教师可以与同行和专家进行深入交流。例如，教师可以通过在线工作坊参与案例分析或问题解决活动，与来自不同高校和国家的学者分享经验。这种实时互动能够激发新的研究思路和教学方法创新。

2. 国际交流平台的构建与优化

国际交流平台为教师提供了拓展全球视野和建立学术网络的机会。高校可以通过以下几种方式加强国际交流平台的建设：

（1）参与国际会议与合作研究

高校应鼓励教师积极参与国际学术会议，并通过专项资金支持其参会。例如，经管类教师可以参加专注于全球化商业模式、跨国管理实践等议题的国际会议。这不仅能够帮助教师了解学科领域的最新动态，还能为其科研项目获取国际化的视角。

（2）发展跨国网络课程

通过与国际顶尖高校合作，高校可以引入跨国网络课程，让教师与全球范围内的专家共同学习。例如，与欧美知名商学院合作开设数字经济专题课程，邀请国际专家通过线上讲座或虚拟研讨会，为教师提供全球化的学术支持。这种课程设计能够帮助教师更好地将国际化视角融入教学内容。

（3）推动虚拟学术合作

高校可以通过国际学术平台，推动教师与全球学者之间的虚拟合作。例如，建立跨国研究团队，通过在线协作工具开展数据分析、论文写作或政策建议研究。这种合作模式能够弥补空间和时间的限制，为教师提供更广泛的合作机会。

3. 线上学习与国际交流的综合优势

通过线上学习与国际交流平台，教师能够显著提升其教学与科研水平。

首先，这种模式为教师提供了更多元化的学习资源和研究素材。例如，通过国际化案例和前沿理论，教师能够设计更具吸引力和实用性的课程内容。其次，线上学习的灵活性和国际交流的多样性能够帮助教师快速适应教育和科研环境的变化，例如数字化教育的普及和跨学科合作的需求。

二、师资队伍的引进与留住策略

（一）薪酬与福利体系的优化

薪酬与福利是影响高校师资队伍建设的重要因素之一。在当前竞争激烈的教育市场中，合理的薪酬和完善的福利待遇不仅是吸引高水平教师的重要手段，也是提升教师满意度、激励其工作投入、稳定教学和科研团队的关键。特别是在经管类专业领域，由于学科与行业联系紧密，许多优秀的教师候选人具备丰富的行业经验，同时也面临来自企业高薪职位的吸引。如何优化薪酬与福利体系，使高校在吸引和留住优秀教师方面具有竞争力，是亟待解决的重要课题。

1. 薪酬对师资引进与稳定的关键作用

薪酬作为高校吸引和留住高水平师资的核心驱动力，其合理性直接影响教师的职业选择。薪酬体系的设计需要平衡学术研究与行业市场的双重需求，同时能够体现教师的工作价值和专业贡献。

从理论上看，薪酬应体现岗位价值与绩效导向的结合。首先，薪酬需要与教师的职级、工作负担和学术贡献相匹配，这是确保基本公平的重要基础。其次，高校需要通过绩效激励机制，将薪酬与教师的实际贡献直接挂钩，以激励其追求更高水平的教学和科研成果。例如，教师的科研影响力、教学评价结果以及在校企合作中的作用，可以成为薪酬激励的衡量指标。通过合理的激励机制，高校可以引导教师向学术卓越和教学创新的方向努力。

此外，高校薪酬体系应具备市场竞争力。特别是在经管类学科领域，高校教师与企业从业者面临类似的市场竞争环境，薪酬的吸引力直接影响教师是否愿意投身教学与科研工作。高校如果无法提供具有市场竞争力的薪资水平，可能难以吸引具备行业经验或国际化背景的优秀教师加入。

2. 完善薪酬体系的设计原则

薪酬体系的设计需要综合考虑高校的学术目标、行业竞争态势以及教师个人发展的多样需求，以实现激励效应的最大化。

（1）岗位与绩效的结合

薪酬设计应基于岗位价值和绩效导向的双重考量。岗位价值体现在职称、教学任务和科研职责等方面，而绩效导向则需要明确教师在教学质量、科研成果和社会服务中的具体贡献。绩效薪酬可以通过量化的指标进行核算，例如科研论文的影响因子、教学评估的综合得分等，从而形成透明、公平的薪酬分配机制。

（2）灵活性与公平性并重

薪酬体系需要兼具灵活性与公平性。一方面，高校应根据不同教师的专长和发展方向提供差异化薪酬，例如对教学型教师与科研型教师设置不同的薪酬激励重点；另一方面，薪酬体系需要保证公平性，通过明确的评价标准和分配规则，减少教师之间的薪酬矛盾，提高团队的整体凝聚力。

3. 福利待遇对师资稳定性的意义

除了薪酬，福利待遇是提升教师满意度和稳定性的重要手段。福利体系的设计需要从实际需求出发，为教师提供支持其职业发展和生活质量的全面保障。

（1）提升工作与生活的平衡

在福利政策中，高校可以通过提供弹性工作时间、带薪休假计划等方式，帮助教师在工作和生活之间实现平衡。这种支持不仅能够缓解教师的工作压力，还能提高其长期留任的意愿。

（2）支持教师的职业发展

福利待遇中的重要组成部分是职业发展支持，例如设立专项基金资助教

师参与学术交流、进修培训或国际合作研究。通过这样的资源保障，教师能够持续提升其教学与科研能力，同时也增强了对高校的归属感和忠诚度。

（3）健康与家庭支持

完善的健康保障和家庭支持政策，是构建教师满意度的重要环节。例如，高校可以为教师提供全面的医疗保险和定期体检计划，同时通过子女教育补贴、家庭成员就业支持等措施，减轻教师的家庭负担。这种保障体系不仅体现了高校对教师的关怀，也增强了教师在工作中的安全感和投入感。

4. 薪酬与福利优化的综合策略

为了在薪酬与福利方面建立竞争优势，高校需要制定系统化的优化策略。

（1）构建长期激励机制

高校可以通过设立学术发展基金、终身成就奖等形式，为长期在教学与科研中表现突出的教师提供奖励。例如，将高水平研究成果或教育创新作为奖励对象，通过荣誉和经济激励相结合的方式，进一步激发教师的职业发展潜力。

（2）引入动态调整机制

薪酬和福利体系需要定期调整，以适应外部市场环境和内部发展的变化。例如，根据行业薪资水平的变化，动态调整教师薪资标准，确保薪酬的竞争力和吸引力。

（3）提升资源整合能力

高校可以通过校企合作、政府资助等多种渠道，为薪酬和福利体系提供资金支持。例如，与地方政府合作，为教师提供住房补贴或购房优惠计划；与企业联合设立实践基地，为教师参与行业项目提供额外收入来源。

（二）职业发展路径的设计与晋升机制

科学的职业发展路径和清晰的晋升机制是高校吸引和稳定优秀教师队伍的重要保障。特别是在高等教育日益强调教学与科研并重的背景下，如何通过制度化的职业发展设计激发教师的长期潜能，已成为高校提升整体竞争力的关键所在。

1. 多样化职业发展路径的设计

职业发展路径的设计需要兼顾教师的多元化需求，以满足其在教学、科研及社会服务方面的个性化追求。学术型高校中，部分教师更专注于教学，强调课程设计和教学方法的创新；另一些教师则以科研为主导，通过高水平学术成果推进领域发展。因此，发展路径必须具备多样性，以提供适合不同类型教师的成长平台。

从理论上看，多轨制职业发展模型可以更有效地适应教师的不同需求。教学型路径注重课程创新能力、教学评估结果以及学生反馈的综合表现，而科研型路径则以学术论文发表、课题资助获取和学术贡献为主要衡量标准。这种多样化路径不仅能为教师提供明确的发展方向，还能提升高校整体的人才竞争力。

2. 晋升机制的核心原则

晋升机制是职业发展路径的动力核心，其设计需基于公平性、透明性和激励性的原则。透明的评价标准能够让教师清楚晋升目标，从而激发其职业潜能。

根据组织行为学的研究，绩效导向的晋升体系能够更显著地提升员工的职业满意度。这一理论同样适用于高等教育领域。高校需要在晋升标准中明确涵盖教学质量、科研产出以及社会服务的综合贡献。例如，教学方面的评估可以通过学生评价、同行评审和教学创新成果展示来体现；科研方面则需要注重学术影响力和实际应用价值的结合。通过这一综合评价体系，高校可以鼓励教师在教学与科研中追求平衡，同时确保晋升决策的公正性。

3. 职业发展支持措施的有效实施

为支持职业发展路径的落地，高校需要提供系统化的资源保障和政策支持。这些措施应围绕教师不同职业阶段的需求展开，并着眼于长期发展。

首先，在学术支持方面，高校应设立专项科研基金，帮助教师获取必要的研究资源。以国际化研究为例，教师常面临数据不足、技术支持有限等问题。通过为跨国合作项目提供资金和技术保障，高校能够帮助教师扩展学术视野，并提高其研究的国际影响力。

其次，在教学创新方面，可以通过创建教学研究中心，为教师提供课程设计指导和案例共享平台。这一平台能够帮助教师整合不同领域的知识资源，从而提升教学质量。例如，在管理学课程中，结合数据科学与心理学的教学案例已成为教学创新的有效实践。

最后，职业发展中的阶段性指导机制尤为重要。青年教师常因缺乏经验而在职业选择中感到迷茫，高校可以通过资深导师制度，为其提供个性化的职业规划建议。例如，导师可以协助青年教师制定明确的短期和长期目标，同时指导其在教学与科研之间找到平衡点。

4. 晋升机制与职业路径的协同效应

科学的晋升机制与职业路径的协同能够形成教师发展的良性循环。当晋升目标与发展路径一致时，教师不仅能够清晰地识别职业努力的方向，还能在晋升过程中感受到公平与成就感。这种正向反馈有助于激发教师的教学与科研热情，同时增强其对高校的归属感。

（三）改善工作环境与创造激励机制

工作环境和激励机制是高校提升教师工作动力的重要因素。一个支持性的工作环境和积极的学术氛围不仅能增强教师的职业认同感，还能激励其在教学与科研中追求卓越。通过现代化教学设施的配置、学术支持团队的强化以及科学的激励机制设计，高校可以为教师创造更具吸引力的职业环境，推动其在教育事业中取得更多成就。

1. 优化工作环境以支持教学与科研

（1）提供现代化教学设施

现代化的教学设施是高效教学的基础，也是教师职业满意度的重要保障。高校应不断更新教学设备，满足多样化的教学需求。例如，配置多媒体教室、互动式教学工具，以及提供便捷的线上教学平台，可以帮助教师更好地实施现代化教学方法。同时，实验室、数据中心等科研设施的升级，也能显著提升教师的科研效率。

此外，高校还需优化物理空间的设计，为教师提供舒适且支持协作的办公环境。例如，开放式的学术讨论空间和安静的个人研究室，可以满足教师在不同场景下的工作需求。这些设施不仅能改善教师的日常工作体验，还能增强其对学校的归属感。

（2）加强学术支持团队

高效的学术支持团队能够为教师的教学和科研工作提供有力保障。高校可以通过设立专门的教学设计团队，为教师提供课程开发、教材编写和教学方法创新的支持；通过成立科研服务部门，协助教师进行数据处理、项目申请和成果转化。这种团队化的支持体系，不仅可以减轻教师的行政负担，还能帮助其更专注于核心任务。

2. 创造积极的学术氛围

（1）推动跨学科合作

积极的学术氛围需要通过跨学科的交流与合作得以实现。高校可以定期组织学术论坛、沙龙和研讨会，邀请不同领域的专家分享研究成果，为教师提供跨领域的学术交流机会。这种交流不仅能够激发创新思维，还能促成更多的跨学科研究项目。

（2）营造合作与共享的文化

学术合作和资源共享是增强学术氛围的重要途径。高校可以通过设立资源共享平台，让教师方便地访问教学案例、研究工具和实验数据。同时，通过构建学术共同体，鼓励教师间的知识共享和协作研究。例如，建立基于学科或主题的研究小组，可以促进教师之间的学术互动和联合研究。

3. 激励机制设计以促进教师发展

（1）多维度的激励措施

激励机制需要兼顾经济激励与非经济激励，以全面提升教师的工作动力。在经济激励方面，高校可以设立专项奖金，用于奖励在教学与科研中表现突出的教师。例如，针对优秀教学成果、高影响力学术论文以及社会服务贡献，设置多元化的奖励方案。在非经济激励方面，荣誉称号和公开表彰是提升教师职业成就感的重要手段。例如，通过颁发"年度优秀教师奖"或"学术创新奖"，在校内外树立教师的学术影响力。

（2）设立荣誉体系与奖学金

高校可以通过设立荣誉体系，提升教师在教育事业中的参与感和责任感。例如，为长期致力于教学与学生培养的教师颁发终身成就奖，以表彰其在教育领域的贡献。此外，还可以设立与学生成长相关的"教师指导奖"，奖励那些在学生科研、创业和职业发展中发挥关键作用的教师。

与此同时，高校可以通过设立教师奖学金，为教师提供进修和研究支持。例如，支持教师参加国际学术会议或短期访问项目，为其拓展学术视野和职业网络提供更多机会。这种激励措施不仅能增强教师的职业热情，还能帮助其更好地应对教育环境的快速变化。

4. 提升激励机制的可持续性

为了确保激励机制的长期有效性，高校需要在设计中注重公平性和持续性。例如，在经济激励中，应根据教师的实际表现设立明确的评价标准，并确保评审过程的公开透明。在非经济激励中，则需要注重荣誉的多样性，覆盖教学、科研和社会服务等多个方面，使每位教师都能找到适合自身发展方向的激励目标。

第三节　师资队伍与行业企业的互动合作

一、师资与企业的协作机制

（一）共同研究与技术合作

高校教师与企业的共同研究与技术合作，是推动学术界与工业界知识交流和技术创新的重要路径。这种合作不仅有助于解决实际问题，还能提升学术研究的应用性和价值，使科研成果更好地服务于社会与经济发展。通过共建研发平台、合作科研项目等多种形式，高校和企业能够实现优势互补，构建开放、协同的创新生态。

1. 高校与企业合作研究的主要形式

（1）共建研发平台

共建研发平台是高校与企业合作的重要机制之一。通过整合高校的学术资源与企业的技术能力，双方可以共同打造针对特定领域的研究基地或实验室。这类平台为教师提供了高水平的科研环境，能够支持多学科交叉研究和技术攻关。例如，合作研发平台可集中解决能源效率提升、新材料开发、智能制造等行业难题，同时推动高校科研成果的产业化应用。

共建平台的成功关键在于明确的目标导向和资源分配机制。高校可以提供理论指导与技术原型，而企业则负责资金投入和市场需求反馈。这种双向支持能够确保研究的实际价值，同时提高研究成果的转化率。

（2）合作科研项目

科研项目合作是另一种常见的高校与企业互动形式。高校教师可通过参与企业实际项目，将学术理论与行业需求结合。例如，教师可以与企业合作开发新产品、优化生产流程或探索新商业模式。这种方式不仅为教师提供了真实的研究场景，还帮助其理解行业中存在的问题，拓展学术研究的实践意义。

在项目合作中，企业通常提供资金支持和技术设备，同时分享行业数据和运营经验；高校则通过学术方法和专业技能，提供系统性分析和创新解决方案。这种互补性合作模式，不仅能够提升企业的研发能力，还能促进高校教师深入行业，开拓科研视野。

2. 共同研究对知识交流与技术创新的推动

（1）促进学术与实践的双向融合

共同研究为学术界和工业界之间搭建了桥梁。通过与企业合作，教师能够接触到更加真实和复杂的技术挑战，这种实践经验反过来又能够丰富其学术研究。例如，某些领域如人工智能或大数据分析，企业的数据资源和实际应用场景为教师提供了不可替代的研究素材，而教师的算法优化和理论创新又能够直接推动企业技术的发展。

（2）推动技术的产业化转化

高校教师的研究成果通常具有创新性，但缺乏具体的市场应用渠道。通过与企业的技术合作，这些成果可以更高效地转化为实际产品或服务。例如，在新能源领域，教师开发的高效电池技术可以通过企业的生产线迅速投入市场。这种合作模式不仅提升了科研成果的价值，也为企业带来了竞争优势。

（3）激发多学科交叉创新

企业的需求通常具有多维度特性，需要整合多个学科的知识。通过合作研究，高校教师能够在跨学科的环境中开展工作，从而推动知识的交叉与融合。例如，在智慧城市建设中，企业需要整合工程技术、数据科学、社会管理等多方面的知识，这为教师提供了丰富的学术研究机会，同时也为企业解决复杂问题提供了新思路。

3. 企业支持对高校科研的促进作用

企业在科研合作中扮演着关键的支持角色，其资金投入、技术共享和实际问题反馈为高校教师提供了不可或缺的资源保障。

（1）资金支持与资源保障

科研需要稳定的资金支持，而企业在合作中通常承担了重要的资金投入。这种资金不仅可以支持教师开展实验、聘请研究助手，还能用于高端设备的采购和数据采集。企业的资源保障使教师能够专注于科研本身，避免因资金短缺而中断研究。

（2）技术与设备共享

企业的技术能力和先进设备是高校难以单独提供的。通过合作，教师可以使用企业的设备完成高精度实验，同时获取先进的技术指导。例如，在半导体领域，企业的生产设备和测试平台能够显著加快研究进程，使理论创新更快实现产业应用。

（3）提供实际问题与数据支持

企业的实际问题是高校教师研究的重要素材。这些问题通常具有复杂性和现实性，能够激发教师的学术兴趣。例如，企业在产品开发中面临的效率优化问题，可能成为教师提出新模型或算法的起点。此外，企业还能够提供宝贵的数据资源，这对数据驱动型研究尤为重要。

（二）教师进修与企业实践结合

在现代高等教育中，特别是经管类学科领域，教师的实践能力对教学质量和学生培养效果具有重要影响。然而，传统高校教师通常较多地参与学术研究，直接行业实践经验相对不足。通过与企业的深度合作，教师可以参与实际项目和企业实践，不仅拓宽其学术视野，还能将实践经验融入课堂教学，从而提高教育质量和学生的就业竞争力。这种"教师进修与企业实践结合"的模式，已成为高校与企业合作的重要组成部分。

1. 教师参与企业实践的重要性

（1）缩小学术与实践的差距

高等教育中存在理论教学与行业实际需求之间的脱节现象。教师通过企业实践，能够深入了解行业的运行模式和实际问题，进而将这些实践经验转化为课堂教学的真实案例。这不仅能增强教学内容的现实感，还能使学生更好地将理论知识应用于实际场景。

（2）丰富教学与科研的内容

参与企业实践为教师提供了真实的数据和问题，丰富了其教学和科研的素材。例如，在供应链管理、市场营销等课程中，企业实践经验可以为教师提供贴近实际的案例，这些案例可以有效补充理论教学的内容，使课程更具吸引力和实用性。

（3）促进教师专业能力的提升

快速发展的行业技术和商业模式对教师提出了更高要求。通过实践，教师可以接触到最新的行业动态、技术工具和管理理念，从而更新知识储备，提升专业能力。此外，行业经验还能够帮助教师设计更具有现实意义的科研课题，推动学术研究的创新。

2. 企业为教师提供实践机会的主要形式

（1）短期驻企计划

短期驻企是一种常见的实践形式，教师以临时顾问或项目参与者的身份进入企业，直接参与运营管理或技术开发工作。这种计划通常持续数周到数月，能够让教师深入了解企业的实际运作，并与企业员工共同解决实际问题。例如，在金融领域，高校教师可以在银行或金融科技公司担任顾问，参与风险管理模型设计或市场数据分析项目。

（2）行业导师指导

企业可以通过安排资深行业专家与高校教师形成一对一或一对多的指导关系，帮助教师快速熟悉行业环境和技术动态。行业导师不仅可以为教师提供专业培训，还可以协助其制定实践计划，确保进修内容能够与其教学或科研需求相结合。

（3）联合研究项目

企业可以与高校联合设立研究项目，让教师在项目中担任核心研究人员。这种方式不仅能够帮助教师积累实践经验，还能促进其科研成果向产业化转化。例如，一些制造企业与高校合作开发智能制造系统，教师通过项目实践积累了实际工程经验，同时也推动了相关科研论文的发表。

3. 教师参与企业实践的双向效益

（1）对教师专业发展的积极影响

通过参与企业实践，教师的专业发展可以在多方面得到显著提升。首先，企业实践为教师提供了接触真实问题和挑战的机会，使其能够切实提升实际操作能力和问题解决能力。这些实践经验直接体现在教学设计的优化中，使课程内容更加具有实践性和前瞻性。其次，参与企业实践能够帮助教师紧跟行业最新动态，掌握前沿技术和市场趋势。这种实时更新的行业知识使得教师在课程内容设计上更能贴合学生未来的职业需求和市场变化。最后，企业实践为教师的科研方向提供了丰富的素材和启发。实践中发现的问题往往具备学术研究的潜力，能够转化为科研课题，从而推动教师在理论研究中融入更多实际元素，不仅提升了研究成果的实用性，也为行业创新提供了理论支持。

（2）对高校教学质量的提升

教师的实践经历能够显著改善高校的教学质量。例如，教师通过分享实践经验和真实案例，可以使课堂内容更具有现实感和吸引力。此外，实践经验还可以帮助教师更好地设计项目导向课程，让学生在学习过程中接触到行业的真实问题，从而提高学生的实践能力和就业竞争力。

（3）对企业发展的贡献

教师的参与也能为企业带来益处。一方面，教师丰富的学术背景和理论知识可以为企业提供创新思路，帮助企业解决复杂的技术或管理问题；另一方面，企业通过与教师合作，可以加强与高校的联系，进一步促进技术转移和人才培养。

4. 促进教师企业实践的策略与机制

（1）建立高校与企业的长期合作机制

高校和企业应签署长期合作协议，设立联合实践平台或行业挂职计划。这种机制可以为教师提供持续的实践机会，同时保证合作的系统性和规范性。例如，通过定期轮换计划，高校可以让不同学科的教师轮流进入企业实践，形成多学科的合作网络。

（2）政策与资源支持

高校应将企业实践纳入教师职业发展的重要环节。例如，将实践经历纳入职称评审标准，给予参与实践的教师额外的时间和资源支持。同时，高校可以设立专项资金，用于资助教师参与企业实践或合作研究项目，减轻其经济压力。

（3）鼓励实践经验的课堂转化

高校应建立相关制度，鼓励教师将企业实践经验转化为课程内容。例如，可以通过教学研讨会或课程设计竞赛，分享企业实践的教学应用经验；同时，通过组织学生参观实践企业，形成课堂教学与实践经验的双向联动。

（三）共同开展项目与课题合作

高校与企业在具体项目和课题上的合作，是实现学术研究与实际应用融合的重要模式。这种合作不仅为高校教师提供了深入实践的机会，也能帮助企业获得理论指导和技术支持，推动技术创新与成果转化。通过明确的合作模式和高效的执行流程，高校和企业可以实现双赢，共同促进教育与产业的协同发展。

1. 高校与企业合作的模式

高校与企业的项目合作通常基于联合研发、委托研究和创新平台三种主要模式。联合研发是双方根据共同关注的问题，合作开展研究工作，分享资源和成果。委托研究则由企业提出具体需求，高校根据企业目标设计并实施研究方案。创新平台合作模式则是高校和企业共同创建研究中心或实验室，以长期合作的形式支持多项目、多领域的研发活动。这些模式的选择取决于项目目标、资源配置和合作深度，能够灵活应对不同的研究需求。

2. 项目合作的流程

项目合作的实施需要遵循明确的流程，以确保研究工作的高效性和成果的实用性。首先是需求分析阶段，企业基于其发展目标或技术难点提出研究课题，高校则通过需求调研和科学评估匹配适合的教师团队。其次是研究设计阶段，双方通过协商明确研究目标、方法和时间表，并签订合作协议以明确权益分配和资源支持。在研究执行阶段，企业提供实践环境和数据支持，高校通过理论指导和技术创新推动项目进展。最后是成果评估与应用阶段，高校和企业共同检验研究结果，并通过技术转让、产品开发或产业推广实现成果落地。

3. 科研成果与企业需求的对接

将教师的科研成果与企业的实际需求相结合，是合作的关键环节。高校需要加强研究的实用性导向，确保科研选题能够与行业发展趋势紧密相连。企业则需以开放的态度参与合作，通过共享实际问题、技术设备和市场需求数据，为高校科研提供实践支撑。例如，高校在人工智能算法研究中，可以通过与企业合作，应用其算法优化实际生产流程，从而提升研究的产业价值和社会影响力。

4. 创新成果转化与应用

在合作过程中，创新成果的转化是评估合作成效的重要指标。通过知识产权保护、技术转让和市场推广，科研成果可以从实验室走向市场，为社会创造实际价值。高校和企业需要共同制定转化机制，例如设立技术转移办公室或创新孵化中心，支持科研成果在企业中的应用。同时，通过技术展示会和行业论坛，高校和企业可以共同宣传合作成果，吸引更多资源和合作伙伴参与后续开发。

5. 持续优化合作机制

为确保项目合作的长效性和可持续发展，高校与企业需要不断优化合作机制。例如，建立动态评估体系，根据合作效果及时调整研究方向；通过定期沟通和交流会议，加强双方的协作与信任；设立长期合作协议，为多项目、多领域的研究奠定基础。这些措施有助于提升合作的效率和稳定性，为双方的共同发展提供坚实保障。

（四）教学资源共享与企业赋能

高校与企业之间的资源共享与赋能合作，是推动教育教学创新和提升高校科研水平的重要路径。通过提供资金、技术设施、产业数据和专业人才，企业为高校创建了更具实践性的教学环境，而高校则通过课程优化和人才培养为企业输送高质量的创新力量。这种合作不仅体现在企业对教学资源的支持上，还深入到课程内容和教学方法的创新中。企业通过提供专项资金支持高校开发新课程、升级实验室设备，助力教学设施现代化，同时开放技术平台和数据资源，为高校教学和科研提供了直接的实践支持。例如，企业的实时数据平台或行业模拟工具能够帮助学生在真实环境中应用所学理论，提升学习效果。更重要的是，企业的赋能还通过深度介入课程设计和教学实施推动了教育模式的革新。企业高管或技术专家作为客座讲师，将行业前沿知识和实际案例带入课堂，强化学生对复杂商业问题的理解。同时，项目导向学习和案例教学等教学方法的引入，使学生在解决真实问题的过程中锻炼了实践能力和创新思维。通过资源共享与赋能合作，高校不仅能够提升课程的实用性和针对性，还能增强学生的市场适应力，而企业通过接触高素质学生和学术资源，也能更好地满足自身发展需求。这种双向互动的合作模式，为教育与产业的深度融合提供了坚实基础，为社会和经济的持续发展注入了创新动力。

二、师资与企业互动的挑战与突破

（一）文化差异与沟通障碍

高校与企业在合作过程中常因文化差异而导致沟通障碍，影响合作效率和成果。高校的学术文化倾向于注重理论深度和长远价值，而企业则更加追求短期成果和市场化应用。这种目标上的分歧往往导致双方在科研方向、资源分配以及合作模式上的理解偏差。此外，高校教师与企业管理者的沟通方式也有所不同。高校强调严谨和逻辑，而企业更倾向于高效决策，这种差异可能在合作中引发误解或冲突。

要克服这些文化差异，建立高效的沟通机制尤为关键。高校与企业可以通过定期召开沟通会议，明确双方的目标和优先事项，并在合作开始时制定详细的计划和预期结果。此外，高校和企业可以设立专门的协调团队，负责解释各方的工作方式和决策流程，从而减少误解。与此同时，推动教师与企业管理者之间的双向理解也十分重要。通过组织跨界交流活动，如教师到企业短期挂职、企业高管到高校担任兼职导师等方式，可以让双方更深入地了解彼此的工作模式和文化逻辑，从而为顺畅的合作奠定基础。

文化差异虽然不可避免，但如果处理得当，反而可以成为推动创新的动力。通过明确目标、优化沟通机制以及培养双向理解，高校与企业可以在多元文化背景下实现合作效益的最大化，促使教育目标与科研方向上的共识达成。

（二）利益冲突与合作机制的矛盾

高校与企业在合作过程中不可避免地面临利益冲突，特别是在科研成果归属、资源分配和技术转化等方面。高校倾向于将科研成果公开以推动学术进步，而企业则更加注重商业机密和市场竞争力，这种本质上的差异可能导致合作双方在利益分配上产生矛盾。此外，资源共享的不平衡也可能成为争

议焦点。例如，企业可能质疑高校在项目中投入的实际价值，而高校则可能认为企业对科研成果的过度商业化忽视了其学术贡献。

为避免利益冲突，制定合理的合作协议是必要的。这些协议应明确双方的权益和义务，尤其是在知识产权、成果转化收益分配以及资源投入等关键问题上的细节。透明的利益分配机制是确保合作顺利进行的重要保障，双方应在协议中对可能的收益分配进行明确规定，并设计动态调整机制以应对合作过程中可能出现的变化。

此外，通过协商与调整解决矛盾也是推动合作顺利进行的重要手段。高校与企业可以设立联合委员会或协调小组，定期评估合作进展，并在出现问题时及时沟通和调整。通过构建公平、透明的合作机制，高校与企业不仅可以减少利益冲突，还能增强彼此的信任，为长期合作奠定基础。

（三）教师能力与企业需求的匹配问题

高校教师的专业能力与企业实际需求之间的差距，往往是校企合作效果不理想的重要原因之一。教师可能更擅长理论研究，而在技术转化、项目管理以及产业应用等领域缺乏实际经验，这种能力上的不足可能导致合作成果无法有效满足企业需求。此外，高校课程和研究方向可能与企业快速变化的市场需求脱节，使得教师在合作中难以提供有针对性的解决方案。

为了弥合这种差距，高校需要采取一系列措施以增强教师能力与企业需求的匹配性。首先，定期开展行业调研，深入了解企业在技术和人才方面的实际需求，是优化合作的基础。高校可以通过与行业协会、企业联盟等机构合作，获取行业趋势和需求信息，为课程设计和教师培训提供方向。其次，教师能力提升机制需要进一步完善。例如，高校可以鼓励教师参与企业实践，获得技术转化和项目管理的经验；也可以通过引入行业导师或开设专业技能提升工作坊，帮助教师学习最新的行业工具和方法。

第六章　校企合作的深度融合与发展模式

第一节　校企合作模式的多样性与创新性

一、校企合作模式的多样性

（一）产学合作模式：理论与实践结合

产学合作模式是教育与产业深度融合的关键路径，通过整合高校的学术资源和企业的实践优势，不仅能够推动教育质量的提升，还能增强产业的技术创新能力。在知识经济时代，高等教育和产业发展的紧密结合已成为国家竞争力的重要来源。全面解析产学合作的理论基础与学科适用性，以及其主要模式与实施路径，不仅能够展示这一模式的独特价值，还为其优化与推广提供了指导框架。

1. 产学合作的理论基础与学科适用性

产学合作的理论基础来源于多个学术领域，为其机制设计和实践提供了坚实支撑。从教育学视角看，实践性教育理论强调知识生成需要与实际情境结合。传统的课堂教学常局限于理论传授，而产学合作则通过企业实践和问题导向学习，为学生提供了接触真实问题的机会。这一实践导向的教学模式不仅帮助学生将知识转化为能力，还能培养其应对复杂现实的思维方式。从经济学的角度看，人力资本理论认为，教育是提升个体生产力的核心手段，而产学合作作为一种动态教育模式，能够更精准地培养符合产业需求的高质量人才，为经济增长提供持续动力。此外，协作理论和社会资本理论进一步阐明了产学合作的本质，通过资源共享和网络协同实现组织边界的扩展，提升知识流动和资源配置的效率。

从学科适用性来看，产学合作在工程技术、管理经济以及人文社会科学领域均展现出独特的应用价值。在工程技术领域，产学合作主要表现为技术研发和成果转化。高校的理论研究能够为企业的技术创新提供突破性支持，而企业的实际需求则反向驱动高校的研究方向。例如，在清洁能源领域，高校与能源企业的合作能够加速新能源技术的市场化应用。在管理和经济学科领域，产学合作通过案例教学和问题导向学习，将学生置于真实的商业决策环境中，使其能够更好地理解和应用管理理论。在人文学科领域，文化创意产业的兴起为产学合作创造了新机遇，高校通过与文化机构的合作推动知识创新，并培养具有创新意识和实践能力的人才。

2. 产学合作的主要模式与实施路径

产学合作的成功实施离不开科学的合作模式和高效的实施路径。高校与企业需要在课程开发、实践机会提供和科研合作三个关键方面进行深度协作，以实现理论与实践的真正融合。

（1）课程开发与教学调整

课程开发与教学调整是产学合作的重要环节，高校通过与企业合作，可以动态调整课程内容，使其更加符合产业需求。例如，在人工智能领域，高校与企业联合设计课程，增加数据分析、机器学习和算法优化等内容，同时嵌入企业的实际案例和行业标准。这种基于产业需求的课程开发模式，不仅提升了课程的实践性，还增强了学生的就业竞争力。此外，教学方式的改革也是课程开发的重要组成部分。项目式学习和问题导向教学是产学合作中被广泛采用的方法，通过将企业的真实问题嵌入教学，让学生在解决问题的过程中掌握理论知识。例如，在市场营销课程中，高校可以通过与企业合作，为学生提供品牌推广的项目任务，从而增强其市场分析和战略制定能力。

（2）实践机会的提供与优化

实践机会是产学合作的核心环节，通过提供实习岗位、短期项目和联合实验室，企业为学生提供了在真实工作环境中学习的机会。例如，在制造业领域，学生可以通过参与产品设计和生产线优化项目，深入理解生产流程并获得实践技能；在金融领域，学生则可通过企业的数据分析平台参与市场预测和投资组合优化任务。为了确保实践效果，校企需要建立完善的实践支持体系。首先，高校和企业应共同设计实践任务和目标，明确学生的学习成果和岗位职责。其次，通过双导师制度，由高校导师和企业导师共同指导学生完成实践任务，帮助学生克服实际操作中的困难，提升其综合能力。此外，定期的实践反馈和评估也是确保实践效果的重要环节，通过持续改进实践内容，可以更好地满足学生和企业的需求。

（3）科研合作与技术转化

科研合作是产学合作的高级形式，其重点在于高校与企业通过联合研究推动技术创新和成果转化。例如，高校与企业可以在新能源技术、人工智能应用等领域开展联合研发项目，高校提供理论支持和技术突破，而企业则提供应用场景和产业化能力。这种合作不仅能够加速科研成果的转化，还能直接为社会创造经济价值。为了提升科研合作的成效，高校和企业需要建立长效合作机制，如联合研究中心和技术创新实验室。这些平台不仅为科研提供了组织保障，还通过技术转移办公室推动成果的市场化应用。例如，高校的绿色建筑技术可以通过与建筑企业的合作，直接应用于节能建筑的设计与施工中，为社会发展贡献技术力量。

（二）产研合作模式：科研创新与技术转化

产研合作模式是校企合作中的重要组成部分，通过整合高校的科研能力和企业的市场需求，实现技术创新与成果转化的双赢。这一模式在当前全球化竞争和科技迅速发展的背景下显得尤为重要。高校以其强大的理论研究能力为企业提供技术突破，而企业则通过产业化能力推动科研成果的实际应用。深入探讨产研合作模式的具体应用路径，有助于理解其在推动技术创新与社会经济发展中的关键作用。

1. 产研合作模式的理论基础与价值

产研合作的理论基础源于创新经济学和协作理论。创新经济学认为，技术创新是推动经济增长的重要引擎，而创新的核心在于知识的创造与转化。高校作为知识创造的主要阵地，通过产研合作将其科研成果转化为企业的技术进步，从而增强产业的核心竞争力。同时，协作理论强调跨组织合作能够通过资源整合实现效益最大化。高校与企业的联合研究不仅能够优化资源配置，还能通过优势互补推动知识的高效流动。

产研合作的价值体现在多个层面。对于高校而言，通过与企业的合作，科研课题的选择更加贴近实际问题，从而增强科研的针对性和实践性。同时，高校还能够通过技术转移和成果转化获得额外的资金支持，为后续研究提供动力。对于企业而言，产研合作能够为其提供前沿技术支持，加速新产品开发，提升市场竞争力。此外，产研合作还通过推动创新生态系统的形成，为社会经济发展注入了持续的技术动力。

2. 科研成果与企业需求的有效对接

科研成果与企业需求的对接是产研合作的核心环节。高校的研究课题往往以理论创新为导向，而企业则更加关注实际应用，这种目标的差异使得二者之间的衔接成为合作中的关键挑战。要实现科研成果与企业需求的高效对接，需要从以下几个方面入手：

首先是需求导向的科研规划。高校应通过行业调研和企业访谈了解市场动态和技术需求，将其转化为科研方向。例如，在人工智能领域，企业对算法优化和数据挖掘的需求可以成为高校研究的切入点，而这种需求导向的规划能够确保科研成果具备市场价值。

其次是高校与企业间的沟通机制。有效的沟通机制能够确保双方在合作过程中保持信息对称。高校可以通过定期举办技术沙龙、行业论坛等活动，与企业分享研究进展和技术趋势，企业则可以通过技术需求陈述为高校科研提供实践问题。

最后是应用场景的验证与反馈。科研成果在投入产业应用前，需要通过企业的实际场景进行验证。这一过程不仅能够发现科研成果的局限性，还能为后续研究提供改进方向。例如，高校开发的新材料技术可以通过企业的生产工艺测试确定其可行性，从而提升技术的市场适应性。

3. 产研合作的主要形式与实施路径

产研合作的实现需要通过多种形式的协作模式和系统化的实施路径来推进。以下是产研合作中的主要形式和具体操作路径。

（1）联合研发项目

联合研发是产研合作的核心形式之一。高校与企业共同组建研发团队，根据企业的技术难题或市场需求开展针对性研究。这种合作形式不仅能够实现知识与实践的结合，还能通过多学科团队的协同作用提升研究效率。例如，高校与制造企业合作开发智能制造解决方案，企业提供生产线的技术需求和数据支持，高校则通过算法优化和技术开发推动智能化进程。为了确保联合研发的顺利进行，高校与企业需要明确项目目标、时间表和资源分配，同时建立动态调整机制以应对项目中的不确定性。

（2）技术孵化与创新中心

技术孵化是科研成果转化的重要环节。高校可以通过设立技术孵化中心，将实验室中的创新技术孵化为实际产品。这些中心通常为科研团队提供

资金支持、产业对接和市场推广服务，帮助技术实现从实验室到市场的全流程转化。例如，高校在新型电池材料研究中，可以通过技术孵化中心与新能源企业合作，将研究成果应用于新能源汽车中。与此同时，创新中心的设立还能够为产研合作提供长期平台支持，尤其是在高新技术领域，高校与企业通过共享设备和技术，能够持续推动技术突破。

（3）成果转化与商业化合作

科研成果的最终价值在于其应用性，成果转化是产研合作的重要目标。高校与企业通过专利授权、技术转让或合作开发等方式，将技术转化为具有商业价值的产品。例如，高校开发的新型生物医药技术可以通过与医药企业的合作实现产品化，从而惠及患者并创造经济价值。为了提高成果转化的效率，高校需要设立技术转移办公室，负责技术评估、专利申请以及市场化推广的全流程管理，同时通过构建知识产权共享机制，明确高校和企业在成果收益中的分配比例。

4. 产研合作模式的未来发展方向

随着科技与经济的快速发展，产研合作模式也在不断演进，未来的发展方向将更加多元化和深入化。一方面，数字化技术为产研合作提供了新的工具和平台。例如，大数据分析和人工智能技术可以为高校与企业的合作提供更精准的决策支持，同时通过虚拟实验室实现跨地域的协同研究。另一方面，国际化合作也将成为产研合作的重要趋势。高校和企业通过跨国项目和全球创新网络，可以借助多样化的文化与市场背景推动技术突破和应用。

（三）校企联合办学模式：资源共享与优势互补

校企联合办学模式是现代高等教育与产业融合的重要途径，通过资源共享与优势互补，高校和企业可以在人才培养、科研创新和社会服务等方面实现深度协作。该模式的核心在于打破传统教育体系的单一化局限，引入企业资源与行业需求，为学生提供更加多元化、实践性和创新性的学习体验。在以下部分，将从优势、挑战以及具体实现路径三个方面详细分析校企联合办学模式如何推动教育与行业的深度融合。

1. 校企联合办学模式的优势

校企联合办学模式的突出优势在于资源的高效整合和教学的实用性提升。通过这种模式，高校可以从企业获取实践资源和市场信息，而企业则通过参与教育培养获得高质量人才输出。以下是其主要优势：

（1）课程设置的现实导向

校企联合办学模式强调课程内容的行业适配性。企业作为产业需求的直接代表，能够帮助高校设计更加贴合实际的课程。例如，企业参与课程规划可以确保教学内容涵盖最新的行业趋势和技术要求，如信息技术专业中的人工智能与大数据模块。学生通过学习这种紧贴市场需求的课程，不仅能够快速掌握实用技能，还能提高就业竞争力。

（2）师资队伍的双向提升

联合办学为师资队伍提供了专业发展的新机遇。一方面，企业专业人士可以作为客座讲师进入高校课堂，为学生带来前沿的行业知识和实战经验；另一方面，高校教师也可以通过挂职企业或参与项目合作，提高其实践能力。这种双向交流不仅丰富了教学内容，也为教师和企业专家之间的学术与技术交流创造了平台。

（3）教学设施的共享利用

校企联合办学通过设施共享提升了教学质量和科研能力。例如，高校可以通过企业提供的实验设备和技术平台，丰富教学环节中的实践体验；企业则可以通过高校的科研资源获得理论支持和创新指导。以联合实验室为例，这种合作形式让学生能够直接接触行业中的先进设备与技术，同时也为企业的技术研发提供了稳定支持。

（4）学生综合素质的全面提升

通过校企联合办学，学生的实践能力和综合素质得到全面提升。这种模式不仅为学生提供了真实的行业实践机会，还通过多样化的课程与教学方法，培养了学生的团队协作、创新思维和解决问题的能力。例如，在管理学专业中，学生可以通过企业提供的真实案例进行项目策划和执行，全面锻炼其分析能力和实际操作能力。

2. 校企联合办学模式的挑战

尽管校企联合办学模式具有显著优势，但其在实际操作中也面临着一些挑战。这些挑战既来自于高校与企业的不同目标，也来源于资源分配和合作机制的不完善。

（1）目标差异与利益冲突

高校注重长期的学术发展和教育目标，而企业更倾向于追求短期的经济效益。这种目标上的差异可能导致双方在合作中出现分歧。例如，企业可能更关注课程的职业导向，而高校可能更重视基础理论的教学。这种矛盾需要通过明确的合作目标和灵活的调整机制来化解。

（2）资源分配的公平性问题

校企联合办学需要投入大量资源，但高校与企业在资源投入和收益分配上可能存在不对等情况。例如，企业可能对资源投入持保守态度，而高校则期望企业能够承担更多的资源责任。因此，需要建立合理的资源分配和收益分享机制，确保合作的可持续性。

（3）文化差异与沟通障碍

高校与企业的文化差异是合作中的另一大挑战。高校强调学术自由和严谨，而企业则更注重效率和结果。这种文化上的差异可能在合作中引发沟通障碍，影响项目的推进。例如，在课程设置中，高校可能倾向于理论研究的深度，而企业可能更加关注应用技能的广度。

3. 校企联合办学模式的实现路径

要推动校企联合办学模式的高效实施，需要在课程设计、师资建设和教学设施等关键环节采取创新策略，实现教育资源与行业需求的精准对接。

（1）课程设计的联合开发

高校与企业应共同参与课程设计，确保课程内容同时具备理论深度与实践广度。例如，企业可以参与课程需求分析，为课程增加行业特定内容，如工程学课程中的智能制造模块或商业课程中的营销数据分析内容。此外，还可以通过引入项目式学习和案例教学法，将企业的实际问题转化为课程任务，让学生在学习中解决实际问题。

（2）师资队伍的动态提升

通过建立教师与企业专家的双向交流机制，高校可以不断提升师资队伍的综合能力。例如，高校教师可以通过短期驻企实践了解行业动态，而企业专家也可以通过高校的学术环境深化其理论素养。此外，可以通过设立联合培养计划，让高校教师与企业导师共同指导学生，实现学术研究与实践指导的有机结合。

（3）教学设施的共建与共享

校企联合办学需要通过教学设施的共建与共享提高合作效率。例如，高校与企业可以共同建立联合实验室，为学生提供最新的技术设备和真实的实践环境。在信息技术领域，企业可以为高校提供数据平台和软件支持，而高校则可以通过实验室设备为企业的技术研发提供支持。

（4）学生职业发展的全面支持

为了提高学生的就业能力，校企联合办学应在课程设计与实践活动中注重职业素质的培养。例如，可以通过企业实习、职业技能培训和就业指导工作坊帮助学生提前适应职场需求。同时，企业参与学生评估与反馈，可以为学生提供更具针对性的成长建议。

二、创新性校企合作模式的探索

（一）长期合作模式：深化校企关系与合作机制

校企长期合作模式是推动高校与企业深度融合的一种重要机制，通过建立稳定、持久的合作关系，不仅可以优化资源配置，还能够为人才培养、科研项目和技术转移等多方面提供可持续的发展动力。在知识经济快速发展的背景下，单次或短期合作已难以满足高质量教育和产业发展的需求，长期合作模式以其独特的优势和潜力，成为校企合作的重要趋势。

1. 长期合作模式的必要性与优势

长期合作模式之所以成为高校与企业合作的重要形式，主要源于其稳定性和可持续性。首先，长期合作为校企双方建立了一个稳固的信任基础，有助于提高合作效率。长期合作模式通过共同规划与目标设定，使高校与企业的合作从单一项目扩展到全方位协作，例如从课程开发延伸至科研项目和技术转化，进而实现协同效应。其次，这种模式有助于资源的长期积累与优化配置。例如，高校可以依托企业的实践需求调整学术方向，而企业则可以通过与高校的长期合作获得持续的技术支持与人才供给。此外，长期合作能够确保合作目标的长期性与一致性，避免短期合作可能导致的目标冲突和资源浪费。

在具体实践中，长期合作模式的优势主要体现在以下几个方面：

（1）稳定的人才培养渠道

长期合作为高校提供了一个持续更新的行业需求信息渠道，高校可以根据企业的实际需求动态调整课程内容和教学目标。对于企业而言，长期合作不仅能够确保获得符合岗位要求的人才，还能通过持续的校企互动为员工的职业发展提供支持。

（2）深度的科研合作与技术创新

长期合作为高校和企业提供了一个共同探索和创新的稳定平台。在这一平台上，高校能够基于企业的实际需求开展基础研究，而企业则能够通过参与科研项目为高校研究提供实践支持。长期合作有助于缩短科研成果转化为实际产品的时间，提高创新效率。

（3）合作关系的深化与延展

长期合作模式通过持续的互动和合作，加深了高校与企业之间的相互了解和信任。这种关系的深化不仅为现有的合作项目提供了坚实保障，还为未来的合作拓展了可能性。例如，高校可以通过长期合作探索更多的交叉学科领域，而企业则可以借助高校的支持进入新兴市场。

2. 长期合作模式在不同领域的潜力

长期合作模式在人才培养、科研项目和技术转移等方面具有广阔的应用潜力。这些领域的合作不仅为高校和企业提供了直接的利益，也推动了知识经济和技术创新的整体发展。

（1）人才培养的协同创新

人才培养是校企合作的核心领域。通过长期合作模式，高校和企业能够实现教学与实践的无缝对接。企业可以通过参与课程设置和教学活动，确保学生在校期间掌握行业所需的技能。例如，在信息技术领域，企业可以与高校共同设计课程模块，将大数据、人工智能等热门技术融入教学内容。同时，高校可以通过与企业共同设立实习基地和职业培训项目，为学生提供真实的工作场景和实践机会。长期合作还能够帮助学生提前融入企业文化，提高就业适配性。

（2）科研合作的持续深化

科研合作是长期合作模式的另一重要方向。在高校与企业长期合作的基础上，双方可以联合设立研究中心或实验室，共同攻克产业发展的关键技术问题。例如，高校的新能源研究团队可以通过与汽车制造企业的长期合作，开发高效电池技术并推动其商业化应用。长期科研合作不仅有助于提高技术研发的效率，还能够通过不断的经验积累和数据共享，为技术创新提供更多支持。

（3）技术转移的高效实现

技术转移是高校科研成果与企业实际需求结合的关键环节。通过长期合作，高校能够深入了解企业的需求与市场动态，从而使科研方向更加精准，而企业则能够通过高校的技术支持加速产品创新与市场化进程。例如，高校

可以通过长期合作建立技术孵化中心，将实验室研究成果快速转化为商业产品。长期合作的稳定性为技术转移提供了制度保障，例如明确的知识产权分配规则和持续的技术支持服务。

3. 长期合作模式的实现路径与长效机制

长期合作模式的成功实施需要高校与企业在合作机制和资源配置上进行系统性设计。以下是实现长期合作的关键路径与措施：

（1）构建联合管理与沟通机制

长期合作需要建立稳定的管理架构和高效的沟通渠道。高校与企业可以通过设立联合管理委员会或合作办公室，定期对合作内容、进展和目标进行评估与调整。此外，定期召开校企论坛或研讨会，不仅能够深化双方的合作关系，还为未来的合作方向提供了规划依据。

（2）建立动态课程与教学改革机制

为了适应市场需求的快速变化，高校需要通过与企业的长期合作，构建动态的课程体系。例如，可以通过联合开发核心课程和短期培训课程，为学生提供个性化的学习路径。此外，企业可以通过提供案例库和行业报告，为课程内容的实时更新提供数据支持。

（3）完善科研合作的资源共享与知识产权机制

在科研合作中，高校与企业需要通过长期合作明确资源投入和收益分配规则。例如，设立联合研究基金，为长期科研项目提供资金支持；建立知识产权共享机制，确保科研成果能够公平分配并有效转化为经济价值。这些机制能够降低合作中的利益冲突，提升科研合作的持续性。

（4）探索多元化的技术转移模式

长期合作模式可以通过技术转让、专利共享和成果孵化等多种形式实现技术转移。例如，高校可以通过与企业共同设立技术转移办公室，为技术转化的全流程提供支持；企业则可以通过长期合作为高校研究提供稳定的市场验证场景。

（二）定制课程与专业人才培养

定制化课程是校企合作中的创新实践，通过精准对接企业需求，高校得以设计出具有针对性的课程体系，为学生提供更实用的知识与技能。这种教学模式跳出了传统教育"供给主导"的局限，以"需求驱动"为核心，通过灵活的课程结构和实际应用导向的教学内容，显著提升了学生的职业竞争力和企业的用人满意度。深入探讨定制课程的内涵与实现路径，能够为校企合作提供更多可行的实践方向。

1. 定制课程的创新价值与重要性

定制课程的创新性在于其以企业需求为中心，根据行业特定技能要求设计教学内容和课程目标。相比传统教育中标准化的课程体系，定制课程更强调"学以致用"，实现理论与实践的无缝衔接。这种模式不仅满足了企业对专业人才的精准需求，也推动了高校教育的市场化和实用化进程。

（1）满足企业特定需求，提升用人效率

定制课程直接回应企业的技能需求。例如，在信息技术领域，企业对数据分析、人工智能等技能的需求不断增加，高校可以与企业联合开发相关课程，确保学生在校期间掌握最新技术。这种针对性教学不仅缩短了毕业生的适应周期，还帮助企业在用人环节节省了培训成本。

（2）增强学生的职业竞争力

通过定制化课程，学生能够接触到行业一线的技术和实战问题，从而形成与市场需求相符的能力体系。例如，在营销专业中，定制课程可以引入企业的真实案例，通过模拟市场推广计划，培养学生的分析与执行能力。这种贴近实际的教学方式使学生在求职时具备明显优势。

（3）推动高校教育改革与创新

定制课程的开发促进了高校课程结构的灵活调整。例如，高校可以根据企业需求设立短期技能课程、模块化学习路径或交叉学科课程，拓宽学生的学习边界。这种灵活性不仅优化了课程体系，还为高校教师提供了深入理解行业需求的机会，进一步推动了教学内容的改革与创新。

2. 定制课程的设计与实施路径

定制课程的开发需要高校与企业在需求分析、课程设计、教学实施和效果评估等环节中通力合作。每一个环节的有效衔接都是确保课程质量和合作成效的关键。

（1）需求分析与课程目标设定

定制课程的第一步是深入了解企业的用人需求和技能要求。这一过程需要通过定期的行业调研、企业访谈和岗位分析等方式，全面掌握企业对岗位能力的具体需求。例如，在制造业中，企业可能需要学生具备供应链管理和物流优化的能力，高校可以通过与企业的讨论确定课程的具体目标。此外，高校还需要将行业趋势融入课程目标，如数字化转型对技能结构的要求，从而确保课程的前瞻性。

（2）课程内容与教学方式设计

定制课程的核心是灵活的课程结构和丰富的教学内容。课程内容应围绕企业的实际需求，通过理论讲授、案例分析和项目实践的有机结合，培养学生的综合能力。例如，在金融领域，定制课程可以通过金融市场数据分析和风险管理案例模拟，为学生提供从理论到实践的全景式学习体验。同时，教学方式应注重互动性和实践性，例如通过企业导师的参与、小组讨论和模拟实训等方式增强学生的学习体验。

（3）企业导师与双导师制度的应用

企业导师的参与是定制课程的一大特色。通过邀请企业专家担任课程导师，高校能够将行业经验和实践技巧直接引入课堂。例如，在设计一门产品开发课程时，企业导师可以通过分享真实的产品生命周期管理案例，为学生提供宝贵的实际操作指导。此外，高校可以通过双导师制度，将高校教师与企业导师结合起来，共同为学生提供理论与实践的双重指导，确保学习效果最大化。

（4）灵活的课程安排与模块化结构

为了满足不同企业和学生的需求，定制课程需要采用灵活的模块化设计。例如，高校可以将课程划分为基础模块、核心模块和拓展模块，基础模块侧重理论知识，核心模块聚焦实践能力，拓展模块则为学生提供个性化的学习路径。这种结构不仅适应了企业的多样化需求，还为学生的自主学习提供了更多选择。

（5）持续的评估与改进机制

定制课程的质量离不开系统化的评估与反馈机制。高校需要通过企业反馈、学生评估和课程目标达成情况的分析，不断优化课程内容和教学方法。例如，通过跟踪学生的就业表现和企业的用人满意度，高校可以评估课程的实际成效，并根据评估结果调整课程设置。

3. 定制课程对学生能力提升的深远影响

定制课程不仅为企业提供了精准对接的专业人才，也在多个方面提升了学生的综合能力：

（1）实践能力的显著提高

通过与企业实际需求直接挂钩的课程内容，学生能够在真实场景中锻炼解决问题的能力。例如，通过项目驱动的课程设计，学生可以完成企业提出的任务目标，从中培养系统思维和执行能力。

（2）跨学科综合能力的增强

许多定制课程注重跨学科的知识融合，例如，将数据科学与市场营销相结合，使学生既能掌握技术工具，又能理解业务逻辑。这种综合能力的培养帮助学生适应多变的职场需求。

（3）职业适应性的提高

通过在校期间的实战训练，学生对行业环境、企业文化和岗位技能有了深入了解，能够更快速地融入职场。例如，在医疗器械领域的定制课程中，学生通过企业提供的案例学习生产流程和质量管理标准，大幅缩短了岗位适应期。

（三）跨领域、多层次合作模式的创新探索

跨领域、多层次合作模式是校企合作的新方向，通过将科技、文化、管理等多学科、多行业的资源与优势整合，不仅能推动教育与产业的协同创新，也为合作模式的多样化发展提供了更广阔的空间。相比传统的单一领域合作，这种模式强调跨界融合，通过知识的交叉与资源的整合，进一步提升合作的整体效益。以下将从创新模式的价值、实施路径与未来发展三个方面展开探讨。

1. 跨领域与多层次合作的价值与意义

传统的校企合作往往局限于单一学科或行业，其效果在面对复杂的现实问题时显得不足。而跨领域合作模式通过将不同学科的理论与方法融入实际问题的解决，为校企合作注入了新的活力。例如，在解决城市交通问题时，需要结合科技领域的算法优化、文化领域的用户行为研究以及管理领域的政策制定，这种多维度合作显然比单一学科更加全面和高效。

跨领域合作还打破了学科与行业之间的界限，使知识的交叉与共享成为可能。这种模式不仅能够激发创新思维，还能有效提升资源利用率。例如，科技企业与文化机构的合作，可以将数字技术应用于文创产品的开发，而高校作为知识生产的核心参与方，可以提供技术支持与理论指导，从而推动多方共赢。

多层次合作则注重在不同层面上的资源整合与目标协同。从基础研究到技术开发，从人才培养到市场应用，多层次合作构建了完整的生态链，使合作模式具有更高的持续性与适应性。例如，在新兴的绿色能源领域，高校可以开展基础研究，企业负责技术开发与市场推广，政府则通过政策支持和资源投入推动成果的快速转化。

2. 创新模式的实施路径

跨领域、多层次合作模式的有效实施，需要在资源整合、机制设计和实

践应用上进行创新。

（1）构建跨学科联合平台

高校与企业可以通过设立跨学科联合平台，实现知识的交叉与资源共享。例如，建立融合人工智能、设计思维与用户体验的创新实验室，不仅能够推动学科间的深度交流，还能为企业提供多角度的解决方案。联合平台还可以通过举办跨领域的学术研讨会和技术论坛，促进高校与企业在不同领域的知识交流与合作创新。

（2）设计多层次协同机制

跨领域、多层次合作需要多方参与方在目标与资源上实现有效协同。例如，在项目合作中，高校可以负责理论研究与基础培训，企业负责技术开发与市场推广，而政府则通过政策激励与资金支持保障合作的顺利推进。此外，多层次协同机制需要通过清晰的分工与有效的沟通机制，确保每一层次的合作目标明确且执行高效。

（3）推动跨界创新的项目实践

具体项目实践是跨领域、多层次合作模式的核心。高校与企业可以通过联合开展跨界项目，推动创新成果的快速落地。例如，在智慧城市建设中，科技公司可以与高校合作开发数据分析与优化算法，同时与城市规划机构合作将技术应用于实际场景。这样的项目实践不仅能够提升合作效益，还为学生提供了多元化的学习与实践机会。

第二节 校企合作中的资源共享与利益分配

一、校企合作中的资源共享机制

（一）知识共享：教育与产业的双向融合

知识共享是校企合作的核心驱动力，通过知识的双向流动，高校和企业能够实现资源的最优配置和合作效益的最大化。高校凭借其深厚的理论积累与科研能力，为企业提供创新思想和技术支持，而企业通过自身的实践经验与市场洞察，为高校研究提供应用场景与实践反馈。二者的互通有无，不仅能够推动学术与实践的结合，还能通过技术开发和人才培养，促进教育与产业的深度融合。

1. 知识共享机制的构建与价值

知识共享机制是校企合作的基础，通过合理的机制设计可以实现高校与企业间知识的高效传递与共同发展。

（1）共享的路径与载体

高校与企业的知识共享可以通过多种路径与载体得以实现。共同研究是其中最为常见的形式。通过设立联合研究中心或技术实验室，高校与企业可以围绕产业发展的关键问题开展联合研究。例如，高校研究人员可以提供理论支持，而企业则为研究项目提供实践场景和技术设备，共同推动创新成果的实现。

另一重要载体是技术开发。在技术转移和技术孵化中，企业为高校的研究成果提供了商业化途径，而高校的基础研究则为企业的技术创新提供了源源不断的动力。例如，在新能源领域，高校开发的新型电池材料可以通过企业的制造能力转化为市场化产品，实现科研与实践的双赢。

人才培养也是知识共享的重要渠道。高校通过课程开发和教学调整，为企业提供符合需求的人才；企业则通过参与课程设计、实习指导等方式，为高校的教学内容注入更多实践元素。例如，信息技术专业的学生可以通过与企业合作的课程掌握大数据处理的核心技能，同时为企业解决实际问题提供支持。

（2）共享机制的价值

知识共享机制的核心价值在于提升高校与企业的协作能力，并通过知识的交互与流动形成协同效应。对于高校而言，知识共享不仅能够使研究更加贴近实际需求，还能够通过企业的反馈调整科研方向，提高研究的应用价值。对于企业而言，知识共享帮助其获得了先进的技术支持和创新思维，通过与高校的合作增强了自身的市场竞争力。

2. 学术与实践结合的路径

高校与企业之间的知识共享不仅仅停留在理论层面，而是通过学术与实践的结合，形成了完整的知识转化路径。这一过程包括以下几个关键环节：

（1）科研成果的实际应用

科研成果的转化是知识共享的核心环节。高校通过与企业的合作，将理论研究应用于企业的实际生产与管理中。例如，工程领域的高校可以通过开发智能制造技术，为制造企业提供生产线优化方案。在这一过程中，高校不仅输出了科研成果，还获得了实践反馈，从而完善理论模型。

（2）实践场景中的知识反馈

企业的实践需求为高校的研究提供了新的问题与思路。例如，在管理学领域，企业在运营中可能遇到供应链效率低下的问题，而这一问题可以成为高校研究的切入点。通过研究结果的反馈，企业得以优化运营策略，而高校则在实践中验证了理论的可行性。

（3）双导师制的协作机制

双导师制是学术与实践结合的重要机制之一。高校导师为学生提供理论支持，而企业导师则从实践角度帮助学生理解问题的实际背景。通过双导师的共同指导，学生能够在理论与实践的交叉点上进行学习和探索。例如，在市场营销课程中，学生在高校导师的指导下设计市场策略，并通过企业导师的实践指导了解如何将策略落地。

3. 提升知识共享效益的策略

尽管知识共享机制在校企合作中具有显著优势，但其实施过程中也面临一些挑战。例如，高校与企业在目标设定和资源分配上的差异可能导致知识流动的障碍。为此，可以从以下几个方面优化知识共享的效果：

（1）构建开放式合作平台

开放式合作平台是实现知识共享的重要基础。高校与企业可以通过联合研究中心、共享实验室等平台，打破组织间的边界，实现资源的开放与整合。例如，建立涵盖人工智能、大数据和产业设计的跨学科合作平台，使知识流动更加顺畅。

（2）设计激励与评价机制

激励机制在知识共享中起着重要作用。例如，通过设立联合项目基金，鼓励高校研究人员和企业技术团队共同申请研究项目。评价机制则需要涵盖学术成果和实际应用效果，从而确保知识共享的质量与效益。

（3）加强知识产权保护与利益分配

在知识共享过程中，知识产权保护和利益分配是重要的协调点。高校与企业可以通过制定透明的协议，明确知识产权的归属和收益分配方式。例如，高校可以在知识转移过程中保留一定比例的收益，而企业则通过专利授权或合作开发获得商业利益。

4. 知识共享的未来发展方向

随着数字化和全球化的深入发展，知识共享的机制与路径将进一步优化与扩展。数字技术的应用为知识共享提供了新的可能性，例如通过区块链技术确保知识产权的安全与透明；在线协作平台则使高校与企业能够突破地域限制，实现远程协作。此外，国际化合作将成为知识共享的重要方向。高校与跨国企业的合作不仅能够推动本地产业的发展，还能通过国际市场的实践反馈进一步提升科研水平。

（二）技术转移：科研成果的应用与产业化

技术转移是校企合作的重要成果形式，通过将高校的科研成果转化为实际应用，技术转移不仅推动了技术创新，也为产业发展注入了新的活力。在现代经济和知识社会中，高校作为创新的源泉，其研究成果需要通过高效的技术转移机制实现产业化，进而推动经济增长与社会进步。本部分将探讨技术转移的实施路径、机制设计及其关键问题。

1. 技术转移的意义与机制

技术转移是将高校的科研成果转化为经济价值的桥梁，其核心目标在于通过高校和企业的合作，将理论创新转化为实际生产力。

（1）技术转移的意义

技术转移不仅是高校科研成果的价值体现，也是企业技术创新的重要来源。通过技术转移，高校可以推动基础研究向应用研究的延展，实现科研价值的最大化；企业则通过技术转移获得了高效的创新工具，从而在市场竞争中占据优势。例如，高校研发的高效能源技术可以通过企业的产业化能力快速转化为新能源产品，从而满足市场需求。

（2）技术转移的机制

技术转移的实现依赖于完善的机制设计。首先，高校和企业需要建立稳定的合作关系，通过联合研发、技术授权或专利共享等形式推动技术转移。例如，在生物医药领域，高校和制药企业可以通过共建研发中心联合开发新药技术。其次，技术转移需要依托技术孵化器和成果转化平台。这些平台为科研成果的产业化提供了从技术评估到市场推广的一站式服务。最后，技术转移还需要通过技术转移办公室等专门机构，协调高校与企业之间的资源配置与目标对接。

2. 技术转移的实施路径

技术转移的成功实施需要在研发合作、技术孵化和成果转化三个关键环节上进行深入探索。

（1）研发合作的深化

共同研发是技术转移的起点，通过校企联合的研发模式，高校与企业可以充分发挥各自的优势。例如，高校提供理论支持和技术开发能力，企业则提供应用场景和市场反馈。为了深化研发合作，高校和企业需要共同制定研究目标和实施方案，确保科研方向与市场需求的一致性。此外，通过设立联合实验室或研发基金，可以为持续的研发合作提供制度保障和资源支持。

（2）技术孵化的支撑

技术孵化是科研成果转化为产品的重要阶段。高校通过设立技术孵化器或与企业共建孵化中心，可以为科研成果的早期开发提供支持。例如，高校的新能源技术可以通过孵化平台进行小规模生产测试，以验证其可行性。技术孵化不仅需要高校和企业的合作，还需要政策支持和风险投资的介入，以保障资金和资源的充足。

（3）成果转化的加速

成果转化是技术转移的最终目标。高校可以通过技术授权、专利交易或合作开发的形式将科研成果转化为企业的生产力。例如，工程领域的创新材料可以通过与制造企业的合作实现批量生产。为了加速成果转化，高校需要加强市场导向研究，通过分析市场需求和行业趋势，优化科研方向。此外，技术转移还需要有效的推广策略，例如通过行业展会或合作发布会扩大科研成果的影响力。

3. 技术转移中的关键问题

尽管技术转移在校企合作中具有重要地位，但其实施过程仍面临知识产权保护、技术评估和市场导向等多方面的挑战。

（1）知识产权保护

知识产权是技术转移的核心资源，其保护机制直接关系到高校和企业的合作信任。高校需要通过完善的知识产权管理制度，确保科研成果在技术转移过程中不被滥用。例如，通过签订技术转移协议明确知识产权归属与收益分配。企业则需要确保在技术应用过程中尊重高校的知识产权，并通过专利申请或技术备案实现法律保护。

（2）技术评估

技术评估是技术转移的关键环节，通过科学的评估方法，可以准确判断

科研成果的市场价值和应用潜力。例如，高校需要通过实验数据验证技术的
稳定性和可行性，而企业则需要评估技术的商业化前景。技术评估还需要考
虑成本效益和竞争环境，确保转移的技术具有实际应用价值。

（3）市场导向

市场导向是技术转移的目标牵引。高校在科研阶段需要充分了解行业趋
势和市场需求，确保研究方向与市场动态相符。例如，在信息技术领域，随
着人工智能和云计算的兴起，高校的研究可以优先关注相关技术，以满足企
业的需求。此外，高校需要通过与行业协会和企业的交流，实时更新研究内
容和转移策略。

4. 技术转移的优化策略

为进一步提高技术转移的效率与效果，校企合作需要在以下方面进行优化：

（1）建立技术转移专门机构

高校可以通过设立技术转移办公室，为科研成果的转化提供专业化服
务。这些机构可以承担技术评估、市场推广和合同管理等职能，从而提高技
术转移的效率。

（2）构建开放式合作平台

高校与企业可以通过开放式合作平台实现资源共享和目标对接。例如，
通过联合开发技术数据库或共享实验室，使科研成果的转化过程更加高效。

（3）加强政策支持与资金投入

政府在技术转移中扮演着重要角色。通过提供研发补贴、税收优惠和知
识产权保护政策，政府可以为校企合作创造更加有利的环境。同时，风险投
资的介入也能为技术转移提供资金保障。

（4）提升技术转移的国际化水平

随着全球化的深入，技术转移的国际化成为推动科技创新的重要方向。
高校可以通过与跨国企业或国际研究机构的合作，将技术转移扩展至更广阔
的市场，进一步提升其影响力。

（三）资源共享的其他形式

在校企合作中，资源共享不仅局限于知识与技术的交流，还涵盖资金、设备和人才等关键领域。这些资源的高效共享能够显著降低合作成本，提高项目的实施效果，同时为高校和企业创造更多的价值。通过科学的管理和协调机制，资源共享可以成为校企合作的有效工具，推动教育、科研和产业的深度融合。

1. 资金支持的共享与优化

资金支持是校企合作的重要基础。高校与企业通过联合出资或资源共享的形式，可以为研究项目和教育计划提供充足的资金保障。

（1）联合研发基金

高校与企业可以通过设立联合研发基金，共同资助技术开发和应用研究。这种合作形式不仅可以分担项目成本，还能提高研究的针对性。例如，企业可以根据市场需求明确研究方向，而高校通过基础研究提供创新支持，双方共同推进科研成果的实现。

（2）政策支持与资助项目

政府对校企合作的资助也是一种重要的资金来源。例如，高校和企业可以通过共同申请科研项目获得政府补贴，从而降低合作成本。此类资助项目往往要求高校和企业明确合作目标和分工，促进了资源的有效利用。

（3）风险共担与收益分配

资金共享的关键在于平衡风险与收益。通过合作协议明确各方的投入与回报，高校与企业可以有效降低资金风险。例如，高校可以通过专利授权或技术转让获取资金回报，而企业则通过研发成果的市场化获利。这种双赢的合作模式有助于提升资金使用效率。

2. 设备共享的机制与效益

设备共享是高校与企业合作中资源共享的另一重要形式。高校的实验室设备通常具备较高的研究能力，而企业则拥有先进的生产设备和测试设施。通过设备共享，双方可以互补不足，提高资源的利用效率。

（1）联合实验室的建设

高校与企业可以通过共建联合实验室实现设备共享。例如，在高端制造领域，高校的精密测试设备可以为企业的新产品研发提供技术支持，而企业的生产设备则可以为高校的实验研究提供实践场景。通过共享实验室，高校和企业能够将科研与生产紧密结合，提高研究的转化效率。

（2）开放设备使用权限

高校和企业可以通过开放设备使用权限实现资源共享。例如，高校的分析仪器可以对企业的技术难题提供支持，而企业的工业设备则可以为高校的教学与研究提供数据和样本。这种开放模式需要建立清晰的规则和标准，确保资源的公平使用。

（3）设备共享的成本控制

设备共享的成本控制是关键问题之一。高校与企业需要通过合作协议明确设备的使用费用、维护责任和损耗分担。通过合理的成本分配，可以有效避免资源浪费和矛盾冲突。

3. 人才共享的形式与优势

人才共享是校企合作中最具价值的资源共享形式之一。通过双向的人才流动，高校与企业可以充分发挥各自的优势，实现人才价值的最大化。

（1）双向兼职机制

双向兼职机制是高校与企业人才共享的典型形式。企业的行业专家可以通过客座教授或兼职导师的身份进入高校，为学生和教师提供实践指导；高校的学术专家则可以以顾问或研发人员的身份参与企业的技术开发和战略制定。这种双向流动不仅加强了校企之间的联系，也提升了人才的综合能力。

（2）联合培养计划

通过联合培养计划，高校与企业可以共同培养高素质人才。例如，高校与企业合作设立定制化的培养课程，学生在校期间接受理论知识的学习，同时通过企业的实习和培训获得实践经验。这种培养模式不仅提高了学生的就业竞争力，也为企业储备了合适的人才。

（3）人才共享的激励机制

为了实现长期的人才共享，高校与企业需要建立有效的激励机制。例如，企业可以为参与合作的高校教师提供额外的薪酬或职位晋升机会，而高校则可以通过科研成果的转化收益为企业提供激励。通过这种激励机制，可以确保人才共享的稳定性与可持续性。

4. 资源共享中的平衡与协调

资源共享在校企合作中具有巨大潜力，但其实施过程中也可能面临利益冲突和资源浪费的风险。为实现平衡与协调，首先，需要制定透明的合作协议。协议应明确各方在资源投入、使用规则和利益分配中的具体责任和权利，例如在资金共享中，应清晰界定各方的出资比例与收益分配规则；在设备共享中，则需规范设备的使用权限、维护要求以及损耗责任，以避免因模糊的责任划分而引发争议。其次，建立资源共享的评价机制是确保合作公平性和有效性的核心。高校与企业可通过联合评估小组定期审查资源使用情况，对合作项目的进展和效果进行全面评估，并依据评估结果调整资源配置策略，提升共享效率。最后，应避免资源的过度竞争与浪费，这需要校企双方加强协调，通过建立共享数据库、联合技术平台等手段实现信息与资源的集中管理，避免重复投资和孤立发展。这些策略在确保资源高效利用的同时，能够增强校企合作的稳定性和可持续性，为教育与产业的深度融合提供坚实保障。

二、利益分配与合作的可持续性

（一）利益分配机制：公平与透明的合作框架

校企合作是推动教育与产业深度融合的关键环节，而利益分配机制是确保合作可持续性和激发双方积极性的核心支撑。合理、公平、透明的分配机制不仅能够平衡高校与企业的投入与回报，还能有效防范合作中的潜在冲突，形成稳定的信任关系，为双方创造长远价值。以下从理论基础、实践实施和优化路径三个方面探讨利益分配机制的设计与实现。

1. 利益分配机制的理论基础

利益分配机制的核心在于通过科学设计，实现投入与回报的动态平衡。合作经济学理论指出，合作双方的持续参与意愿取决于其实际获得的收益是否能够匹配其投入。校企合作中，高校通常提供知识、技术和人才资源，而企业则贡献资金、市场场景和产业链支持。双方的利益分配需要在价值评估、风险承担和收益回报中找到平衡点。

公平性原则是利益分配机制的基础，强调投入与回报的对等性。例如，在技术开发项目中，高校的核心技术贡献应与企业的市场开发贡献相匹配，双方需要明确知识产权收益的比例分配。透明性原则则是合作稳定性的保障，合作中的规则公开、流程透明能够有效防止因信息不对称而引发的分配矛盾。此外，动态性原则要求分配机制能够随合作内容与阶段的变化进行调整，例如在技术转移早期以高校为主导，而在商业化阶段则以企业为主导。

2. 利益分配机制的实施路径

利益分配机制的有效实施需要贯穿合作的全周期，从协议签订到成果评估均应纳入科学的设计与管理。

（1）协议签订阶段的分配设计

协议签订是利益分配的起点，也是合作规则的奠基环节。校企合作协议需要明确各方的投入形式、价值评估方法和分配比例。例如，若高校提供技术专利且企业负责技术市场化落地，协议中应明确专利收益的比例分配，考虑高校技术的独特性与企业的市场风险。此外，协议还应包括对潜在风险的管理机制，例如规定在技术转化失败的情况下，企业是否需要承担固定补偿。

（2）项目实施阶段的动态调整

项目实施是利益分配机制动态性的体现。随着项目的推进，各方的投入和贡献可能发生变化，分配机制需要及时调整。例如，在技术孵化阶段，高校可能追加设备资源或研究投入，此时企业应调整资源分配以补偿高校的新增贡献。此外，动态调整机制需要定期召开合作评估会议，由双方共同审查资源投入与收益分配情况，确保分配的公平性与及时性。

（3）成果评估阶段的收益分配

成果评估是利益分配的集中体现阶段。在技术转移或商业化过程中，高校与企业需要根据协议内容进行收益分配。例如，高校通过专利许可获得固定收益，而企业则通过技术产品的市场销售获取利润。在这一阶段，分配机制需要在明确知识产权归属的同时，兼顾收益回流机制，例如将部分收益用于双方的后续合作，形成合作的良性循环。

3. 利益分配机制的潜在挑战与风险防范

尽管科学的利益分配机制能够促进校企合作的成功，但在实践中仍存在多个潜在风险，需要通过合理策略加以防范。

（1）知识产权归属争议

知识产权归属是校企合作中最常见的争议点之一。例如，高校可能认为其技术创新是合作的核心，而企业则强调市场开发的资源投入。为防范此类争议，合作协议应提前明确知识产权的归属规则，确保高校和企业的核心利益不受侵害。

（2）信息不对称带来的分配失衡

高校与企业在资源评估和市场认知上可能存在信息不对称。例如，企业可能低估高校技术的实际价值，而高校则可能忽视市场开发的复杂性。通过引入第三方评估机构，对技术价值和市场潜力进行独立评估，可以在一定程度上平衡双方的信息差异。

（3）短期利益与长期合作的矛盾

短期利益的过度关注可能削弱合作的长期可持续性。例如，企业可能在技术转化初期希望获取更高比例的收益，而忽视了高校的后续研究支持。对此，利益分配机制需要加入长期激励条款，例如约定一定比例的收益用于支持高校后续的科研活动，以实现合作的可持续性。

4. 优化利益分配机制的策略

优化利益分配机制是确保校企合作公平性与效率的重要步骤。首先，可以通过构建标准化分配框架来提升谈判和协议签订的效率。标准化规则和模板能够帮助高校与企业快速达成一致，例如制定统一的行业分配指南，明确技术价值评估方法和收益分配标准，从而减少协商中的时间成本与分歧。其次，利用智能化分配工具可以显著增强利益分配的透明度与科学性。借助大数据和区块链技术，可以记录各方的投入和收益分配流程，确保数据的可追溯性和不可篡改性，从而在分配过程中建立更高的信任度。再次，建立多层次评估体系也是优化利益分配的关键措施。通过阶段性绩效评估调整分配比例，或依据项目后期的市场表现进行收益再分配，可以动态反映各方贡献的实际变化，提高分配的公平性与合理性。最后，政策与法律的支持对分配机制的完善具有重要保障作用。例如，政府可以通过制定知识产权保护条例和明确收益分配范围，为合作双方提供法律依据，确保各方权益不受侵害。这些策略的综合运用，不仅能够提升利益分配机制的效率与公平性，还为校企合作的长期发展奠定了坚实基础。

（二）合作的长期性与稳定性

校企合作的长期性与稳定性是确保合作效益持续增长和资源有效利用

的关键。短期合作虽能带来即时收益，但难以形成深远的教育与产业联动效应。而长期合作则通过建立深度信任和长效机制，为共同研发、人才培养和技术转化提供持续动力。以下从必要性、长效机制的构建以及合作稳定性提升策略三个方面进行深入探讨。

1. 长期合作的必要性

长期合作为校企双方在教育、科研和产业发展中创造了更大的增值空间。它的必要性主要体现在以下几个方面：

（1）推动深度创新与研发

创新需要时间的积累和资源的持续投入。高校与企业在共同研发中，长期合作能够确保从基础研究到技术应用的完整实现。例如，高校的基础研究为企业提供技术储备，而企业则将研发成果进一步开发为市场化产品。通过长期合作，双方能够从单一项目的合作模式，发展为涵盖多领域、多阶段的全方位创新链条。

（2）培养高质量人才

人才培养是校企合作的重要目标之一，而这一过程同样需要长期的协同努力。例如，定制化课程的设计、实习项目的安排以及企业导师的指导都需通过长期规划来实现持续优化。通过与企业的长期合作，高校能够更加准确地了解行业需求，并将其转化为教学目标，培养更符合市场需求的高素质人才。

（3）促进资源的高效配置

长期合作使得校企双方的资源共享更加稳定和高效。例如，高校可以长期使用企业提供的实验设施，而企业则能够持续获取高校的技术支持和人才输送。这种双向共享机制能够有效避免资源浪费和重复投入，提高合作的整体效益。

2. 长效机制的构建

长期合作的实现需要建立科学的长效机制，以确保合作目标的清晰性、执行的连续性和调整的灵活性。以下是构建长效机制的关键环节：

（1）明确合作目标与愿景

高校与企业在合作之初应明确长期合作的共同目标，例如，推进特定技术领域的突破或培养行业关键人才。通过设定具体的长期愿景，双方可以在资源投入和时间规划上保持一致。

（2）制定合作规划与分阶段目标

长效机制需要有明确的分阶段目标。高校与企业可以根据合作内容，将长期合作划分为不同阶段，例如，技术研发、成果转化和市场推广。在每个阶段设立里程碑目标，不仅有助于跟踪合作进展，还能通过小范围的成果累积增强合作信心。

（3）建立定期沟通与反馈机制

沟通与反馈是确保合作顺利推进的必要条件。高校与企业应通过定期会议或联合工作小组，对合作中遇到的问题进行沟通解决，同时根据反馈调整目标和策略。例如，在研发项目中，企业可以通过定期反馈市场需求的变化，帮助高校调整技术研发方向。

（4）设计灵活的调整机制

长期合作需要能够适应外部环境的变化，例如，政策调整、市场波动或技术更新。因此，高校与企业在合作协议中应包含灵活的调整机制，例如，重新分配资源或调整优先级任务，以确保合作的持续性与适应性。

3. 提升长期合作稳定性的策略

合作的稳定性是长期合作得以维系的关键，以下是提升合作稳定性的具体策略：

（1）增强信任与互惠关系

信任是长期合作的基础。高校与企业应通过透明的沟通和开放的合作态度，建立稳定的互惠关系。例如，在知识产权归属和收益分配中，通过清晰的协议和公平的分配机制减少潜在矛盾，从而增强合作双方的信任。

（2）加强人员的双向流动

人员流动是深化合作的有效途径。例如，高校教师可以定期到企业进行实践学习，而企业的高级管理人员或技术专家则可以以兼职导师的形式参与高校的教学和科研活动。通过这种双向流动，校企双方能够更好地理解彼此需求并提高协作效率。

（3）优化政策支持与激励机制

政府在促进校企长期合作中扮演着重要角色。例如，通过政策支持为长期合作提供税收优惠或专项资金支持，同时设立校企合作的示范基地，推广成功经验。高校与企业也可以通过设立联合基金，用于资助长期合作项目和相关活动。

（4）构建联合平台与生态系统

联合平台和生态系统能够为长期合作提供更广泛的支持。例如，通过设立跨学科的联合研究中心，校企双方可以围绕产业链进行全方位合作。同时，高校与企业可以通过构建开放式的合作生态，吸引更多的外部资源，如政府机构、非营利组织和其他企业的参与，进一步提升合作的稳定性与效益。

第三节　校企合作的长效机制建设与政策保障

一、校企合作的长效机制建设

（一）合作协议的建立与优化

合作协议是校企合作的基石，它不仅为双方的合作提供了法律保障，还通过明确责任和权益，确保合作目标的清晰和实现。然而，单一或僵化的协议设计可能难以适应复杂且动态的合作需求。因此，建立长期有效的合作协议，需要在规范性与公平性、目标对接与动态调整等方面进行科学设计与优化。

1. 合作协议的重要性与核心原则

合作协议作为校企合作的法律基础，其重要性体现在规范双方关系、明确责任分工、预防潜在争议等方面。一个完善的协议能够为合作提供稳定的框架，避免合作中因目标偏离或利益冲突引发矛盾。

（1）规范性

合作协议的规范性要求协议内容能够全面覆盖合作的各个环节。包括合作的范围、目标、资源投入、知识产权归属、利益分配等核心内容。例如，对于一个联合研发项目，协议应明确高校的技术贡献与企业的资金支持比例，以及双方在项目成果中的收益分配方式。

（2）公平性

公平性是合作协议的核心原则，直接关系到合作双方的长期积极性。例如，高校在技术开发中可能承担了较大的研发风险，而企业则在市场化过程中投入了大量资源。协议需要综合考虑双方的实际贡献，确保利益分配的合理性与公平性，以避免合作过程中因利益失衡引发的纠纷。

（3）灵活性

合作协议的灵活性要求其能够适应外部环境的变化。例如，当技术进展或市场需求发生重大改变时，协议需要具备动态调整的条款，以保障合作目标的持续实现。

2. 合作协议的设计要点

设计一个科学有效的合作协议需要从合作目标的明确、责任分工的清晰、利益分配的合理性以及争议解决机制的完善等方面进行系统规划。

（1）明确合作目标与成果预期

合作目标是协议设计的起点。高校与企业需要在协议中明确具体的合作方向，例如技术研发、人才培养或资源共享等。同时，应在协议中设定可衡量的成果预期，例如技术专利的申请数量、市场化产品的开发周期或人才培养的规模与质量。这种目标的明确性有助于合作双方在实施过程中保持方向一致。

（2）清晰划分双方责任与资源投入

协议需要对高校与企业的责任进行详细划分。例如，高校在合作中通常负责基础研究、实验设计和技术支持，而企业则负责市场调研、资金投入和技术应用的商业化。对于资源投入，协议应详细说明各方在资金、设备、场地等方面的贡献，确保合作的透明性。

（3）合理的利益分配机制

利益分配机制是协议设计的核心内容之一。高校与企业需要根据资源投入与成果贡献，设计符合公平性原则的分配机制。例如，在知识产权收益分配中，协议可以规定专利的所有权归高校所有，但企业享有一定时期内的优先使用权，收益按照固定比例分成。

（4）争议解决与终止条款

在协议中加入争议解决机制是预防合作风险的重要措施。例如，协议可以规定在双方发生争议时，优先通过协商解决，若协商无果则提交第三方仲裁。此外，还应设定明确的终止条款，例如，在某一方严重违约或合作目标完全实现时，协议自动终止。

3. 协议的动态调整与优化策略

合作协议的动态调整能力是提升其适应性的关键。校企合作通常是一个长期且复杂的过程，外部环境和内部需求的变化可能需要协议随之调整。

（1）建立定期评估机制

定期评估机制能够帮助高校与企业及时发现合作中的问题。例如，通过每季度召开合作评估会议，双方可以审查协议的执行情况，并对资源投入、目标实现情况等进行反馈和调整。这种机制不仅能保证协议的执行效率，还能通过动态优化适应新的合作需求。

（2）引入弹性条款

弹性条款是协议优化的重要工具。例如，在研发项目中，协议可以加入根据技术突破情况调整资源分配的条款，或在市场需求变化时重新划分项目优先级的规定。这种弹性设计能够在不破坏合作框架的基础上，灵活适应外部环境的变化。

（3）预留后续合作空间

长期合作需要在协议中预留后续合作的空间。例如，在人才培养协议中，除了设定当前的课程开发和培训计划，还可以加入"后续合作意向"条款，为未来的联合科研项目或新增课程模块留出可能性。

4. 优化合作协议的保障措施

为确保协议的有效性与执行力，高校与企业可以通过以下措施进一步优化合作协议的设计与实施：

（1）加强法律与政策支持

政府可以通过制定校企合作协议模板、发布合作指引等方式为协议设计提供参考。此外，政策层面的支持如税收优惠、专项补贴等也能为协议执行提供保障。

（2）引入第三方机构监督

第三方监督机构能够为协议的执行提供独立评价。例如，协议签订后，可以由行业协会或法律机构对协议内容进行审核，并在合作过程中对协议执行情况进行定期检查。

（3）构建协议履行的激励机制

通过设立激励机制，例如为成功履行协议的高校和企业提供资金支持或荣誉称号，可以增强合作双方的积极性，从而推动协议的顺利实施。

（二）沟通机制的建立与实施

有效的沟通机制是校企合作的关键环节，是确保双方目标一致、资源高效配置及问题快速解决的核心。高校与企业在文化背景、工作模式及目标优先级上的差异，使沟通成为避免冲突、强化协作的重要工具。通过科学设计沟通机制，校企合作能够实现信息流动的畅通无阻，推动合作目标的顺利达成。以下从沟通机制的重要性、关键方式及实施策略三个方面展开分析。

1. 沟通机制的重要性

沟通机制决定了校企合作的协调性和效率，是连接高校与企业之间不同职能和资源的桥梁。其重要性体现在以下几方面：

（1）消除信息不对称

高校与企业在合作中，通常掌握着不同类型的信息。高校往往擅长理论创新和知识输出，而企业则熟悉市场需求和技术应用。缺乏有效的沟通会导致信息不对称，从而影响双方对合作方向的判断。通过高效沟通机制，双方能够共享关键信息，确保对合作目标的理解一致。

（2）促进协同与信任

信任是合作的基础，而信任的建立离不开沟通。持续的双向沟通不仅可以增强合作中的透明度，还能通过对进展的及时通报和资源的公开共享，增进双方的信任程度，确保合作的稳定性和长期性。

（3）提升问题解决能力

合作中不可避免会出现进度延误、目标偏离等问题。高效沟通机制为双方提供了快速解决问题的通道。通过及时的反馈和调整，沟通机制可以降低冲突的升级风险，并为复杂问题提供多方视角的解决方案。

2. 沟通机制的关键方式

构建高效沟通机制，需要综合运用定期沟通、信息共享与反馈机制等多种方式，以适应校企合作的动态需求。

（1）定期沟通

定期沟通为合作双方提供了明确的时间和空间来检视合作进展和调整策略。通过设定固定的沟通频率和内容，双方可以围绕项目实施、资源分配和阶段成果等关键议题进行深入交流。这种模式能够强化合作的计划性和执行力，使项目管理更加有序。

（2）信息共享

信息共享是提升合作效率的重要手段。通过构建共享平台或建立标准化的信息流动机制，双方可以实现资源的快速传递和知识的双向交流。信息共享的关键在于设置清晰的权限和流程，确保重要信息能够被相关人员及时获取，而不至于因信息堵塞或遗漏而影响合作进程。

（3）反馈机制

反馈机制为合作双方提供了评估合作效果和优化策略的重要手段。通过定期收集和分析反馈意见，双方可以识别合作中的薄弱环节，并根据反馈调整任务分配和目标优先级。有效的反馈机制能够增强合作的灵活性和适应性。

3. 沟通机制的实施策略

在实施沟通机制时，需要从多层次沟通渠道的设计、沟通责任的明确及沟通文化的培养等方面入手，以确保机制的有效性和可持续性。

（1）建立多层次的沟通渠道

多层次的沟通渠道能够覆盖从战略决策到操作执行的各个层面，为合作的全周期提供支持。在高层战略沟通中，关注合作方向与资源整合；在中层管理沟通中，关注项目协调与资源分配；在基层执行沟通中，关注具体任务的分工与反馈。这种全覆盖的沟通体系可以确保信息从顶层到基层的流动畅通无阻。

（2）明确沟通责任与角色

沟通机制的高效运行离不开明确的责任划分和角色定位。通过指定合作联络人和任务负责人，可以确保每项沟通任务都有具体的责任主体，从而避免信息传递中的遗漏和推诿现象。明确责任还可以提高沟通的精准性，减少冗余信息的干扰。

（3）培养开放包容的沟通文化

沟通文化决定了沟通机制的实际效果。合作双方需要建立互相尊重和开

放包容的沟通环境，鼓励人员主动表达需求和意见。这种文化能够激发团队成员的参与热情，促进更广泛的合作创新。

（4）借助技术工具提升沟通效率

现代化的技术工具为校企合作中的沟通提供了更高效的途径。例如，通过数据共享平台，可以实现资源的即时更新与远程访问；通过项目管理系统，可以动态监测项目进度与任务分配。技术工具的合理应用能够显著降低沟通成本，提升合作效率。

（三）评估体系的设计与应用

校企合作的成功与否，很大程度上取决于合作效果的科学评估。评估体系是衡量合作成果、优化合作模式、提升合作质量的重要工具。一个完善的评估体系应能够准确反映合作进展，全面评估实际成果，同时兼顾合作各方的利益与需求，以确保评估结果的客观性和操作性。以下从评估体系的核心要素、设计原则及应用策略三个方面展开探讨。

1. 评估体系的核心要素

一个科学的评估体系需要涵盖明确的目标、可量化的指标以及合理的评估方法，确保评估能够全面反映校企合作的实际成效。

（1）明确的评估目标

评估目标决定了评估体系的方向与重点。在校企合作中，评估目标通常包括合作成果的质量、目标的达成情况以及合作过程中存在的问题。例如，在人才培养合作中，评估目标可能是学生职业技能的提升和企业对毕业生满意度的评价；在科研合作中，则可能关注技术转化率和市场化应用的成果。

（2）可量化的评估指标

评估指标是衡量合作效果的重要工具。一个有效的指标体系应具有可量化、可操作的特点。例如，在校企联合培养中，可以通过学生就业率、就业匹配度等指标来衡量人才培养的成效；在技术转移合作中，可以以专利数量、技术许可收入等指标评估科研成果的实际效益。

（3）合理的评估方法

评估方法的选择直接影响评估结果的科学性与可信度。校企合作的评估通常需要结合定量分析和定性分析，例如通过数据统计了解成果的数量化表现，同时通过访谈与问卷收集各方对合作质量的主观评价，从多维度获取全面的信息。

2. 评估体系的设计原则

一个完善的评估体系需要在设计时兼顾全面性、灵活性和公平性，以确保其适应复杂的合作环境并提供可信赖的评估结果。

（1）全面性

评估体系应涵盖校企合作的多个维度，包括投入的资源、过程中的效率以及产出的结果。例如，在评估联合研发项目时，不仅要关注最终的技术成果，还需考量研究经费的使用效率、项目执行的时间成本等因素。

（2）灵活性

校企合作的动态性决定了评估体系需要具备足够的灵活性。例如，合作内容和形式可能因政策变化或市场需求的转变而调整，评估指标和方法也需随之优化，以保持评估的相关性与适用性。

（3）公平性

评估体系应确保各方利益的平衡与兼顾。例如，高校可能更关注合作中的学术产出，而企业则注重商业收益。因此，在评估中需要充分纳入各方的需求，设计不同维度的指标以全面反映合作成效。

3. 评估体系的应用策略

一个成功的评估体系不仅需要科学的设计，还需要在实际应用中通过有效的实施和反馈机制来确保其功能的实现。

（1）定期评估与反馈

定期评估是了解合作进展和发现问题的重要手段。校企合作可以通过年度报告或阶段性审查等形式，对合作内容进行全面评估。例如，通过定期发布合作报告，展示合作目标的完成情况、资源投入的使用效率及下一步计划。评估后的反馈则可以为双方提供优化合作内容的依据，确保合作目标始终与实际需求保持一致。

（2）建立多方参与的评估机制

多方参与能够确保评估结果的客观性与全面性。例如，在评估人才培养合作时，可以邀请高校、企业及学生共同参与，通过不同的视角分析合作效果。在科研项目的评估中，可以吸纳行业专家或第三方机构提供独立评审，以提高评估的公信力。

（3）纳入动态调整机制

合作过程中可能出现外部环境的变化，例如技术趋势的更新或市场需求的波动，评估体系需要具备动态调整的能力。例如，通过阶段性重新设定评估指标，将新的需求和目标纳入评估框架，确保评估体系的持续有效性。

（4）充分利用技术工具

现代技术工具能够显著提升评估的效率与准确性。例如，通过数据分析平台对评估数据进行整合与可视化，帮助合作双方快速了解合作成效；通过在线反馈系统收集各方意见，为下一阶段的合作提供实时参考。这些技术的应用能够简化评估流程，提高结果的可信度。

二、政府的支持与保障

（一）政府在政策层面的支持

政府在校企合作中的角色至关重要，通过政策支持和资金保障，政府能够有效激励高校和企业的深度合作，推动教育、科研与产业的深度融合。政策层面的干预不仅可以解决高校与企业在资源、利益和目标上的不一致，还能够通过提供明确的导向和实质性的激励，降低合作的成本与风险，为合作的可持续发展创造有利条件。以下从政策支持的作用、主要手段以及优化路径三个方面展开讨论。

1. 政府政策支持的作用

（1）校企合作的引导者

政府政策具有明确的导向作用，可以通过制定合作目标和激励措施，引导高校和企业积极参与合作。例如，政府可以通过战略性规划推动高校围绕国家产业重点方向调整教学与科研内容，同时鼓励企业将技术需求与高校的研发能力相结合，从而实现校企双方的协同发展。

（2）合作资源的协调者

高校和企业在合作中可能面临资源分配不均或短缺的问题，尤其是在资金和技术领域。政府能够充当资源协调者，通过财政支持、共享平台建设等手段促进资源的合理分配。例如，政府设立专项基金支持高校的基础研究，同时鼓励企业为高校的实验室建设提供设备支持，从而形成资源共享的合作机制。

（3）合作成本的缓解者

校企合作的成本包括研发资金、技术转化费用以及人力资源投入。企业可能因短期利益考虑对合作持观望态度，高校也可能因经费不足无法进行大规模投入。政府通过税收优惠、资金补贴等方式，可以有效降低双方的合作成本，增强合作的动力。

2. 政府在政策支持中的主要手段

（1）财政资助

财政资助是政府支持校企合作的重要手段之一。通过设立专项基金和提供科研经费补贴，政府能够直接为高校和企业的合作提供资金保障。例如，在联合研发项目中，政府可以资助高校的技术研究费用，并为企业提供试点项目的初始资金。这种直接资助可以缓解合作初期的资金压力，加快合作进程。

（2）税收优惠

税收优惠政策是降低企业合作成本的重要方式。政府可以为参与校企合作的企业提供研发费用加计扣除或税收减免，以鼓励其投入更多资源进行联合研发。例如，企业在资助高校科研项目或共建实验室时，可以享受部分税收减免，从而提高企业参与合作的积极性。

（3）创新奖励

创新奖励政策是激励高校和企业追求高质量合作的重要手段。政府可以通过设立科技成果奖励计划，对在校企合作中取得重大突破的团队或个人进行表彰和奖励。这种奖励机制能够激发高校和企业的创新热情，同时为其他合作项目树立示范效应。

（4）共享平台的建设

政府可以通过支持共享平台的建设，为校企合作提供基础设施。例如，建立国家级技术转移中心或创新孵化平台，为高校与企业提供技术展示、市场对接和资源共享的空间。这种平台不仅能够提高合作效率，还能够减少信息不对称和重复投入的问题。

3. 政府政策支持的优化路径

尽管现有政策在推动校企合作中发挥了重要作用，但其实施过程中仍存在一些挑战，例如资源分配不均、政策适用性不足等问题。为此，政府在设计与实施政策时需要不断优化，以提升政策支持的有效性和公平性。

（1）提高政策精准性

现有的政策支持常常面临资源分配的广泛性与合作需求的多样性之间的矛盾。为此，政府需要在政策设计中更加注重精准性。例如，针对不同学科领域或产业特点制定定制化的支持方案，使政策能够更好地满足高校与企业的实际需求。

（2）强化政策评估与反馈机制

政策的实施效果需要通过科学的评估机制来验证。政府可以通过建立定期的政策评估与反馈体系，对政策的执行情况和效果进行全面审查。例如，通过调查企业和高校对政策的实际需求，及时调整政策内容，使其更具针对性和实用性。

（3）加强政策宣传与执行力度

一些高校与企业对政策的内容和申请流程缺乏了解，导致政策的实际覆盖面受到限制。为此，政府应加大政策宣传力度，例如通过线上线下宣讲会、政策解读手册等形式，让更多合作主体了解并利用政策资源。同时，政府还需强化政策的执行力度，确保资金和资源能够及时到位。

（4）推动国际化合作政策

随着经济全球化的深入，校企合作也需要在国际化的背景下寻求突破。政府可以通过制定国际化合作支持政策，例如资助高校和企业共同参与国际研究计划或跨国技术转移项目，从而拓展合作的广度和深度。

（二）政策保障体系的完善

政策保障体系的完善是校企合作得以规范化和可持续发展的重要前提。政府通过健全的法律法规和有效的监管机制，不仅可以保障合作的合法性与合规性，还能够协调各方利益、规范合作行为，从而提高合作效率，促进合作目标的实现。以下从法律法规的重要性、监管机制的核心功能以及政策保障体系的优化路径三个方面进行深入分析。

1. 完善法律法规的必要性

法律法规为校企合作提供了行为准则，是合作合法性与合规性的基石。完善的法律体系能够有效保护各方权益、平衡合作利益，并为合作中的争议解决提供依据。

（1）保护合作各方权益

在校企合作中，高校、企业以及其他参与方在技术开发、成果转化和利益分配等方面存在不同的利益诉求。完善的法律法规可以明确各方的权利和

义务，例如通过知识产权法确保高校的技术创新成果得到保护，通过合同法规范企业的资金投入和市场推广行为，防止因责任不清导致的纠纷。

（2）规范合作行为

法律法规的制定可以有效防止合作中不正当竞争和利益冲突。例如，在技术转移过程中，一些企业可能试图绕过高校单独开发技术，侵占高校的知识产权收益。通过明确的法律条款，可以约束企业行为，同时保障合作的公开透明性。

（3）提高合作效率

法律法规的存在能够为校企合作提供标准化的流程和操作指引。例如，在科研成果转化中，法律可以规定专利申请的流程、技术评估的标准以及收益分配的比例，从而简化合作过程，提高工作效率。

2. 健全监管机制的核心功能

在校企合作的政策保障体系中，监管机制是确保法律法规有效执行的重要手段。科学合理的监管机制可以通过监督、评估和调整，规范合作行为并推动政策目标的实现。

（1）监督合作合法性与合规性

监管机制的首要任务是确保校企合作行为符合法律法规。例如，在高校与企业的联合研发项目中，监管机构可以监督资金的使用是否符合相关规定，合作过程是否遵循公平竞争原则，以及技术成果的归属是否经过合法程序的确认。

（2）评估合作绩效

监管机制还需对校企合作的实际绩效进行评估，例如，科研项目的进展情况、人才培养的质量以及技术转化的市场表现。这些评估结果可以为政策优化和资源分配提供重要依据。

（3）预防利益冲突与风险

校企合作中可能存在利益冲突和不当行为，例如资源分配不均、信息不透明等问题。通过设立专门的投诉与举报机制，监管机构可以及时发现并纠正合作中的违规行为，保护参与各方的合法权益。

3. 政策保障体系的优化路径

为进一步完善校企合作的法律法规与监管机制，政府需要在立法、监管执行及政策支持方面进行全面优化。

（1）加强法律体系建设

政府应制定针对校企合作的专项法律，例如《校企合作促进法》，明确合作的法律地位、参与主体的权利与义务以及合作的基本原则。此外，应完善相关配套法律，如知识产权保护法、技术转移法等，为校企合作中的核心环节提供法律保障。

（2）构建多层次监管框架

多层次监管框架能够覆盖校企合作的全生命周期，包括前期的协议签订、中期的项目执行和后期的成果转化。例如，政府可以设立国家级和地方级监管机构，分别负责重大合作项目的宏观管理和地方性合作项目的具体监督。

（3）引入第三方评估与仲裁机制

第三方评估与仲裁机制可以提升监管的独立性与公正性。例如，委托专业的审计机构对合作资金的使用情况进行独立审查，或设立行业仲裁机构处理合作中的争议。通过引入第三方力量，可以减少监管机构与被监管对象之间的直接利益关联，提高监管的可信度。

（4）加强数字化监管能力

随着信息技术的发展，政府可以通过构建数字化监管平台实现实时监管。例如，通过区块链技术记录合作的资金流向和技术成果的归属信息，确保数据的透明性和不可篡改性。人工智能技术则可以帮助监管机构分析合作绩效数据，发现潜在的违规行为。

（5）优化政策支持与宣传

政府需要为法律法规的实施提供配套政策支持，例如通过专项补贴鼓励高校和企业积极参与合规合作。同时，通过政策宣传和培训活动，提高高校和企业对相关法律法规的认知度和执行力。

（三）政府与高校、企业的协同合作

政府在校企合作中扮演着至关重要的桥梁角色，通过协调高校与企业的关系，推动资源的互补与协同，为教育与产业的深度融合提供制度保障与实践支持。在政策制定与执行过程中，政府不仅是规则的设计者，更是资源的整合者和合作的推动者。以下从协调关系、提供政策支持及优化合作环境三个方面，分析政府作为桥梁的作用及实现路径。

1. 协调高校与企业的关系

高校与企业在目标、运作模式、文化背景等方面存在显著差异，这种差异在校企合作中容易引发冲突或沟通障碍。政府的桥梁作用在于平衡和协调双方关系，确保合作顺利进行。

（1）平衡高校与企业的需求

高校更关注学术研究和人才培养，而企业则更加重视市场导向和经济效益。政府通过制定中长期合作规划和政策框架，明确合作的方向和目标，从战略高度协调双方需求。例如，在人才培养中，政府可以引导高校根据企业需求优化课程设置，同时鼓励企业参与高校教学改革，为合作注入市场导向的思维。

（2）推动多方共识的达成

政府可以通过设立协调机构或召开定期会议，为高校与企业提供对话的平台。例如，通过区域性校企合作论坛，政府能够汇集高校与企业的意见，促进共识的达成，从而减少因目标不一致而产生的合作摩擦。

2. 提供政策支持与服务

作为校企合作的推动者，政府通过政策制定和服务提供，支持高校和企业开展高效、互利的合作。

（1）政策支持的引导作用

政府可以通过发布指导性文件，为校企合作提供政策指引。例如，通过鼓励性政策推动高校与企业在科研、技术转移和人才培养中的协同创新。同时，通过制定具体的实施细则，明确合作各环节的操作流程，降低高校与企业的合作门槛。

（2）资金与资源的支持作用

政府可以为校企合作提供直接或间接的资金支持。例如，通过设立专项基金资助高校的技术研究或企业的技术应用项目。此外，政府还可以通过共享产业园区、实验基地等公共资源，为合作创造良好的物质条件。

（3）服务平台的搭建作用

服务平台是政府促进校企合作的重要工具。例如，政府可以搭建技术交易平台、高校科技成果展示中心等，为高校与企业的技术对接提供渠道。同时，通过信息化手段打造数字化服务平台，实时更新政策信息和合作机会，提高合作效率。

3. 优化合作环境

政府作为桥梁，不仅需要协调关系和提供政策支持，还需通过优化合作环境，提升校企合作的可持续性和创新性。

（1）营造开放包容的合作氛围

政府可以通过政策宣传和推广活动，增强高校和企业对合作价值的认同。例如，通过举办创新创业大赛、校企合作典型案例展示等，营造开放包容的合作文化氛围，激励更多高校与企业参与合作。

（2）规范合作行为

政府通过完善法律法规和监管机制，规范校企合作行为。例如，在知识产权保护、技术转移和利益分配等关键环节，政府可以设立明确的法律条款和监督制度，减少合作中的不公平现象，确保合作的规范性。

（3）推动国际化合作模式的探索

在全球化背景下，政府可以引导高校与企业参与国际化合作。例如，通过制定跨国合作政策，支持高校与国际企业联合研发项目或人才培养计划，同时借鉴国际成功经验，提升本地校企合作的水平。

第七章　产学研用协同培养模式的评估与优化

第一节　评估体系的设计与实施

一、评估体系的构建

（一）学生学习成果的评估体系

1. 学生学习成果评估体系的构建原则

学生学习成果的评估体系是衡量教育质量和教学效果的关键工具。构建科学、全面的评估体系需要遵循以下几个基本原则：首先，应以全面性为核心，涵盖学生的理论知识、实践能力、创新思维等多维度成果，避免单纯以考试成绩作为评判标准。其次，应注重客观性与公平性，确保评估过程透明、公正，避免主观因素的干扰。同时，评估体系还需体现灵活性，根据不同学科、课程类型和教学目标进行调整，以适应多样化的培养需求。这些原则的贯彻能够为评估体系奠定坚实的基础，为学生的全面发展提供有力支持。

2. 评估内容的设计与实施

在评估内容设计方面，首先，需要关注学生理论知识的掌握程度。作为

学习成果的重要组成部分，理论知识的评估可通过多种形式展开，包括书面考试、开放性问答以及论文撰写等。这不仅可以测试学生对基础概念和学科核心内容的理解，还能考察其分析问题和解决问题的能力。

其次，应将学生的实践能力作为评估的重要内容。实践能力评估可以通过项目式学习、实验课程、实习报告等方式进行。例如，在实验课程中，可以考察学生设计实验方案的能力、数据分析的准确性以及对实验结果的总结归纳能力。对于参与实习的学生，其工作态度、任务完成情况以及在真实工作环境中的适应能力也应纳入考核范围。

最后，创新思维的评估是课程目标中不可忽视的一环。创新能力的评估可以通过对学生项目成果的创造性、论文内容的原创性以及团队协作中的问题解决能力进行综合考量。创新能力的评估需要设置灵活的标准，并辅以专业评审小组的指导，以确保评估的专业性和客观性。

3. 多维度评估方法的融合

为了确保评估体系的全面性，需将多种评估方法有机结合起来，形成科学的评价机制。课堂表现评估是基础环节之一，主要包括学生在课堂上的参与度、互动性和问题解决能力。通过记录学生课堂中的发言次数、提问质量以及参与讨论的深度，能够反映其对课程内容的理解和兴趣。

课外实践评估是另一重要组成部分，其覆盖面广泛，包括社会实践、志愿服务、校企合作项目等。评估内容应围绕学生在实践活动中的表现，如领导力、团队协作能力、资源整合能力等。同时，通过观察学生在复杂情境中的表现，能够更加直观地了解其实际能力。

项目成果评估则是衡量学生综合能力的重要方式。项目成果既可以是团队完成的产品设计、研究报告，也可以是个人完成的学术论文或技术原型。评估过程中，应综合考虑成果的质量、创新性、应用价值等多方面因素，并通过展示环节和答辩环节进行动态评估。

4. 数据驱动的评估体系优化

随着教育信息化的不断推进，基于数据驱动的评估体系成为一种新趋势。通过建立教学数据平台，能够实时采集学生的学习数据，包括作业提交时间、课堂参与度、考试成绩波动等。利用大数据分析技术，可以为学生生成个性化学习报告，帮助教师掌握学生的学习进展，并据此调整教学计划。

数据分析还可以用于评估体系的改进。例如，通过对历届学生评估结果的横向对比，能够发现评估标准中存在的偏差或不足，并据此优化评估指标体系。同时，数据驱动的评估体系能够提供多样化的可视化展示形式，例如成绩趋势图、能力雷达图等，为学生和教师提供更直观的参考依据。

5. 评估体系的实施挑战与解决路径

在评估体系的实施过程中，可能会面临一些实际挑战。首先，评估标准难以统一是一个常见问题。不同课程、不同学科的教学目标存在差异，这使得评估内容和方式难以做到标准化。为此，可以通过制定通用评估框架，并结合具体课程特点进行细化，确保评估体系的可操作性。

其次，评估过程中的主观偏差可能影响评估结果的公平性。例如，教师在评估学生课堂表现时，可能因个人偏好或对学生的既有印象而产生偏见。对此，需通过引入第三方评估机制或同行评议制度，降低主观因素的影响，提升评估结果的公正性。

此外，实施多维度评估体系对人力、物力的要求较高。例如，项目成果评估需要组织专门的评审小组，而数据驱动的评估体系则需要建立完善的信息化平台。为应对这些挑战，学校需要加大对教育评估的资源投入，同时加强教师培训，提升其在评估过程中的专业水平。

（二）企业满意度的评估标准

1. 企业满意度评估的意义与作用

企业满意度的评估是衡量校企合作中协同培养模式成效的重要指标。通过对企业满意度的分析，可以全面了解企业对高校培养学生的能力、素质和职业适应度的认可程度。这不仅有助于高校改进教学模式、优化课程设置，还能增强校企合作的信任基础，为持续推进产学研用协同培养模式奠定坚实的合作基础。此外，企业满意度的高低直接反映出高校毕业生在实际工作中的表现是否符合企业需求，进而影响高校的社会声誉和行业影响力。因此，科学设计和实施企业满意度的评估标准，能够为高校教育质量的提升提供重要参考。

2. 企业满意度的核心评估维度

在企业满意度的评估中，应重点关注以下核心维度：

（1）学生专业能力的胜任度

企业对高校毕业生的专业能力要求直接关系到其对学生的满意程度。评估内容应涵盖学生对行业知识的掌握、实际操作技能的运用能力、解决问题的创新能力等。例如，工程管理类学生是否具备项目规划能力，市场营销类学生是否能够有效制定和执行营销方案，这些都是企业满意度评估的重要参考。

（2）职业素养与团队协作能力

除专业能力外，企业也非常重视学生的职业素养，如责任心、执行力、抗压能力等。此外，团队协作能力是现代企业运行的核心要求之一。评估应考察学生是否能够高效融入团队、与同事进行顺畅沟通、完成跨部门协作等任务。

（3）就业适应度与成长潜力

企业通常关注毕业生在短期内适应岗位需求的能力，以及在未来发展中展现出的成长潜力。评估标准可包括学生对工作环境的适应速度、学习能力和岗位晋升可能性等。例如，是否能够快速理解企业文化，完成上级交代的任务，是衡量就业适应度的重要指标。

3. 企业满意度评估的方式与工具

企业满意度的评估需要采用多样化的方法，以获取全面、真实的数据：

（1）问卷调查

问卷调查是获取企业满意度数据的常用方式。问卷设计应围绕专业能力、职业素养、就业适应度等维度展开，并采用量化的打分方式和定性的开放式问题相结合的方法。例如，设计一份包含"学生在岗位上的表现是否符合企业预期"的打分题，以及"您认为学生在哪些方面需要进一步提升"的开放式问题，能够有效获取企业的真实反馈。

（2）深度访谈

通过与企业高层、部门主管和直接接触毕业生的团队负责人进行访谈，可以获得更详细和直观的信息。访谈内容应聚焦企业对学生表现的具体评价，如学生的实际工作成果、与同事的协作情况、面对挑战时的表现等。同时，还可以了解企业对高校课程设置和教学内容的建议。

（3）企业反馈数据的分析

在校企合作中，许多企业会定期提供学生在岗实习或工作期间的反馈报告。对这些反馈数据进行系统化分析，可以总结学生表现的优缺点，并将分析结果与企业满意度评估标准对比，发现潜在问题和改进方向。

4. 企业满意度评估中的数据处理与分析

获取评估数据后，科学的数据处理和分析是提升评估有效性的关键步骤：

（1）数据整理与分类

首先需对问卷调查、访谈记录和反馈报告中的数据进行整理，将数据按照专业能力、职业素养、就业适应度等维度分类。这有助于清晰了解各维度企业满意度的总体情况。

（2）数据统计与可视化

使用统计工具对量化数据进行平均分、标准差、满意度比例等分析，并采用柱状图、饼图等可视化方式展示结果。例如，可以用图表对比不同专业学生的满意度差异，为高校课程优化提供依据。

（3）关键问题分析

通过对低满意度维度进行重点分析，找出企业对学生不满的主要原因。例如，若就业适应度维度的满意度较低，则需深入调查学生是否缺乏适应企业文化的相关培训，或是实践教学环节的效果不够理想。

5. 企业满意度评估的优化与改进

为了提升企业满意度评估的科学性和实用性，高校应不断优化评估机制：

（1）构建长期反馈机制

企业满意度评估不应是一次性的活动，而应通过长期合作建立持续的反馈机制。例如，与合作企业签署长期评价协议，定期收集反馈意见并实时调整教学内容。

（2）加强数据分析与跟踪

在完成数据分析后，还需对关键问题进行长期跟踪。例如，可以针对某些满意度较低的专业开设专项改进课程，并在下一轮评估中验证改进效果。

（3）推动校企联合评估

引入企业专家参与评估过程，能够为评估标准的制定和实施提供更具行业导向的参考。例如，可邀请企业高管参与教学内容的评审，为高校课程体系优化提供建议。

6. 企业满意度评估的价值与影响

企业满意度的评估不仅是校企合作效果的直接体现，更是高校教学质量提升的重要推动力。通过评估，高校可以全面了解企业对人才需求的最新变化，并据此调整课程内容和培养模式。例如，在数据驱动、智能化技术快速发展的背景下，许多企业对数据分析能力的需求增加，高校可以针对这一趋势优化数据科学相关课程。此外，企业满意度评估还能为高校与企业间的长期合作提供动力，通过高满意度的持续反馈，增强双方的合作信任，进一步推动产学研用协同模式的良性发展。

（三）教学效果的评估与反馈机制

教学效果的评估与反馈机制是高校教学质量管理的重要组成部分，也是协同培养模式能否实现预期效果的核心环节。在产学研用协同背景下，教学不仅是知识的传递，更是能力的塑造与价值观的培养，因此，需要一套科学、全面且动态的评估与反馈机制来衡量其效果，并为教学持续优化提供数据支持。

1. 多维教学效果评估体系的构建

教学效果的评估需要基于系统化的设计，从多个维度出发，确保覆盖全面并兼顾深度。

（1）课堂教学质量的评估

课堂教学是教学活动的核心，其效果直接影响学生的知识吸收和能力构建。课堂教学评估应包括以下几个关键维度：教学目标是否明确且与课程设计一致；教学方法是否灵活多样，能激发学生学习兴趣；课堂互动是否有效促进学生思考和表达能力的发展。此外，还需考察学生在课堂上的专注度和参与度，通过学习行为观察、课堂互动记录等方式获取数据。

（2）课程设计效果的评估

课程设计是教学目标实现的基础，其合理性和适用性直接影响教学效果。评估需关注课程内容是否契合专业培养目标，是否体现了行业发展的前沿性和社会需求的动态性。同时，课程结构的逻辑性和资源配置的有效性也是重要考量因素。例如，一个成功的课程设计不仅要有扎实的理论基础，还应包含与实践密切结合的教学单元，以便学生能够学以致用。

（3）教师授课能力的评估

教师是教学活动的直接实施者，其授课能力是影响教学质量的重要因

素。评估内容应涵盖教师的专业知识储备与更新能力，教学方法的创新性，课堂表现的感染力，以及在教学过程中对学生反馈的快速响应能力。此外，教师的职业素养和教学态度，包括对学生的耐心和关怀，也应被纳入评估范围，因为这些因素对学生学习体验的质量有显著影响。

2. 数据收集的科学性与多样性

高质量的教学效果评估依赖于数据的全面与准确。科学的数据收集方法应兼顾学生、教师和外部专家三方视角，以获取多维度的反馈。

（1）学生反馈的多样化收集

学生是教学活动的直接参与者，他们的反馈能直观反映教学效果。通过问卷调查、匿名评价和访谈等方式，可以收集到对课程内容、教学方法和课堂互动的真实看法。例如，问卷调查可以设置开放性问题，让学生具体描述课堂中的优点与不足，访谈则可以进一步深挖学生的学习感受与期望。

（2）教师反馈的深入挖掘

教师的反馈从教学者的角度提供了重要的补充。教学日志记录授课过程中的难点与亮点，定期教学研讨会则能集体讨论并共享改进经验。此外，教师的反思性反馈，如对课程内容的适应性评价、教学资源的改进建议等，也为评估提供了重要视角。

（3）第三方评估的专业化保障

外部专家评估能够以客观和专业的视角对教学效果进行独立分析。这类评估可通过邀请行业专家对课程设计和教学内容进行审阅，或通过第三方教育评估机构提供的专业服务，进一步提高评估的深度和权威性。

3. 数据分析与评估机制的优化

教学效果评估需要基于多维数据的分析，并结合量化和定性分析方法，确保结论的科学性和可操作性。

（1）定量分析的精准性

定量分析利用统计工具处理问卷数据、课堂参与度指标和成绩数据，生成平均分、满意度、标准差等指标。这些指标不仅能清晰呈现整体教学质量，还能揭示课程间的差异，为进一步调整提供方向。

（2）定性分析的深度挖掘

定性分析侧重于从学生反馈、教师反思和访谈记录中提取信息，发现隐藏在量化数据背后的深层问题。例如，学生可能对某课程的满意度较低，但定性分析可能揭示问题出在实践环节安排不够合理上，这些细节为教学改进提供了更具体的指导。

（3）评估工具的现代化应用

教育信息化的普及为评估提供了先进的技术支持。例如，学习管理系统（LMS）和教学分析平台能够实时记录学生的学习行为，包括在线课程的完成率、讨论区的活跃度等。这些实时数据有助于动态调整评估过程，提升评估的敏捷性。

4. 反馈与改进的闭环机制

教学效果评估的结果需要通过科学的反馈机制传递到相关主体，并推动教学改进形成闭环。

（1）评估结果的多层级反馈

高校可以通过评估报告、教学座谈会和个性化建议等多种形式向相关教师、课程团队和管理部门传递评估结果。例如，针对教师的个性化反馈可以详细列出课堂表现中的优劣点，并提供具体的改进建议。对于课程团队，则可以通过座谈会讨论课程设计中的结构性问题并提出调整方案。

（2）教学改进的系统化实施

评估结果中的问题需要转化为明确的改进行动。具体而言，高校可以通过优化课程内容、增加实践环节、改进教学资源配置等方式，确保教学改进具有针对性和实效性。此外，为教师提供教学能力提升的专项培训，比如案例教学法、项目导向教学等，也能从根本上提高课堂教学质量。

5. 评估体系的动态调整与优化

教学效果评估体系需要根据教育环境和行业需求的变化不断优化。

（1）评估标准的动态更新

随着行业需求和学生特点的变化，评估标准需要保持灵活性。例如，在跨学科教学需求增加的背景下，可将跨领域知识的整合能力纳入评估标准，同时增加对学生自主学习能力和团队协作能力的考核。

（2）教育技术的深度融合

未来，人工智能和大数据技术将进一步增强评估体系的精准度和灵活性。例如，通过学习分析技术，可以为每位学生生成个性化的学习轨迹，并据此调整评估标准。虚拟现实（VR）技术的应用则能为教学效果的可视化评估提供全新手段。

6. 教学效果评估的长远意义

科学的教学效果评估不仅有助于提高教学质量，还能帮助高校在社会和行业中树立教育品牌。通过持续优化教学内容和方法，高校能够培养出更加符合社会需求的高素质人才，从而实现产学研用协同培养的长远目标。更重要的是，这一机制为教育创新提供了实践依据和理论支持，为构建现代教育体系注入了持续动力。

二、如何开展协同培养模式的评估与反馈

（一）协同培养模式的评估方法

协同培养模式作为高校与企业、科研机构深度合作的人才培养机制，其成效如何直接关系到教育质量和行业需求的匹配度。科学的评估方法需要综合定量与定性分析，聚焦学生、教师和企业三方反馈，通过全面的数据收集与反馈机制，确保结果的准确性与可操作性。

1. 定量评估的关键

定量评估以数据驱动为核心，通过可量化指标衡量协同培养模式的具体效果。在学生层面，指标包括毕业就业率、薪资水平、岗位胜任能力等；在教师层面，涵盖教学贡献度、科研转化率及校企合作参与度；在企业层面，考察学生的实习表现、项目成果质量和企业满意度。

数据收集需要依托问卷调查、学习管理系统（LMS）、校企合作平台等多样化渠道。高校可以通过就业报告获取毕业生流向数据，通过企业反馈表了解学生在实践环节的真实表现。例如，将企业对学生实践能力的评价与学生的课程成绩进行对比分析，可以揭示理论教学与实践训练的契合度。

为提升数据分析的科学性，需制定统一的评估标准，例如采用五分制对满意度进行打分，并通过统计工具如 SPSS、Excel 等计算平均值、标准差等关键指标。这种标准化处理方式不仅能确保不同学科或项目之间的可比性，还能直观呈现协同培养模式的整体成效。

2. 定性评估的深度挖掘

定性评估通过分析反馈内容，揭示量化数据无法反映的深层问题。学生反馈是评估的重要依据，通过访谈、座谈会和开放式问卷，可以深入了解学生对课程设计、实践活动的具体体验。例如，学生可能反馈某些课程内容过于理论化，无法满足实际工作需求，这为调整课程提供了具体方向。

教师的经验总结也是定性评估的重要部分。通过教学日志、研讨会记录等形式，可以收集教师对协同培养模式的观察与反思。例如，教师可能指出企业实践环节的时间安排不够灵活，或在资源分配上存在不足，这些反馈为校企沟通和资源优化提供了依据。

企业的意见则是评估协同培养模式行业适配度的重要数据来源。通过问卷调查和访谈，可以了解企业对学生能力的具体评价。例如，企业可能指出学生的创新能力不足，而团队协作表现较好，这为高校调整教学重点提供了依据。

3. 数据收集与整合的科学方法

评估协同培养模式的有效性，必须依赖多渠道的数据收集与科学整合。高校可以通过在线问卷快速获取师生和企业的评价，利用 LMS 记录学生学习行为数据，如课程完成率、互动参与度等。同时，校企合作平台提供的企业反馈数据也能反映实践环节的执行效果。

在数据整合过程中，需对信息进行分类清洗，并建立结构化数据库。例如，将数据按学生发展、教师贡献和企业满意度三个维度分类，可以清晰呈现协同培养模式的整体运行状态。此外，结合历史数据对比分析，可以发现模式优化的长期趋势，为未来发展提供参考。

4. 数据分析与反馈机制的构建

数据分析是将评估数据转化为实际洞察的关键环节。定量分析侧重于趋势和差异的揭示，例如，通过分析就业率变化，可以了解协同培养模式对学生职业发展的促进作用。定性分析则更注重深度洞察，例如从企业反馈中归纳出学生能力短板，为课程调整提供直接依据。

分析结果需要通过直观的反馈机制传递到相关主体。高校可以定期发布评估报告，通过可视化工具展示满意度趋势、就业成功率等关键指标。例如，生成图表展示不同专业的企业满意度评分，可以帮助院系精准识别需要改进的领域。

5. 评估结果的应用与优化路径

评估结果的核心价值在于推动协同培养模式的持续改进。针对学生反馈，可以优化课程设计，增加实践内容或引入行业案例教学；针对教师反馈，可以调整资源分配，增加对实践教学的支持力度；针对企业反馈，可以强化校企合作机制，确保实践项目更贴合行业需求。

此外，高校可以利用评估数据指导教师培训计划。例如，通过分析发现部分教师在跨学科教学中存在不足，可以针对性地提供相关培训课程，从而提升整体教学能力。

6. 公正性与可持续性的保障

为了确保评估的客观性和长期有效性，高校需建立标准化流程。例如，从数据采集到分析的每一环节都需遵循统一规范，同时引入外部专家进行独立审计，避免主观偏见影响结果。引入第三方教育评估机构不仅能提升评估的权威性，还能从外部视角提供新的优化建议。

（二）反馈机制的设计与应用

反馈机制是协同培养模式评估体系中的关键环节，其作用不仅在于传递评估结果，更在于推动高校、企业以及教育部门之间的信息流通，确保评估结果转化为实质性的改进措施。科学的反馈机制需要兼顾及时性、针对性和操作性，通过定期反馈会议、数据报告和实地调研等多样化方式实现多方联动，从而为协同培养模式的优化提供有效支持。

1. 反馈机制的核心要素

（1）反馈的及时性

及时的反馈能够让相关主体快速了解评估结果并作出调整。这需要建立周期性反馈流程，例如在每个学期末发布评估报告，确保数据分析结果能够与教学安排、课程调整保持同步。此外，在重要的校企合作项目结束后，应立即组织反馈会议，以便根据具体实践中发现的问题快速优化下一步的合作。

（2）反馈的针对性

针对不同主体的需求，反馈内容应具有差异化。例如，对于高校管理者，反馈重点应集中在课程体系的整体设计和资源分配上；对于教师，反馈应关注教学方法、课堂表现和学生学习效果；对于企业，反馈则需涵盖学生在实践中的表现以及项目合作的成果。针对性的反馈能够更精准地指引各方优化其参与环节。

（3）反馈的操作性

反馈内容需明确提出可执行的改进建议，而不仅仅停留在问题描述。例如，针对某课程实践环节不足的反馈，应建议增加实验课程或延长企业实习周期，而不仅是简单指出不足。

2. 多元化的反馈方式

（1）定期反馈会议

反馈会议是汇总评估结果并促进多方交流的重要形式。高校可以定期组织包括教师、学生、企业代表和教育部门相关人员在内的反馈会议，展示评估数据，讨论改进方向。例如，通过数据展示学生的就业满意度和企业的合作评价，各方可以共同分析问题所在并提出优化方案。

会议的设计应注重结构化与互动性。在结构化方面，应预先制定议程，例如由高校管理者汇报评估结果，教师分享教学心得，企业代表反馈实践环节中的具体问题；在互动性方面，应鼓励多方自由讨论，确保所有参与者的意见都能得到表达和回应。

（2）数据报告的定量呈现

定量化的反馈报告能够直观展示评估结果，并为后续决策提供科学依据。报告可以采用图表形式，例如饼图显示企业对学生能力的满意度占比，柱状图比较不同学科的教学效果得分，趋势图展示学生就业数据的变化。数据的可视化不仅提升了报告的可读性，也便于不同主体理解评估结果。

此外，报告的设计应考虑多样化需求。例如，高校可以编制针对校级管理的综合报告，教师可获得细化到课程层面的专项报告，企业则收到专门针对合作项目的反馈报告。这种差异化设计能够提高反馈的精准度和实用性。

（3）实地调研的动态反馈

实地调研是收集第一手反馈信息的重要方式。例如，在企业中开展学生实习表现的调研，可以通过访谈企业导师、观察学生在工作中的表现，获取更加直观的评价。在高校内部，通过与教师、学生的面对面交流，可以深入了解教学与学习中的具体问题。这种动态反馈方式能补充定量数据的不足，为评估提供深度支持。

3. 反馈结果的应用场景

（1）课程调整与教学内容优化

评估反馈可以直接指导课程内容的调整。例如，如果反馈结果显示企业认为学生的数据分析能力不足，高校可以新增相关课程模块或调整课程内容的重点。此外，针对学生反馈的学习压力过大问题，可以调整课程难度或课时分配，使学习安排更加合理。

（2）教师培训与能力提升

反馈结果中的教师评价可以为教学能力提升提供依据。例如，某些教师可能被反馈缺乏创新教学方法或对行业前沿知识的掌握不足，高校可以为其提供专项培训，如案例教学法、翻转课堂设计或行业交流活动，帮助其提升专业能力和教学水平。

（3）企业需求的动态对接

反馈机制还需加强高校与企业之间的需求对接。例如，如果企业反馈对某些专业技能有较强需求，高校可以根据反馈结果设计定制化课程或合作项目。此外，通过动态追踪企业对学生表现的评价，可以持续优化校企合作的内容和形式，增强协同培养模式的行业适配度。

4. 确保反馈机制有效性的措施

（1）建立标准化流程

为了保证反馈机制的高效运作，需要制定清晰的操作流程。例如，每个学期末固定时间收集评估数据，在两周内完成分析并发布报告，随后组织反馈会议，并明确各方根据反馈采取行动的时间节点。这种标准化流程能够避免信息滞后，提升反馈效率。

（2）加强技术支持与平台建设

通过教育信息化平台实现反馈机制的智能化管理。例如，利用学习管理系统（LMS）自动生成课程评估报告，基于大数据分析实时更新学生学习状态和企业满意度指标。此外，可以建立专门的校企合作反馈平台，实现高校与企业之间的信息共享和即时互动。

（3）引入外部评估机构

为了增强反馈结果的客观性，可以邀请独立的教育评估机构参与评估与反馈。这种第三方视角能够提供更加中立和专业的建议，避免内部评估可能产生的偏差。

第二节　协同培养模式的动态优化与调整

一、如何根据评估结果优化协同培养模式

（一）评估结果的分析与解读

评估结果的分析与解读是协同培养模式评估体系中的关键环节。通过对数据的全面分析，能够提炼出隐藏在数据中的关键信息，识别影响培养质量的核心问题，为模式优化提供明确的方向。科学的分析与解读不仅能保障评估结果的有效性与代表性，还能确保评估结论的可操作性，为课程调整、教师能力提升和企业合作优化提供精准依据。

1. 数据有效性与代表性的确认

（1）数据的完整性与一致性

分析评估结果前，需首先确保数据的完整性。数据缺失或记录不全可能导致分析偏差，因此需要在数据收集后进行清洗和填补。此外，一致性检查也很重要，确保来自不同来源的数据具有统一的格式和定义。例如，学生满意度的数据应采用相同的评分标准，避免因定义不同导致结果难以比较。

（2）样本的代表性

评估数据的样本选择需具有代表性，以便真实反映评估对象的整体情况。例如，学生数据需涵盖不同专业、年级和学术水平，企业数据需包含来自多行业和不同规模的企业。如果样本偏向某一类群体，可能导致结论的片面性，需要通过扩展样本范围来补充不足。

（3）数据的真实性与可靠性

为了确保数据分析结果的可信度，需通过多种手段验证数据的真实性。例如，核对问卷调查数据与实际课堂表现数据是否吻合，检查企业反馈是否符合项目实际成果等。对重要数据点进行抽查验证，可以有效提升数据的可靠性。

2. 关键问题的识别与分类

（1）学生学习成果的分析

学生学习成果是评估协同培养模式成效的核心指标之一。通过分析成绩、就业率、岗位胜任能力等数据，可以揭示学生在知识掌握、技能应用和职业发展等方面的表现。例如，如果某专业的毕业生就业率持续低于其他专业，可以进一步调查该专业课程设置是否匹配行业需求，或实践环节是否存在不足。

在具体分析中，还需结合学生反馈数据，了解学习过程中的具体困难。例如，学生可能普遍反馈某些课程理论内容较多，但实践操作不足，这说明教学内容需进一步调整以提高学习效果。

（2）企业满意度的综合评价

企业满意度直接反映出学生在实际工作中的表现是否符合行业需求。通过分析企业对学生岗位胜任力、团队协作能力和创新能力的评价，可以发现学生培养中的优势与不足。例如，如果企业反馈学生创新能力欠缺，这可能意味着高校在培养过程中缺乏针对性训练，需增加案例教学或创新性项目。

企业满意度数据还可以细分为行业类别或区域维度进行分析。例如，不同行业对技术技能和管理能力的需求不同，通过比较企业的反馈，可以为课程设计提供更具针对性的建议。

（3）教学效果的全面评估

教学效果的分析需综合课堂教学、课程设计和教师授课三方面的数据。例如，课堂教学效果可以通过学生出勤率、课堂参与度和课程成绩等量化指标衡量，课程设计效果可以通过学生学习成果与行业需求的匹配度评估，教师授课能力则可通过学生和企业的综合反馈体现。

如果某些课程的教学效果评价持续偏低，则需进一步调查原因。例如，可能是课程内容设计不合理，或教学方法缺乏互动性导致学生学习兴趣不足。

3. 数据分析方法的应用

（1）定量分析的工具与技术

定量分析是评估结果解读的基础。通过统计学工具（如 SPSS、Excel 等）对数据进行平均值、标准差和相关性分析，可以发现评估结果中的规律。例如，通过对比不同专业的就业数据，分析协同培养模式在不同行业的适应性；通过标准差计算企业满意度数据的离散程度，了解企业评价的一致性。

此外，可视化技术如趋势图、雷达图和热力图的应用，可以直观呈现评估结果。例如，通过热力图展示学生学习成果在不同课程模块的表现，有助于发现课程设计的薄弱环节。

（2）定性分析的深度挖掘

定性分析通过对反馈内容的编码和归类，揭示数据背后的深层问题。例如，通过对学生访谈记录进行语义分析，可以提炼出学生普遍面临的学习困难；通过对企业反馈意见的归类，可以发现协同培养模式中的常见短板。

定性与定量方法的结合可以提供更全面的洞察。例如，定量分析可能显示企业满意度下降，而定性分析进一步揭示企业对学生创新能力的具体期望不足，这为改进提供了明确方向。

4. 模式优化的关键因素提取

（1）课程设计与实践环节的平衡

通过分析评估数据，可以提取出课程设计中的关键问题。例如，如果学生在实践环节中的表现优于理论知识掌握，可能需要在课程中进一步强化理论内容的教学；如果实践环节的评价较差，则需增加校企合作项目或实验课程，以增强学生的实操能力。

（2）教学方法的创新与应用

教学方法直接影响学生的学习效果。如果评估数据显示互动式教学或案例教学得到较高评价，而传统讲授式教学评价偏低，则说明需要推广创新型教学方法，尤其是在理论课程中增加实际案例的应用。

（3）校企合作机制的深化

企业反馈是优化协同培养模式的重要依据。通过分析企业对学生能力的具体评价，可以调整高校的课程内容和项目设计。例如，如果企业反馈学生的跨学科协作能力不足，可以引入跨学科项目和双导师制，加强综合能力的培养。

5. 评估结果的解读与改进建议

评估结果的解读需要将数据分析与具体行动建议相结合。例如，通过分析发现某些专业在就业市场中表现不佳，可以建议增加该专业与企业的联合培养项目或引入行业导师进行指导。针对教学效果评估中发现的问题，可以通过教师培训或课程改革提高教学质量。

此外，评估结果还可以作为资源分配的依据。例如，通过对比不同学科的就业率和满意度数据，可以优先支持表现较好的学科，同时给予较弱学科更多的改进资源。

（二）基于评估的优化策略

根据评估结果提出优化策略，是协同培养模式持续改进的核心环节。通过分析学生能力提升、企业需求对接和教学效果等评估维度，能够明确问题所在并制定有针对性的调整方案。这些优化策略不仅需要解决当前存在的问题，还应具有可行性和可持续性，以确保协同培养模式在实际运行中发挥更大效能。

1. 调整课程设置

（1）加强课程的行业适配性

评估数据往往揭示课程设置与行业需求之间的差距。例如，如果企业普遍反馈学生在某些专业技能上表现不足，可以根据需求调整课程内容，新增与行业紧密相关的模块。例如，针对大数据分析能力的不足，可以在信息管理类专业中引入更多数据处理与分析的课程，甚至与企业合作开发应用性课程，确保学生毕业后能快速上手工作。

（2）增设跨学科课程

现代企业对跨学科能力的需求日益增强。根据学生能力评估结果，如果发现学生在解决复杂问题或整合多学科知识方面表现较弱，可以考虑增设跨学科课程，如将数据科学与经济学、管理学与工程技术相结合。这不仅提升学生的综合素养，还能为企业提供更加多元化的人才。

（3）实践与理论课程比例的优化

评估结果可能显示实践课程与理论课程的时间分配不合理。对于实践环节不足的情况，可以增加实验课程、企业实习以及项目导向课程，通过动手操作强化学生对理论知识的理解。相反，对于过于重视实践而忽视基础理论的专业，需要适当平衡，以确保学生具备扎实的理论基础。

2. 改善教学方法

（1）推广互动式教学与案例教学

学生和企业的反馈中经常提到教学方法对学习效果的影响。如果评估显示学生对传统讲授式教学的兴趣较低，而对案例教学、互动式教学的参与度较高，则应推广这些创新方法。例如，通过在课堂中加入实际案例分析、分组讨论和角色扮演，能有效激发学生的学习兴趣并提升问题解决能力。

（2）引入数字化教学工具

评估结果可能表明部分学生对传统课堂的单向信息传递感到不满。这时，可以引入数字化教学工具，如在线测试系统、学习管理平台和虚拟现实技术，为学生提供更加个性化和互动性的学习体验。例如，通过在线平台发布预习内容和测试题，可以提升学生的课堂参与度；通过 VR 模拟商业场景，则可以让学生在虚拟环境中实践所学知识。

（3）调整教学节奏与评估方式

根据学生学习成果的评估，如果发现某些课程的内容安排过于紧密或测试方式单一，可能需要调整教学节奏和评估方法。例如，可以将课程内容细分为多个模块，并通过阶段性测试或开放性任务，逐步巩固学生的学习成果，避免知识点堆积导致的学习压力。

3. 强化企业参与

（1）引入企业导师制度

企业需求评估可能表明，学生的职业适应能力与企业期望存在一定差距。为解决这一问题，可以引入企业导师制度，让企业高管或行业专家参与学生的指导过程。例如，在毕业设计、实习项目中，由企业导师与高校教师共同指导学生，帮助其更好地理解行业需求并提升实际工作能力。

（2）拓展校企合作项目

通过评估发现学生的实践能力不足时，可以增加校企合作的广度和深度。例如，与企业共同设计课程、开发案例或开展真实项目，让学生参与企业的实际运营。通过这些项目，学生不仅能积累实践经验，还能直接感受到行业的工作流程和职业要求。

（3）构建多元化企业参与机制

企业的参与不应仅限于某些特定项目，而应形成长期、多元的合作机制。例如，通过定期举办校企论坛和合作洽谈会，可以持续更新高校对行业发展

的了解；通过企业评审机制，让企业直接参与课程设计和评估，确保教学内容符合行业需求。

4. 基于学生能力提升的针对性优化

（1）强化就业指导与职业规划课程

如果学生的岗位胜任力评估较低，可能需要在课程中增加就业指导和职业规划内容。例如，开设简历撰写、面试技巧、职场沟通等课程，并邀请行业代表开展职业分享活动，帮助学生更好地适应职场需求。

（2）设计更有针对性的能力培养方案

对于学生能力评估中表现较弱的部分，可以设计专门的能力提升计划。例如，对于团队协作能力不足的学生，可以组织团队竞赛、案例分析小组项目；对于创新能力较弱的学生，则可安排参与创新创业项目或实验室研究，以激发其创造力。

（3）多样化的学习支持服务

如果评估结果显示部分学生对学习支持服务需求较大，可以考虑增加如学术指导、心理辅导、学业规划等支持措施。例如，为学习困难的学生提供额外的辅导课程，帮助其更好地掌握核心知识点。

5. 基于教学效果评估的教师能力提升

（1）加强教师的教学培训

评估数据可能显示部分教师在创新教学方法或跨学科教学中的能力不足。高校可以为这些教师提供专项培训，例如案例教学法、翻转课堂设计等，帮助其提升教学质量。此外，通过举办教学工作坊或邀请行业专家开展专题讲座，也可以扩展教师的教学视野。

（2）优化教师绩效评估体系

根据教学效果评估的结果，优化现有的教师绩效评估机制。例如，增加学生满意度和企业反馈的权重，鼓励教师更多地参与实践教学和校企合作，以促进教学方法的持续改进。

6. 确保优化措施的可行性与效果

（1）建立动态反馈机制

优化措施的实施需通过动态反馈机制持续跟踪其效果。例如，在课程调整后，通过学生问卷调查和企业反馈，了解新课程的适用性与实际成效，并据此进一步调整。

（2）资源的合理配置

确保优化措施的顺利实施，需要合理分配资源。例如，为新增课程或实践项目提供必要的经费支持，为参与校企合作的教师提供时间保障等。

（3）评估改进效果的量化指标

制定明确的量化指标评估优化措施的成效，例如，通过比较课程调整前后的学生满意度、企业反馈分数和就业数据，判断优化是否达到了预期目标。

（三）动态优化的长效机制建设

构建协同培养模式的动态优化机制，是确保这一模式能够随着外部环境变化和内部需求调整而不断发展的关键。动态优化机制不仅要求高效的评估与反馈系统，还需建立持续调整和创新的能力，使模式始终能够适应快速变化的社会和行业需求。这一机制的构建需要从定期评估、实时反馈和持续调整三个层面着手，确保协同培养模式具有长效性与适应性。

1. 定期评估

（1）多维度的评估框架

动态优化机制的基础是定期的多维度评估。通过涵盖学生能力提升、企业需求对接、教学效果、课程设计等关键维度的系统评估，可以全面了解协同培养模式的运行状态。评估需明确周期性，例如每学期一次的课程效果评估、每年一次的校企合作深度评估，确保能够捕捉到长期趋势和短期变化。

（2）数据驱动的深度分析

定期评估的结果需要通过数据驱动的深度分析来挖掘潜在问题。例如，

通过横向对比不同专业学生的就业率，可以发现某些专业是否存在培养目标偏离行业需求的问题；通过纵向分析教学效果数据的变化趋势，可以判断教学方法的改进是否达到了预期效果。

（3）外部与内部评估的结合

动态优化机制应在内部评估的基础上，引入外部评估以提高客观性。例如，邀请行业专家参与评估课程内容的行业适配性，或通过独立的第三方评估机构审查教学资源的配置效率。这种结合能够弥补内部视角的局限性，提升评估结果的可信度。

2. 实时反馈

（1）信息化平台的构建

实时反馈是动态优化机制的核心。通过信息化平台的构建，可以实现数据的快速收集与处理。例如，通过学习管理系统（LMS）实时监控学生的学习行为，捕捉课程中出现的问题；通过校企合作平台收集企业对学生实践表现的即时反馈。这些实时数据能够为优化提供及时参考，避免问题积累影响教学质量。

（2）学生与企业的直接参与

实时反馈需要充分调动学生和企业的积极性。例如，为学生提供便捷的在线反馈渠道，让其随时提交对课程内容、教学方法的建议；为企业设置简便的反馈机制，使其能够快速评价学生的实习表现和项目参与效果。通过定期收集和汇总这些反馈，可以实现动态优化的快速响应。

（3）多维数据的综合分析

实时反馈的数据需经过系统化分析，揭示不同维度之间的关联。例如，通过将学生在线学习行为数据与其课堂参与度和考试成绩关联分析，可以发现学生学习中存在的薄弱环节；通过将企业对学生表现的即时评价与课程内容对比分析，可以判断课程设计是否贴合行业需求。

3. 持续调整

（1）动态课程设计

持续调整的重点在于课程设计的动态优化。课程内容需要随着行业需求和技术发展不断更新。例如，当企业普遍反馈对数据分析能力的需求增加时，高校可以及时新增相关课程模块；当行业标准发生变化时，可以调整教学内容以保持与实践的同步。

（2）教学方法的迭代更新

教学方法需要随着学生学习需求的变化不断优化。例如，如果实时反馈显示某些课程的学生参与度低，可以尝试引入案例教学、翻转课堂等创新教学方法；如果发现学生对实践环节的满意度较高，则可以进一步强化项目导向教学和校企合作。

（3）校企合作的深度整合

持续调整还需加强校企合作机制的灵活性。例如，通过定期更新校企合作协议，确保企业能够提供与时俱进的实践项目和行业导师；通过动态调整企业参与的模式，例如，从短期项目合作逐步拓展为长期战略合作，提升校企协同的深度。

4. 动态优化机制的保障措施

（1）明确责任分工与操作流程

为了确保动态优化机制的高效运行，需要明确各方的责任与分工。例如，高校内部需设立专门的优化工作组，负责数据分析与反馈；企业需指派专人负责校企合作的对接与评估反馈；教育管理部门需提供政策支持，推动动态优化的实施。

（2）资源支持与能力建设

动态优化的实施需要充足的资源支持。例如，高校需投入资金升级信息化平台和教学设备；为教师提供专业培训，帮助其适应教学方法的动态更新；为学生提供更多的学习支持服务，确保其能适应优化后的教学模式。

（3）建立评估与优化的闭环机制

动态优化机制需要形成从评估、反馈到调整的闭环。例如，在定期评估后，通过反馈机制将结果传递至课程负责人、教师和企业；在调整优化措施实施后，再通过实时反馈与下一轮评估检验调整效果，确保优化措施的可持续改进。

二、各参与方的反馈与调整机制

（一）高校的反馈与调整机制

高校在协同培养模式中扮演着核心角色，其任务不仅在于传授知识，更在于通过反馈与调整机制，将企业需求、学生反馈和评估结果转化为教学内容、教学方法和合作项目的优化策略。构建有效的高校内部反馈系统，确保这些调整措施能够迅速且高效地落实，是协同培养模式成功实施的关键。

1. 高校在协同培养模式中的角色与责任

高校在协同培养模式中承担着连接企业、科研机构和学生的桥梁作用。其主要责任包括设计和优化课程内容、创新教学方法以及管理校企合作项目。高校需要根据行业发展趋势和企业需求不断更新课程内容，确保学生所学知识与岗位需求紧密衔接。此外，通过互动式教学和项目导向学习等方法，可以提高学生的实践能力和问题解决能力。在校企合作管理方面，高校必须确保实践环节能够有效融入教学体系，同时满足企业对人才培养的具体要求。

反馈与调整机制在上述职责中起到了核心支撑作用，能够保证高校教学活动与外部环境的动态适配（见表7-1）。

表7-1　高校反馈来源与调整方向

反馈来源	反馈内容	调整方向
企业反馈	学生技术能力不足	新增行业技术相关课程，强化实践环节
	学生团队协作能力有待提升	增加团队项目课程，推行企业导师制

反馈来源	反馈内容	调整方向
学生反馈	课程内容偏理论，实用性不足	引入案例教学法，增强实践性内容
	部分课程难度过高，内容衔接不流畅	调整课程难度，将内容模块化
评估结果	某些课程学生满意度低	重新设计课程结构，增加跨学科知识点
	教师创新教学方法能力不足	提供教师培训项目，推广翻转课堂等创新方法

2. 企业反馈与高校的调整措施

企业反馈是高校优化课程内容的重要依据。如果企业指出某些学生在数据分析和跨部门沟通等能力方面存在不足，高校可以新增或调整课程模块。例如，在管理学专业中增加数据分析课程，同时邀请行业专家参与课程设计或担任兼职讲师，直接将企业经验融入课堂。高校还可以设置专项实践课程，让学生在实际场景中锻炼技能。

企业反馈还可以推动校企合作的深化。针对企业提出的贴近实际业务场景的需求，高校可以开展联合项目，例如以企业真实问题为课题，让学生参与解决方案的制定与实施。此外，通过设立企业联合实验室，将实践环节常态化，有助于提升学生的技术应用能力（见表7-2）。

表7-2　高校内部反馈系统框架

层级	反馈形式	处理部门	主要任务
学生层面	问卷调查、座谈会、在线反馈	教务处、教学质量中心	收集学习体验和课程改进建议
教师层面	教学日志、教学研讨会、同行评议	学院、教学发展中心	总结教学中存在的问题，提出改进方向
企业层面	企业反馈表、合作项目回顾会议	校企合作办公室	收集企业对学生能力及合作模式的意见
管理层面	综合评估报告、改进方案评审	教务处、校级管理层	制定课程调整、合作优化和资源配置的具体措施

3. 学生反馈与教学方法的改进

学生反馈直接反映教学内容和方法的效果。如果学生认为某些课程过于理论化或授课形式枯燥，高校可以推广案例教学法，将理论知识与实际案例相结合，提高课堂的实用性和趣味性。翻转课堂模式也能有效提升学生的参与度和学习效果。在这种模式下，学生可以在课前自主学习理论知识，课堂上则专注于互动讨论和问题解决。

此外，如果学生反馈部分课程难度过高或内容重复，高校可以调整课程结构，例如细化课程内容，将复杂知识点拆分为多个模块，逐步讲解。通过动态调整课程内容，可以确保学生能充分理解和吸收知识点（见表 7-3）。

表 7-3　课程调整实施计划示例

调整项	调整内容	负责人	时间计划	预期效果
增加实践课程	新增"行业数据分析"课程模块，合作开发案例	教务处、企业导师	下学期开始实施	提升学生的数据分析能力
推行案例教学法	引入五个实际行业案例，课堂分组讨论与分析	教师、教学质量中心	本学期试运行	增强课程的实用性与学生参与感
优化课程难度	将原有课程内容分为基础与高级模块，灵活调整	任课教师	两周内调整完成	确保不同水平学生的学习效果

4. 基于评估结果的多层次调整

评估结果可以帮助高校识别课程设计、教师能力和校企合作中的薄弱环节。针对课程内容，增加实践性内容如实验课程或案例分析，可以显著提升学生的实际应用能力。教师培训方面，通过组织教学工作坊，推广案例教学法或互动式教学，可以提升教师的创新教学能力。此外，针对校企合作模式，高校可以改进合作项目的选题流程，确保项目更贴近实际业务需求，同时增强企业参与度。

（二）企业的反馈与调整机制

企业在协同培养模式中扮演着双重角色，一方面是学生实践能力的直接观察者；另一方面也是高校课程设置和人才培养方向的重要参考来源。

通过反馈机制，企业能够就学生的实际表现和培养模式的效果提出有针对性的改进建议，推动高校课程内容、教学方法和实践安排与行业发展保持一致。

企业的反馈内容主要包括学生在岗位适应能力、技术水平和团队协作等方面的具体表现，同时也涵盖行业需求和技术发展方向的信息传递。通过定期反馈机制，企业能够及时向高校反映其对学生能力的具体期望。例如，企业在学生实习结束后提交的评价报告，可以详细记录学生在工作中表现出的优势与短板。与此同时，企业通过座谈会或技术论坛向高校介绍最新的行业需求和技术趋势，为高校调整课程设计提供依据（见表 7-4）。

表 7-4　企业反馈的主要内容与方式

反馈内容	反馈方式	用途
学生岗位适应能力	实习评价、导师评估	了解学生的实际表现，发现能力短板
行业最新需求	企业座谈会、技术论坛	调整课程内容，增加相关技能培训
合作项目实施效果	项目总结报告、合作会议	优化项目设计，提高校企合作的效率
技术发展趋势	企业调研、行业分析报告	为高校提供课程改革方向，推动前沿技术的引入

企业反馈的核心作用不仅体现在发现问题，还在于推动高校针对问题采取有效的改进措施。例如，通过分析企业对学生岗位适应能力的评价，高校能够更清晰地了解学生在团队协作和创新能力上的不足，从而调整课程内容，加强相关模块的训练。此外，企业反馈在优化校企合作模式方面也发挥着重要作用。例如，如果企业指出项目选题偏离实际需求，高校可以改进项目设计流程，与企业共同制定更贴合行业实践的合作方案。

反馈机制的实施需要常规化和多样化，以确保信息的持续流动和全面覆盖。企业通过定期提交实习评价报告和参与校企合作总结会，可以系统地传递反馈意见。这种机制不仅能帮助高校快速掌握学生实践中的表现，也能为高校提供有关课程设置和项目管理的具体改进方向（见表 7-5）。

表 7-5　企业反馈机制设计示例

反馈方式	时间频率	涉及内容	反馈接收方
实习评价报告	每学期末	学生岗位表现、适应能力、技能水平	高校教务部门
校企合作总结会	每项目结束后	合作目标达成情况、学生参与度、管理效率	校企合作办公室
企业座谈会	每年一次或定期举办	行业需求变化、人才培养建议	高校管理层

通过反馈机制的深化，企业不仅为高校提供学生表现的直接信息，还为课程优化和教学方法改进提供了数据支持。例如，如果企业反馈显示学生在数据分析能力上表现不足，高校可以新增相关课程模块，并邀请企业导师参与授课，直接将行业需求转化为教学内容。与此同时，高校可以通过反馈结果优化实践环节的设计，比如将更多真实的企业项目引入课堂，提升学生的综合应用能力。

在反馈过程中，企业导师的作用尤为重要。他们通过直接指导学生项目，可以从第一线观察学生的表现，并反馈教学内容与行业需求之间的匹配度。例如，在指导项目的过程中，企业导师可能发现学生在创新能力或跨部门沟通方面存在明显不足。这些反馈能够推动高校对课程目标和教学方法进行更有针对性的调整。

为了确保反馈机制的有效性，企业与高校还需共同建设支持平台，通过数字化手段提升反馈的效率与精准度。借助信息化平台，企业可以实时提交学生评价和项目总结报告，而高校也能通过平台快速响应企业需求，并反馈改进方案的实施进度。这种基于数字化支持的反馈机制，不仅能提高信息流通的效率，还能确保反馈内容的全面性和数据分析的科学性。

反馈结果的最终价值体现在具体改进措施的落地上。例如，通过企业反馈，高校可以优化合作项目的管理流程，确保项目选题更加贴合行业实际需求，同时增强企业导师在合作项目中的参与深度。高校还可以根据企业需求新增跨学科课程或实验课程，为学生提供更加多样化的学习资源。这些措施的实施需要以反馈机制为基础，形成反馈、改进和再反馈的闭环流程，以保证协同培养模式的动态优化和持续提升。

企业反馈在协同培养模式中的作用不可或缺。通过科学、常规化的反馈机制，企业能够有效推动高校的课程调整和教学改进，同时确保培养模式能够及时响应行业发展需求。这不仅为企业提供了更高质量的人才，也为高校与行业之间的深度合作奠定了坚实的基础。

（三）学生的反馈与参与机制

学生是协同培养模式中的直接参与者和受益者，其反馈对于优化教学内容、项目设计和课程安排具有重要意义。通过有效的反馈机制，学生可以表达学习过程中遇到的问题和对教学质量的评价，促进培养模式的持续改进。建立学生参与的反馈机制，有助于将他们的需求及时纳入培养方案，确保教育目标的达成。

学生反馈的形式多种多样，包括课程评估、实践反馈以及课堂互动。通过课程评估，学生可以针对教学内容的设计、课堂教学的质量和授课方式的有效性提供具体建议。例如，学生可能反馈某门课程内容过于理论化或缺乏实际案例支持，这为课程调整提供了直接依据。实践反馈则主要集中在实习和项目活动中，通过对实地经验的总结，学生能够反映实践环节的设计是否符合预期，以及是否对实际工作能力的提升起到了有效作用。

有效的学生反馈机制需要依托系统化的设计与管理。例如，定期组织学生座谈会、问卷调查和匿名评价，确保反馈的多样性和覆盖面。此外，通过学习管理系统（LMS），学生可以实时提交课堂体验和学习困难，教学团队能够迅速捕捉到问题并作出调整（见表7-6）。

表 7-6 学生反馈的主要形式与用途

反馈形式	主要内容	用途
课程评估	教学内容设计、授课方式、课堂互动	调整课程内容与教学方法
实践反馈	项目活动设计、实践内容适用性	优化实践环节设计，增强实操能力
学生座谈会	综合学习体验、教学资源分配	提供整体改进方向
LMS 实时反馈	学习困难、课程体验	及时解决学生个性化学习需求

学生反馈不仅是问题的发现途径，也为培养模式的调整提供了行动依据。例如，当多名学生反馈实践课程安排过于紧凑且任务量超出合理范围时，高校可以重新设计实践课程的时间规划，确保任务量与学生学习能力相匹配。与此同时，通过分析学生对课程内容的评价，可以发现哪些课程模块需要增强或调整。

为了提升学生反馈的有效性，需要确保学生的意见能够被充分重视并迅速落实。这要求高校建立透明的反馈处理机制，通过定期发布反馈总结和改进报告，让学生了解其意见对培养模式调整的具体贡献。这种反馈闭环不仅增强了学生的参与感，还能激发其对学习和反馈机制的积极性，从而形成良性循环。

（四）跨方协同反馈机制的整合与应用

协同培养模式的优化离不开高校、企业和学生的多方反馈，建立一个整合性的跨方协同反馈机制至关重要。这一机制能够汇总各方意见，促进不同主体之间的协作，为培养模式的动态调整和优化提供高效支持。

在跨方协同反馈机制中，高校、企业和学生的反馈各有侧重。高校通常关注教学目标的实现和课程内容的科学性，企业则专注于学生能力是否匹配行业需求，学生则重点反馈学习过程中的具体问题和体验（见表7-7）。整合这些反馈需要一个统一的平台和流程，以确保信息流的高效传递和集中处理。

表 7-7　高校、企业与学生反馈的核心关注点

主体	反馈核心	目标
高校	教学目标实现、课程内容设计	提高教学效果，优化课程设置
企业	学生能力匹配度、行业需求变化	确保培养目标与行业需求一致
学生	学习体验、课程安排、实践活动	满足个性化学习需求，提升学习满意度

为了实现多方反馈的高效整合，必须构建信息化支持平台。例如，通过

校企合作平台，企业可以直接提交对学生实习表现的评价，高校可以从中提取关键数据并结合学生反馈分析问题。学习管理系统（LMS）则可实时收集学生的学习数据，与企业反馈形成对比，为课程优化提供依据。

跨方协同反馈机制的应用需要明确各方的职责和工作流程。首先，高校应充当反馈的汇总与处理方，通过定期召开反馈协调会，整合企业和学生的意见，并制定具体的调整方案。其次，企业需确保反馈的专业性与时效性，通过行业分析和岗位需求提供具体建议。最后，学生需通过课堂互动、实践总结等形式，积极参与反馈过程，为优化培养模式提供一线信息。

这一机制的成功运行离不开高效的反馈闭环。整合后的反馈需要迅速转化为实际的改进措施，例如根据学生和企业的综合反馈调整课程难度，优化校企合作模式，或引入更多跨学科内容。在调整后，定期开展评估，确保优化效果符合预期，并通过新的反馈进一步完善机制。这种循环模式不仅能够不断提升协同培养模式的适应性，还能增强各方的协作信任。

第三节　各方主体的协同作用与效率提升

一、多方主体的协调与合作

（一）政府的协调与支持作用

在协同培养模式中，政府作为政策制定者和资源分配者，承担着关键的协调与支持作用。通过有效的政策引导、资源配置和法规制定，政府能够为高校、企业和科研机构的深度合作提供制度保障，推动产学研用一体化的协同运作。政府的支持不仅体现在战略层面的顶层设计，还在于具体实施中的监督与激励，其协调作用贯穿于协同培养模式的各个环节。

1. 政策引导：明确协同培养的方向

政府可以通过政策的制定和发布，为协同培养模式提供明确的方向和指导框架。例如，制定产学研用协同发展的专项规划文件，为高校、企业和科研机构明确合作目标和任务分工。这些政策文件通常涵盖合作的优先领域、研究方向以及人才培养的具体目标，从而确保多方合作在统一的战略框架下推进。

此外，政府还可以通过制定具体的实施细则，保障政策的落地。例如，在推动校企合作时，明确高校与企业在合作项目中的权责分配，规定知识产权归属、项目经费使用及成果转化方式等，为多方合作提供可操作性的指导。

2. 资源配置：推动合作的深度和广度

政府在资源配置方面的支持主要体现在两个层面：一是资金支持；二是资源共享。

（1）资金支持

通过专项经费和财政补贴，政府可以激励高校与企业积极参与协同培养。例如，设立协同培养专项资金，对参与校企合作的高校和企业提供经费支持，覆盖合作项目的研发成本、实验室建设及人才培养费用。此外，政府还可以为表现优异的合作项目提供奖励，形成正向激励机制，促进更多机构参与协同培养。

（2）资源共享

政府通过整合区域内的科研资源，搭建资源共享平台，可以为高校和企业提供更多合作机会。例如，政府可以牵头建设产学研用协同创新平台，将高校的研究设备、企业的应用需求和科研机构的技术储备整合在统一的体系中，为多方主体的合作创造条件。通过这些共享平台，合作方可以更方便地实现技术对接和资源共享，提高协同效率。

3. 法规制定：为合作提供制度保障

法律法规是协同培养模式顺利实施的重要基础。政府通过制定相关法规，为高校、企业和科研机构的合作提供法律依据，规范合作行为。例如，制定产学研用合作的专门法规，明确合作协议的签订、利益分配的原则以及合作中可能涉及的法律纠纷的解决方式。

在知识产权保护方面，政府可以通过完善相关法律法规，保障合作成果的权益分配。例如，规定高校与企业在技术研发中的知识产权归属比例，以及成果转化收益的分配方式。这些法规不仅能减少合作中的潜在冲突，还能增强合作各方的信任，为长期合作奠定制度基础（见表 7-8）。

表 7-8　政府支持校企合作的主要法规方向

法规方向	具体内容	影响
校企合作协议规范	明确合作中各方的权责分配	减少合作中的纠纷，保障合作顺利推进
知识产权保护	确定研发成果的知识产权归属及转化收益分配方式	提高合作方对技术研发的积极性
财政资金管理	规范专项经费的申请、使用及审计流程	确保资金使用的透明性和高效性

4. 促成多方合作：搭建沟通与协作平台

政府在促进多方合作方面的作用不仅限于资源分配，还包括搭建高效的沟通与协作平台。例如，通过定期举办产业对接会或协同创新论坛，政府可以为高校、企业和科研机构提供面对面的交流机会，推动需求和资源的精准对接。在这些平台上，高校可以展示最新的研究成果，企业可以提出实际的技术需求，科研机构则可以提供技术支持与咨询服务。

此外，政府还可以通过建立区域性的产学研用协作联盟，进一步促进合作。例如，在高新技术产业集中的区域，政府可以牵头成立专项联盟，吸引多方主体加入并持续运营。通过这些联盟，合作方可以在一个长期、稳定的合作框架内进行深度协作，实现资源整合与信息共享（见表 7-9）。

表 7-9　政府推动多方合作的机制设计

机制	具体形式	作用
产业对接会	高校、企业和科研机构展示成果与需求	实现资源的精准对接，促进合作意向的达成
协同创新论坛	行业专家、高校科研团队、企业高管的交流平台	交流最新研究成果和技术趋势，提升协同效率
区域协作联盟	区域内多方主体的长期合作框架	提供持续的协同环境，促进深度合作

5. 推动产学研用协同的长效机制

为了确保产学研用协同的顺畅运作，政府需要建立长效机制，将政策引导、资源配置和法规保障相结合，形成多方协作的闭环。例如，在政策层面，政府可以每年根据产业发展趋势调整协同培养的方向，确保政策能够动态适应外部环境变化；在资源层面，可以建立持续的经费支持和平台维护机制，保证合作不因资源不足而中断。

同时，政府应注重合作效果的评估，通过定期审查合作项目的完成情况和实际成果，优化资源分配策略。对于表现优异的合作模式和项目，政府可以总结经验并推广到其他区域或领域，从而形成良好的示范效应。

（二）企业在协同中的作用与责任

在协同培养模式中，企业作为重要的实践主体，既是技术需求的提供方，也是科技成果的转化者。通过积极参与校企合作，企业能够在技术创新、人才培养和项目合作中发挥关键作用，并与高校、科研机构共享资源、开展联合研发，共同推动科技成果的转化和产业化。企业的责任不仅在于提供实际场景和资源支持，更在于通过协作实现共赢，形成教育与产业间的良性互动。

1. 企业在技术创新中的引领作用

（1）提供技术需求与研发方向

企业的市场化属性使其最了解行业发展的实际需求与技术瓶颈。因此，在校企合作中，企业能够为高校和科研机构提供真实的技术需求与研发方向。例如，通过定期举办技术研讨会或与高校进行项目对接，企业可以分享行业中的痛点和新兴技术趋势，为高校的研究提供实践背景。

（2）参与联合研发

企业在技术创新中具有强大的工程能力和应用场景优势，与高校和科研机构的基础研究能力形成互补。在校企联合研发中，企业可以提供实验室设施、实践场景及行业专家支持。例如，企业可以与高校共建联合实验室，利用高校的研究团队进行基础研究，并通过企业的技术团队实现成果应用。

（3）推动科技成果转化与产业化

企业不仅参与研发，还承担着将科技成果转化为产品和服务的责任。高校和科研机构的研发成果往往具有创新性，但其市场化能力有限。企业可以通过商业模式设计、产业链整合和资金支持，将这些成果推向市场。例如，在新能源领域，企业与高校合作开发的新型电池技术，通过企业的生产设备和渠道资源实现了快速产业化（见表 7-10）。

表 7-10　企业在技术创新中的核心作用

企业作用	具体内容	影响
提供技术需求与方向	定期分享行业痛点及技术趋势	帮助高校研究对接实际需求
参与联合研发	提供设备、资金、专家支持	提高研发效率，推动合作成果
推动成果转化与产业化	提供市场渠道和商业化能力	加快科技成果市场化，提升经济效益

2. 企业在人才培养中的协同责任

（1）明确岗位需求，指导人才培养

企业能够根据自身的人才需求，明确岗位所需的技能和知识结构。这些信息对高校优化课程设计具有重要参考价值。例如，企业可以反馈对跨学科能力和实际操作技能的高需求，从而推动高校增加相关课程模块或调整课程重点。

（2）提供实践机会与应用场景

企业通过实习、培训项目等形式为学生提供实践机会，让学生能够将理

论知识应用于实际工作。例如，企业可以为高校学生提供暑期实习计划，让学生在企业真实的工作环境中提升职业能力。通过这些实践机会，学生不仅熟悉了行业运作，还能为未来就业奠定基础。

（3）参与课程开发与教学活动

企业还可以直接参与高校课程的设计与实施。例如，企业专家可以担任兼职讲师，为学生讲解实际案例或最新技术。同时，企业可以与高校联合开发案例教学课程，以行业真实场景为基础，增强教学内容的实用性（见表 7-11）。

表 7-11　企业在人才培养中的参与形式

参与形式	具体内容	成效
明确岗位需求	提供岗位能力模型与技能要求	帮助高校优化课程设计
提供实践机会	实习、实训、项目导向学习	提升学生的实际操作能力
参与课程开发	企业讲师授课、联合设计案例课程	增强课程的行业适配性

3. 企业在项目合作中的推动作用

（1）共同制定项目目标

在项目合作中，企业与高校共同制定研究目标和成果预期，可以确保合作方向明确、目标清晰。例如，企业提出具体的技术问题或市场需求，高校则根据其研究能力制定技术解决方案。

（2）提供资源支持与项目管理

企业通过提供项目资金、实验设备和技术指导，确保合作项目的顺利推进。同时，企业的管理能力能够提升项目实施效率。例如，企业可以引入项目管理工具，优化任务分配和进度控制。

（3）扩大合作成果的社会效益

企业的市场能力使其能够将合作项目的成果迅速推广到实际应用中。例如，在农业技术研究中，高校开发的智能化种植技术通过企业的农业合作社实现了大规模推广，不仅提升了农作物产量，还推动了区域经济的发展（见表 7-12）。

表 7-12　企业在项目合作中的贡献

贡献领域	具体内容	作用
项目目标制定	明确技术问题与市场需求	保证项目方向的实用性与可行性
资源支持与管理	提供资金、设备及技术指导	提高项目实施效率
成果推广	市场推广与商业化实现	扩大合作成果的社会效益

4. 企业与高校、科研机构的资源共享

企业在协同培养中实现资源共享，不仅能够充分利用各自优势，还能提高合作效率。企业通过共享研发设备、开放生产流程及提供实际市场数据，帮助高校和科研机构在真实场景中验证研究假设。同时，企业也能够通过合作获得高校和科研机构的前沿技术支持，提升自身的技术创新能力。

在资源共享的实践中，联合实验室的建设是一个典型案例。例如，某些高新技术企业与高校共建智能制造实验室，共同开发自动化技术。这种模式既满足了企业的技术升级需求，也为高校提供了实践教学资源，实现了双赢。

5. 企业在协同培养中的责任落实

企业在协同培养模式中不仅有机会发挥作用，也需要承担相应的责任。这包括积极参与各类合作项目、及时提供反馈信息以及尊重合作各方的利益。在知识产权保护方面，企业需确保与高校和科研机构的研发成果共享制度公开透明，避免因权益分配不均而影响合作的可持续性。

同时，企业需要通过建立长期合作关系，持续投入资源与精力。短期的、不稳定的合作不仅无法取得显著成效，还可能影响合作方的信任。因此，企业应将协同培养纳入其战略规划，形成制度化的合作机制。

（三）高校与科研机构的协同作用

高校与科研机构是产学研用协同体系中的重要参与方，两者通过资源整合和优势互补，共同推动科学研究与技术创新。在这一体系中，高校的优势在于教学资源、基础研究能力和创新人才培养，而科研机构则具备高度专业化的研究设施和技术开发能力。通过跨学科合作、共同研发项目和科研成果转化，高校与科研机构能够有效提升科研效率和技术创新水平，为社会发展提供坚实的技术支撑。

1. 高校与科研机构在协同中的角色定位

高校作为知识创新的重要基地，其主要作用体现在基础研究和创新人才培养方面。高校通过理论研究，为科研机构和企业提供前沿技术支撑。例如，高校的数学、物理和化学研究能够为材料科学、信息技术和生物工程等应用领域提供理论依据。此外，高校还在培养创新型人才方面发挥重要作用，通过科研教学相结合，培养学生的研究能力和实践能力。

科研机构更注重技术的深度开发和产业化应用。与高校相比，科研机构通常具备更完善的研究设备和技术团队，能够高效开展专业化研究。例如，在国家级实验室中，科研机构通过与高校的合作，将高校的理论研究转化为可落地的技术解决方案。

高校与科研机构在协同合作中的定位是互补的，高校提供理论支持和人才储备，科研机构则通过技术开发和成果转化，实现研究价值的最大化（见表 7-13）。

表 7-13　高校与科研机构的角色定位与主要作用

主体	主要作用	具体表现
高校	基础研究、创新人才培养	提供理论支持，培养研究型人才
科研机构	技术开发、成果转化	专业化研究，推动技术从实验室走向产业化

2. 共同推动科学研究与技术创新

高校与科研机构通过联合研究，能够有效提升技术创新效率。联合研究不仅集中双方资源，还通过明确的分工协作实现攻关。例如，在人工智能领域，高校侧重开发算法模型，科研机构则负责优化算法并设计应用场景。高校的理论支持与科研机构的实验验证相结合，使研究更具实用性。

在此基础上，高校与科研机构在多领域的联合研究取得了显著成效，特别是在人工智能、绿色能源和生物医药等前沿领域（见表 7-14）。这种联合研究模式不仅推动了技术创新，也缩短了研究成果的转化周期。

表 7-14　高校与科研机构联合研究的成效

合作领域	高校作用	科研机构作用	合作成效
人工智能	提供算法研究与理论支持	优化算法性能，开发实际应用	提升工业生产效率
绿色能源	开发新型电池材料与理论模型	设计量产工艺，优化材料特性	推动新能源技术的普及
生物医药	提供分子研究与药物筛选方法	完善药物工艺流程，推动临床应用	缩短新药研发周期

3. 跨学科合作提升科研效率

在推动技术创新时，跨学科合作是高校与科研机构的核心策略。通过建立联合研究中心或跨学科实验室，双方能够共享资源并整合不同学科的知识体系。例如，智能制造需要机械工程、计算机科学和材料科学的协同；医疗大数据则依赖于医学知识与数据科学的结合。

这种跨学科合作不仅拓宽了研究视野，还为解决复杂技术问题提供了新思路。通过多学科的紧密融合，高校与科研机构能够大幅提升科研效率和创新能力。

4. 共同研发项目推动技术进步

高校与科研机构通过共同研发项目，实现了理论研究与技术实践的高效结合。例如，在智能驾驶技术的研发中，高校开发控制算法，科研机构负责测试与优化。这种分工协作模式确保了研究的效率与成果的落地性。

共同研发项目还推动了研究成果的实际应用。例如，高校研究的绿色环保材料通过科研机构的大规模实验，最终成功应用于工业生产。在这些项目中，双方的协同合作使研发过程更具针对性和实效性。

5. 科研成果转化与技术创新水平的提升

科研成果转化是高校与科研机构合作的最终目标。通过协同创新，研究成果能够快速完成从实验室到市场的转化。在材料研发、新药开发和信息技术等领域，双方通过联合申请专利和成立技术公司，不仅保护了知识产权，还提升了成果的市场化效率（见表 7-15）。

表 7-15　高校与科研机构推动科研成果转化的模式

成果类型	高校贡献	科研机构贡献	转化形式
新材料研发	提供材料理论与基础实验	完善生产工艺，测试性能	产品化为工业原材料
新药开发	提供药物靶点与初步筛选	完成临床试验，优化药物剂型	转化为市场销售药品
信息技术创新	提供算法与系统设计支持	进行技术验证，设计应用方案	应用于智能制造或数据分析平台

二、协同作用的提升与合作效率的优化

（一）优化协同机制的关键要素

多方主体间的协同机制是产学研用合作顺利推进的基础，优化这一机制能够显著提升合作效率，实现资源的高效配置和成果的快速转化。在协同模式下，各方需要在信息流通、资源共享、决策效率等方面寻求优化路径，同时通过机制设计减少合作中的摩擦，确保各方利益的协调性与合作效能的提升。

1. 信息流通的优化

在多方协同中，信息流通是合作顺畅运作的核心要素。不同主体之间的信息不对称往往导致合作目标偏离、资源浪费或决策延误。通过构建高效的信息交流平台，可以实现信息的快速传递与共享，从而提升协同效率。

（1）建立信息化平台

通过搭建数字化信息平台，各方可以实时共享项目进展、资源配置和需求信息。例如，利用学习管理系统（LMS）收集高校的研究进展，企业可以实时了解技术研发的最新动态，科研机构也能够快速捕捉行业需求。信息平

台还可以整合数据分析功能，为各方提供决策支持。

（2）设立专门的信息沟通机制

除了信息化平台，定期的多方沟通机制也必不可少。例如，定期召开协同工作会议，各方代表可以围绕合作目标、问题解决和未来规划展开直接交流，确保信息传递的及时性与准确性。

（3）透明化信息披露

信息的透明化是建立信任的基础。高校、企业和科研机构应制定统一的规则，明确哪些信息需要共享以及共享的时限。例如，企业在合作项目中需及时通报市场反馈，高校则需要公开阶段性研究成果，以促进合作进程的推进（见表 7-16）。

表 7-16　优化信息流通的路径

路径	具体措施	预期效果
信息化平台	搭建多方共享的数字化平台	提高信息传递速度，减少信息不对称
定期沟通机制	举办多方会议与交流活动	确保信息传递的及时性与准确性
信息透明化	制定信息披露规则，明确各方的责任与权限	增强合作透明度，提升各方信任

2. 资源共享的优化

资源共享是协同机制高效运转的重要支撑。多方主体通过共享科研设备、实验室资源和人力资源，可以减少重复投入，提升资源的利用效率。然而，资源共享也可能因产权归属不明或利益分配不均而产生矛盾。因此，优化资源共享机制需要从以下几方面入手。

（1）建立联合实验平台

通过高校与科研机构联合建设实验室，或企业与高校共建研发中心，各方可以实现设备和技术资源的集约化使用。例如，高校提供理论研究支持，科研机构和企业负责设备运维和实验操作，从而形成资源共享的闭环。

（2）制定资源使用规则

明确资源的使用范围和权限，能够有效减少合作中的摩擦。例如，对于

联合实验室，制定设备使用的时间安排、费用分担以及实验成果归属的详细规定，避免因资源冲突影响合作效率。

（3）提升人力资源共享水平

通过校企合作项目，高校可以为企业输送高素质的人才，企业也可以通过兼职导师的方式，将行业经验传递给高校学生。此外，高校教师和科研人员参与企业的技术开发项目，不仅能提高成果转化率，还能促进双方的知识交流（见表7-17）。

表 7-17　资源共享机制优化的措施

措施	具体内容	作用
建立联合实验平台	高校、企业与科研机构共建实验室与研发中心	减少设备重复投入，提升科研效率
制定资源使用规则	明确资源使用范围、权限和分配方式	避免资源冲突，保障合作的顺利进行
提升人力资源共享水平	通过校企合作和兼职导师制实现人员流动	促进知识交流与人才培养

3. 决策效率的提升

在多方协同中，高效的决策机制是推动合作进展的关键。由于高校、企业和科研机构在目标和运营模式上的差异，决策过程往往复杂且容易受阻。因此，需要通过简化流程、明确权责和引入第三方机制提升决策效率。

（1）简化决策流程

为减少多方决策中的冗长环节，可以在协同平台中设置明确的分工与决策层级。例如，对于项目中的技术路线选择，由高校和科研机构主导；对于项目推广和市场化路径，则由企业决策。这种分工模式能够缩短协商时间，避免责任推诿。

（2）引入第三方协调机构

在利益分歧较大的决策环节，可以引入第三方机构进行协调。第三方机构可以以行业协会、专业咨询公司或政府机构的形式存在，其作用是为各方提供客观建议并推动决策达成。

（3）数据驱动决策

借助信息化平台和数据分析技术，各方可以基于客观数据制定决策。例如，通过分析市场反馈数据、科研进展数据和学生就业数据，各方能够更准确地评估项目成效并优化后续计划（见表7-18）。

表 7-18 提升决策效率的优化方案

优化方案	具体内容	预期效果
简化决策流程	明确各方权责，减少不必要的协商环节	缩短决策时间，提高协同效率
引入第三方协调机构	通过行业协会或咨询公司协调分歧	减少利益冲突，促进决策达成
数据驱动决策	利用数据分析技术支持决策制定	提高决策的科学性与可行性

4. 减少合作摩擦，提升协调性与效能

多方主体的合作摩擦常源于利益分配、沟通不畅或文化差异。优化协同机制时，需要注重减少这些摩擦，确保各方在合作中能够顺畅协作。

（1）利益共享机制

建立透明的利益分配规则，确保合作成果按贡献合理分配。例如，明确科研成果的知识产权归属比例，以及商业化收益的分成方式，从而避免因利益争议影响合作关系。

（2）跨文化培训与沟通

不同机构在管理文化上的差异可能导致误解与摩擦。例如，高校注重学术成果，企业更关注市场效益。通过跨文化培训和沟通机制，可以增进相互理解，提升合作协调性。

（3）建立长期信任关系

通过持续合作和信息透明，各方可以逐步建立互信。这种信任关系不仅能够减少合作初期的摩擦，还能提高后续协同的效率和效果。

（二）提升合作效率的策略与方法

校企合作作为产学研用协同发展的核心模式，其效率直接关系到合作目

标的实现以及整体资源利用的效果。要实现高效的校企合作，需要从多个维度优化合作模式，通过加强项目管理、优化人才培养流程、提高资源整合能力，以及推进合作透明化和快速响应机制建设等多方面综合施策。

1. 加强项目管理，提高执行效率

项目管理是校企合作中的关键环节，直接影响合作项目的推进速度和成果质量。为了提高项目管理效率，需要在目标设定、执行过程和评估反馈上实现精细化管理。

首先，明确合作项目的目标和分工。高校和企业在启动合作项目时，需对项目目标、具体任务和时间节点进行详细规划。例如，在技术研发合作中，高校负责基础研究和理论支持，企业负责技术验证和市场化方案制定，双方通过任务分工确保项目推进的有序性。

其次，引入专业的项目管理工具和方法。通过使用数字化平台或项目管理软件，可以实现任务分配、进度跟踪和资源调度的全流程管理。此外，引入敏捷管理模式也能提升项目应对变化的能力，确保在技术需求或市场条件变化时能够快速调整。

最后，建立绩效评估与反馈机制。定期对项目进展进行评估，并及时反馈和调整资源配置，不仅能有效发现问题，还能提高执行的灵活性。例如，通过设立里程碑评审机制，可以及时确认项目是否按照既定计划推进。

2. 优化人才培养流程，提升匹配度

人才培养是校企合作的核心目标之一，其效率直接决定了高校输出的人才能否满足企业的实际需求。优化人才培养流程，需从课程设计、实践环节和职业指导三方面着手。

课程设计方面，高校需要根据企业反馈优化教学内容，突出行业应用性和前沿技术。例如，针对企业提出的数据分析能力需求，高校可以在课程中新增大数据处理与分析模块，并结合真实案例教学提升课程的实用性。

在实践环节，高校应与企业联合设计实践课程和实习项目，让学生在真实的工作环境中学习。例如，通过校企共建实验室和学生实习基地，学生可以直接参与企业的实际项目，提升其岗位适应能力。

职业指导也不可忽视。高校可以与企业联合开展职业规划讲座或模拟招聘活动，帮助学生更好地了解行业需求和职业路径，从而提升人才培养的针对性和实效性。

3. 提高资源整合能力，促进高效协作

校企合作中，资源整合能力是影响合作效率的一个重要因素。通过优化资源配置和提高共享水平，可以实现协同效应的最大化。

一方面，高校和企业可以共建共享实验平台和研发中心。这种模式不仅能够降低单方设备采购和维护成本，还能提高设备的使用效率。例如，高校的科研团队可以利用企业提供的生产设备进行技术测试，而企业则可以利用高校的实验室环境进行新技术验证。

另一方面，加强人才资源的整合也非常重要。企业可以通过设立兼职导师岗位，将经验丰富的行业专家引入高校教学环节，直接传授行业知识与技能。高校则可以鼓励教师参与企业项目，为企业提供理论支持的同时，也提升教师对产业发展的理解。

4. 提升合作透明度，增强信任基础

合作透明度直接影响各方的信任程度和合作意愿。通过信息公开与规则明确，可以减少因信息不对称产生的矛盾，提高合作效率。

在合作初期，各方需明确目标、分工和资源配置规则。例如，明确知识产权归属、利益分配方式以及成果转化的商业模式，从而避免后期因利益纠纷影响合作进程。

此外，定期开展合作总结会议和信息公示，通过公开项目进展、资源使用情况以及成果评估报告，确保各方实时了解合作的实际情况。这不仅能够增强信任，还可以为后续合作打下良好基础。

5. 建立快速响应机制，应对动态变化

在校企合作中，快速响应机制是应对动态环境变化和突发问题的重要手段。通过缩短反馈链条和加快决策速度，可以显著提升合作效率。

首先，设立专门的沟通协调团队。通过建立一支由高校、企业和科研机构代表组成的团队，确保合作中遇到的问题能够第一时间得到反馈和解决。例如，当企业反馈学生的某项技能不足时，该团队可以快速联系教学部门调整课程内容。

其次，利用数字化手段实现实时反馈。通过数字化信息平台，各方可以随时共享合作中的需求变化和项目调整建议，从而加快信息传递和问题解决速度。

最后，推行扁平化的管理结构。在合作项目中，减少冗长的审批环节和多级汇报流程，可以提升各方的决策效率。例如，在技术路线调整时，由负责研发的核心团队直接决策，无需经过多层审批，从而显著缩短响应时间。

6. 构建合作文化，形成长效机制

合作文化的构建是提升校企合作效率的重要软性因素。一种开放、信任和共赢的合作文化能够减少矛盾，提高各方的协作意愿。

为了构建良好的合作文化，高校和企业应注重加强跨机构的交流活动。例如，通过联合举办技术论坛、校企联谊活动等方式，增进相互了解，消除因文化差异带来的摩擦。此外，通过长期合作项目的实践，双方可以逐步建立互信，为合作的长远发展奠定基础。

构建长效机制也至关重要。高校和企业可以共同制定长期合作协议，在合作中不断总结经验教训，并将成功的合作模式标准化和制度化。

参考文献

［1］陈昌芸，刘振天．我国高校分类管理政策的演变历程、多重逻辑及优化路径——审视《国家中长期教育改革和发展规划纲要（2010—2020年）》实施十年［J］．江苏高教，2021（10）：35-45．

［2］张旺．教育现代化：理念、体系、制度、内容、方法和治理——基于《中国教育现代化2035》的目标任务［J］．吉林师范大学学报（人文社会科学版），2022，50（1）：51-58．

［3］丁建勋，姜禹，沈羽．产学研用协同培养经管类人才模式研究［J］．经济研究导刊，2023（19）：118-120．

［4］隋志纯，蒋婷婷．产学研用合作培养经管类人才研究与实践［J］．商业会计，2015（12）：101-102．

［5］姜钰，姜崧，吕洁华．产学研用协同培养农林高校经管类人才模式研究——以统计专业为例［J］．经济师，2014（4）：199，204．

［6］任淑红，文振华，方鹏亚，等．基于产学研用协同创新的航空发动机维修人才培养模式研究［J］．华东科技，2023（4）：145-148．

［7］陈芳，王硕，彭向前，等．"产学研用"协同提升制药类研究生创新能力的探索与实践［J］．创新创业理论研究与实践，2023，6（3）：184-186．

［8］张亦文．产学研用多元协同培养经管专业人才模式研究［J］．湖北开放

职业学院学报，2022，35（16）：21-22，25.

[9] 钟金萍，陆建英.“产学研用”合作模式下管理会计方向创新创业人才培养模式的探索［J］.西部素质教育，2019，5（5）：175-176.

[10] 刘娜.地方高校经管类专业产学研协同创新下的人才培养机制研究［J］.教育现代化，2017，4（15）：5-6.